中国古代
官民互爱体系研究

付开镜 著

陕西新华出版 三秦出版社
·西安·

图书在版编目（CIP）数据

中国古代官民互爱体系研究／付开镜著. -- 西安：三秦出版社, 2024.5. -- ISBN 978-7-5518-3137-6

Ⅰ.K220.7

中国国家版本馆CIP数据核字第2024PA2655号

中国古代官民互爱体系研究

付开镜　著

出版发行	三秦出版社
社　　址	西安市雁塔区曲江新区登高路1388号
电　　话	（029）81205236
邮政编码	710061
印　　刷	陕西隆昌印刷有限公司
开　　本	787mm×1092mm　1/16
印　　张	16
字　　数	245千字
版　　次	2024年5月第1版
印　　次	2024年5月第1次印刷
印　　数	1—1600
标准书号	ISBN 978-7-5518-3137-6
定　　价	68.00元
网　　址	http://www.sqcbs.cn

目 录

绪 言 ………………………………………………………………（1）
第一章 中国古代官员爱民思想的发展进程 ……………………（11）
  一、先秦社会精英管理国家理论的生成 …………………（11）
  二、先秦史鉴意识和忧患意识的生成 ……………………（24）
  三、儒家全民共赢思想的生 ………………………………（28）
  四、西汉黄老思想与儒家爱民思想的践行 ………………（39）
  五、魏晋南北朝爱民思想的迟滞与隋唐时期爱民思想的勃发 ………（42）
  六、宋元明清时期爱民思想的进一步发展 ………………（49）
第二章 中国古代官民的互爱模式
  ——以汉魏隋唐《循吏传》《良吏传》为中心的考察 ………（56）
  一、官爱民的主要表现方式 ………………………………（57）
  二、民众爱官意识的生成 …………………………………（72）
  三、民爱官的主要表现方式 ………………………………（74）
  四、官员考核机构与考课标准 ……………………………（88）
  五、政府对爱民官员的奖励方式 …………………………（91）
  六、官民互爱的意义 ………………………………………（99）
  附：正史《循吏传》《良吏传》传主事迹表征述略 …………（101）
第三章 官民互爱关系的破坏者
  ——中国古代恶官恶行及其治理 …………………………（111）
  一、正史对"恶官"（恶吏）的立传 …………………………（112）
  二、正史所载危害严重恶官例举 …………………………（117）
  三、民众对恶官的反抗与政府处理群体性事件的方略 …（123）

四、官民关系恶化对政府的影响 …………………………… (126)
　　五、恶官生成的原因 ………………………………………… (128)
　　六、政府惩治恶官的制度建设 ……………………………… (130)

第四章　中国古代爱民之官生成的基石 ……………………… (139)
　　一、爱民之官(良吏)与害民之官(恶吏)的比较 ………… (139)
　　二、爱民之官(良吏)生成的基石
　　　　——从儒家的自爱与爱人角度考察 …………………… (143)

第五章　中国古代的"中性官吏"与国家的政治运行 ………… (153)
　　一、"中性官吏"构成中国古代官僚队伍的主体 …………… (154)
　　二、"中性官吏"与国家政治的运行 ………………………… (156)
　　三、"中性官吏"的官德及其政治信仰 ……………………… (161)
　　四、儒家思想为何只能培养出大批的"中性官吏"？ ……… (162)

第六章　官民关系视野下中国古代皇帝形象的自我建设
　　　　——以汉朝为例的考察 ………………………………… (165)
　　一、汉朝多位皇帝努力建设自己的形象 …………………… (165)
　　二、汉朝皇帝努力建设其形象的原因 ……………………… (175)
　　三、汉朝皇帝形象自我建设的意义 ………………………… (179)
　　四、西汉后期和东汉后期皇帝对汉帝形象的败坏 ………… (182)

第七章　官民关系视野下中国古代的民意上传制度
　　　　——以汉朝为例的考察 ………………………………… (185)
　　一、汉朝民意上传制度的建立与运行 ……………………… (187)
　　二、汉朝民意上传制度的主要特点 ………………………… (191)
　　三、汉朝民意上传制度的劣变 ……………………………… (193)

第八章　官民关系视野下中国古代平民权利与君主权力的消长 …… (198)
　　一、中国古代平民发展权利的增长 ………………………… (199)
　　二、中国古代君主绝对权力的扩张 ………………………… (204)
　　三、平民权利增长与君主权力扩张的关系 ………………… (208)
　　四、平民权利增长与君主权力扩张的原因 ………………… (210)
　　五、中国古代官民互爱体系难以进步的根因 ……………… (213)

第九章　中国古代官民互爱体系构建的评价 …………………… (217)
　　一、官民互爱的典范意义 …………………………………… (217)
　　二、官员爱民的核心价值准则 ……………………………… (221)
　　三、政府对民众评价官员的重视 …………………………… (223)
　　四、"自律"标准过高,不可能约束多数官员 ……………… (224)
　　五、官员爱民,并未成为擢升其职位的一贯性标准 ……… (225)
　　六、中国古代官民关系转化的萌芽与曙光 ………………… (227)
结　语 ………………………………………………………………… (231)
参考文献 ……………………………………………………………… (235)
后　记 ………………………………………………………………… (247)

绪　言

官民关系是政治关系的重要组成部分。官民关系的好坏决定着政治运行的好坏。中国古代的官民关系是中国古代历史研究的重要内容，也是中国古代政治史研究的重要内容，其研究的范围大致包括以下三个部分：(一)官民关系的理论基础，(二)官民关系的历史演化，(三)官民关系对国家政治和国家兴衰的影响。

中国古代的官民互爱，是中国古代官民关系最具有普世价值的内容。中国古代的官民互爱包括官爱民与民爱官，以及政府对民爱之官的奖励制度、对民恨民仇之官的惩治制度等方面。与官民互爱相对立的，是官员害民与人民对官员的仇恨。无论是官员爱民，引起人民投桃报李，还是官员害民，引起人民冤冤相报，表现出来的都是统治阶级与被统治阶级的关系问题。从官员个人修养和统治阶级对官员的要求来说，也就是官德的问题。

官民的互爱是相对于官员害民与人民仇官而存在的。互爱与互仇，表现出来的是官民关系的两个极端。当然，我们不能仅以这种两分法来思考问题。因为事物常常表现出复杂的态势，远非"一分为二"的方法论可以解决的。实际上，在官民互爱和"互仇"之外，还存在着官民"不爱不仇"等情况。庞朴先生"一分为三"①的辩证思想，有助于我们对官民互爱与互仇的深刻认识。因此，对于中国古代官民关系中"不爱不仇"的情况，作者从"中性官吏"的政治操守和执政行为入手，在本书中也作了一些考察。

中国古代产生过四大盛世，即汉代盛世、唐代盛世、明代盛世、清代盛

---

① 庞朴：《"中庸"议评》，《中国社会科学》1980年创刊号。

世。其中最为著名者为汉代盛世和唐代盛世,史称汉唐盛世。这两个盛世时期,官民之间的和谐程度远比其他时代要高,由此可揭示汉唐强盛的一个重要原因。可见,官民互爱不仅是吏治清明的一个重要表征,更是历史上不同时代其政治表象的一个重要特点。

对中国古代官民互爱的研究,目前还比较薄弱,直接的研究成果不多。①但是,相关的研究成果却非常丰富。这源于当代中国的政治治理,是社会的热点,也是学术的热点。由此引发学界对中国古代官员行为研究的重视。如对循吏、贪官的研究,都具有强烈的现实意义。

就本书的研究主题来说,目前,相关或相近的成果可供参考者甚多,主要表现在以下四个方面:(一)对中国古代循吏(良吏、良政)的研究,(二)对中国古代吏治(反贪)的研究,(三)对中国古代官吏管理制度的研究,(四)对中国古代廉政反贪的法律和监察制度的研究。以上问题,都是学界长期关注的重点,研究成果也非常丰富。这些成果从学术性程度上看,可粗略分为两类:一是普及读物类。即通过翻译正史《循吏传》《良吏传》《良政传》等原文或加评述方式,介绍古代循吏的事迹、反贪的故事等。这种著述较多,②在传播优秀历史文化方面贡献不菲。二是学术性的著述。主要对中国传统的官场文化、循吏的生成、贪官的生成等重大问题进行学术性的研究。这类著述成果也较为丰富,多具有一定的或较高的学术价值。

与循吏相关的问题一直是学术研究的重点。主要表现在以下四个方面:

一是对循吏标准的研究。高晓军认为,《史记》中的循吏形象是"奉法循理"③。"奉法循理"为司马迁的原话,也称"奉职循理"。高建文对魏晋南北

---

① 主要有付开镜:《汉代官员的互爱》,《传承》2008年第4期;《中国古代官民互爱体系》,《山西师大学报》2012年第4期。乔凤岐:《隋文帝时期的官民互爱述论》,《许昌学院学报》2012年第6期。

② 如李洪波译注:《循吏——彪炳史册的地方官》,党建读物出版社,2016年;王昌宜:《清代循吏研究:以〈清史稿循吏传〉为中心》,北京师范大学出版社,2017年。

③ 高晓军:《〈史记·循吏列传〉循吏形象考论——兼论司马迁的"礼治"倾向》,《渭南师范学院学报》2019年第4期。

朝循吏入传标准进行了归纳,即良好的个人品质,做出一定的政绩,并要获得百姓的肯定。① 李航指出,在任官行政上,循吏做出了较为卓越的贡献,不少人成为勤政恤民、公正执法、清正廉洁和刚直敢言方面的佼佼者。在文化方面,他们为任官地区文化与风俗的发展做出了贡献。②

二是对循吏文化特质的研究。余浩然认为:"循吏文化特质的形成和完善一方面是个人不断社会化的结果,另一方面也在于后世人的文化构建多重社会关系在个体身上达成的平衡。"③杨明贵认为:"中国古代循吏文化的思想内核简要概括为行仁和践德。"④

三是对循吏生成的原因进行研究。陈金花的《论循吏在汉、隋两代的变化及其原因》(《惠州学院学报》2006年第5期)、成国雄的《论西汉昭宣时代为何多循吏》(《传承》2008年第4期)等,主要论述了循吏形成的诸种原因及社会变化特点。

四是对与循吏类似的清官的研究。清官与循吏的内涵,虽然有所差异,但在爱民这一点上,却完全相同,王岸茂的《古代的清官循吏与当前的廉政建设》(《河北大学学报》1993年第1期),即把二者混在一起研究。杨静婉、杨建祥二人对历史上的清官进行了研究,强调了"清官"——爱民之官的政治人格特点和形成原因。⑤ 王曾瑜的《"清官"考辨》(《河北学刊》2008年第2期)、徐乐帅的《中古清官体系考述》(《历史教学》2007年第9期),对清官产生的原因、主要特征作了论述。魏胜强的《古代清官的法律人格及其现代转化》(《江苏警官学院学报》2006年第2期)、邓兴东的《清官与贪官的十大

---

①高建文:《魏晋南北朝正史〈循吏传〉入传标准分析》,《潍坊学院学报》2017年第5期。

②李航:《明代循吏的仕履及历史贡献——以〈明史·循吏传〉正传循吏为中心》,《皖西学院学报》2022年第1期。

③余浩然、余达红:《循吏文化构建及其干部教育意义》,《黔南民族师范学院学报》2021年第2期。

④杨明贵:《论中国古代循吏文化的思想内核》,《安康学院学报》2020年第6期。

⑤杨静婉:《汉代循吏的治民原则、措施及其实施效果》,《湘潭大学社会科学学报》1995年第4期;杨建祥:《评循吏的亦"官"亦"师"》,《广西社会科学》2007年第7期。

区别》(《领导科学》2004年第4期),重在对清官的政治人格做一番历史的考察。

对中国古代循吏的研究一直是学者瞩目的重点,因此,除了以上所引学者的论著,尚有多位学者从不同侧面对中国古代不同时期的循吏形象进行了较为细致的分析。①

与研究历史上"好官"——民爱之官相对的一个方向,便是对历史的"坏官"——民恨之官的研究。这些研究,实为官民关系问题的两极,因此,也是本书研究主题的重要参考。

对官员犯罪行为及其惩治的研究,是吏治研究的一个重要内容。这方面的成果也相当丰硕。主要有:陈庆安的《中国古代犯罪特征研究》(《安阳师范学院学报》2003年第6期)、董平均的《两汉时期的"赇赂"犯罪与防范措施》(《学术论坛》2004年第5期)、胡新的《中国古代犯罪原因论》(《中南政法学院学报》1994年第2期)、胡启中的《中国古代金融犯罪考》(《西南民族学院学报》1999年第9期)、黄启昌的《论中国古代的职务经济犯罪及历代对其危害的认识》(《求索》2001年第2期)、侯国云的《论我国古代防贿赂犯罪的对策》(《云南法学》1995年第1期)、刘术永的《论中国古代贪贿犯罪的原因、对策及启示》(《华北水利水电学院学报》2005年第5期)、刘伟航及任大川的《北魏反贪惩贪述评》(《四川师范学院学报》1997年第1期)、姜晓敏的《略论西汉控制犯罪的理论对策》(《中国政法大学学报》2003年第8期)、梁凤荣的《论中国古代防治官吏赃罪的对策》(《郑州大学学报》1999年第9期)、逯万军的《试论秦汉三国反贪倡廉之举措》(《廊坊师范学院学报》2001年第6期)、郝黎的《唐代官吏惩治研究》(厦门大学博士学位论文,2004

---

① 如王志玲:《论中国古代循吏的行政特点》(《中州学刊》2011年第4期);刘敏:《论汉代循吏群体产生的原因和影响》(《湖湘论坛》2014年第2期);彭新武:《论循吏与时代精神》(《政治学研究》2015年第5期);张吉寅:《唐宋"循吏"的历史书写与身份变迁》(《沈阳大学学报》2015年第3期);成磊:《魏晋南北朝的良吏群体与吏治》(天津师范大学硕士学位论文,2019年);白雪松、李秋生:《略论北宋前期循吏的积极作用及其原由》(《石家庄铁道大学学报》2010年第3期);潘婷:《北宋循吏研究》(苏州大学硕士学位论文,2020年)。

年)、姜晓敏的《略论西汉对犯罪的预防和惩治》(中国政法大学博士学位论文,2001年)、李伟的《论中国古代反贪惩贿法律制度》(对外经贸大学硕士学位论文,2003年)、刘洋的《秦汉豪强地主犯罪研究》(首都师范大学硕士学位论文,2005年),等等。

从考课制度方面研究吏治的相关成果甚为丰硕,多可作为本研究的借鉴。如于振波的《汉代官吏的考课时间与方式》[《北京大学学报(哲学社会科学版)》1994年第5期]、王东洋的《魏晋南北朝考课制度研究》(社会科学文献出版社,2009年)、解天斐的《论唐代考课制度》(山东大学硕士学位论文,2009年)、宿志丕的《唐代官吏考课制度》(《首都师范大学学报》1994年第1期)、王大良的《北魏官吏收入与监察机制》(首都师范大学博士学位论文,2000年),等等。

从审判制度方面进行研究的成果也相当丰富,主要有:邵治国的《唐朝赦宥制度研究》(北京师范大学博士学位论文,2004年)、李益强的《汉魏晋南北朝司法审判制度初考》(载叶孝信、郭建主编《中国法律史研究》,学林出版社,2003年)、魏志静的《北魏刑事法律初探》(中国政法大学硕士学位论文,2004年)、王清云的《汉唐文官法律责任制度》(中国人民大学出版社,1989年)。

此外,可资参考的专著甚多,如杨敏之主编的《中国历代反贪全书》(湖南大学出版社,1996年)、杨树藩的《中国文官制度史》(黎明文化事业公司,1982年)、张晋藩的《中国古代法律制度》(中国广播电视出版社,1992年)、张晋藩主编的《中国官制通史》(中国人民大学出版社,1992年)、金耀基的《中国民本思想史》(法律出版社,2008年)、李洪峰主编的《中国廉政史鉴》(文化艺术出版社,2012年)、王春瑜主编的《简明中国反贪史》(四川人民出版社,2002年)、王春瑜主编的《中国反贪史》(人民出版社,2021年)、邱涛的《中国反贪制度史》(山西人民出版社,2019年)、卢向国的《温情政治的乌托邦——中国古代民本思想的机理研究》(天津人民出版社,2008年)、李天莉的《古代民本伦理思想研究》(中国社会科学出版社,2016年),等等。

以上研究成果,对本书的写作提供了较为坚实的学术支撑。本书对上述成果观点的引用,能注明出处者,尽量注明之,并在书后的参考文献中,列出本书提到的研究成果的全部清单,以示不敢掠人之美,并保证能够坚守学术底线。

近年来,探讨良吏的学术成果虽然较多,但大多没能进行系统的研究,也没有直接从官民互爱的角度探讨中国古代吏治的特点。本书的研究宗旨,是希望不仅要重视官的爱民行为,而且还要重视民的爱官行为;不仅要从思想上、行为上、制度上探求官员爱民的行为,还要从无名无姓的小民入手,探求普通民众对官员,即爱民之官的反应;不仅要研究民爱之官,还要研究民仇之官,以及"中性之官",唯有双向和三向的互动,以"横看成岭侧成峰"的思维,方才能对官民的互爱有一个多侧面的透视。借此,也可从互动中找出官民互爱的特点与规律来。

如前所述,目前直接对中国古代官民互爱的研究成果,检索知网,仅有数篇论文。因此,对中国古代官民互爱体系这一问题进行研究,便有其学术价值,或可起到填补空白的作用。

从现实来说,中国目前正在建设和谐社会,向实现中华民族伟大复兴的方向迈进。官民的互爱,是建设和谐社会最为重要的表现形式和实现形式。"史者何?记述人类社会赓续活动之体相,校其总成绩,求得其因果关系,以为现代一般人活动之资鉴者也。"[1]因此,从中国古代官民互爱关系角度探讨中国古代政治状况,尤其是盛世期间的官民关系,并获取历史教益,为当代中国建设和谐社会提供借鉴,就显得十分重要了。

再者,目前对中国古代吏治进行研究,如果还在制度研究上强做文章,已难有新意。原因就在于近十几年间,不少史学工作者,多从政治或法律、监察等制度入手,对这一时期的吏治研究甚深。转变角度,已成为研究政治史的重要任务。因此,选择官民互爱这一课题,也就是希望从具体的个案中,探索中国古代政府中一批官员的政治人格与政府制度的关系,官员在制度不健全时期爱民的动力来源与目的,官民互爱而带来的社会和谐等,以及

---

[1] 梁启超:《中国历史研究法》,江苏文艺出版社,2008年,第1页。

害民祸国官员行为的动力来源等,由此也许可以得出一些启示性的结论来。

汉唐时期是中国古代官民互爱体系建构的辉煌期。汉代官民的互爱,已建构了中国古代官民互爱的体系。而官民达到互爱的程度,在中国古代社会历史上被看作吏治的理想境界,历来受到政府的高度重视和奖励。因此,汉代官民互爱体系的构建,对中国以后的皇朝政治具有典型的示范效应。汉亡之后,汉代构建的官民互爱体系并未为新的皇朝政府所抛弃。在魏晋南北朝,虽然社会动乱不已,但是众多的朝代多能注意到吏治的问题,对于官民关系,也多能在力所能及的程度上,重续汉代官员互爱的遗风。及至大唐,官民的互爱,再一次展现出其熠熠的光彩来,巩固和发展了汉代官民互爱体系。其后各朝的官民互爱,多基于汉唐的示范。因此,本书对官民互爱中的循吏(良吏)的举例,便以汉唐为重点。

本书研究的"好官",即"循吏型"或"良吏型"官员,侧重于地方政府官员,因为地方政府官员与基层人民接触最为频繁。他们是君主法令的执行者,代表着中央政府的形象。他们的行为,直接影响着中央政府的形象。如政府对基层社会平民的义务——赋役的管理,主要由他们来完成。因此,这些地方官员政治行为的优劣,直接关系到广大人民的利益。而中央官员,他们与君主接触频繁,却与基层人民接触较少。因此,众多基层小民所爱之官与所恨之官,多为地方官员,或者为由中央派遣到地方与广大小民直接接触的官员。不过,本书也重视君主和中央高官的爱民作为,尤其是杰出君主(如汉文帝)和杰出官员(如蜀汉丞相诸葛亮)的爱民行为。虽然爱民行为主要表现在地方官员与基层民众之间,但中央高官、君主却能从宏观上进行国策的制定或修改,推行减轻广大人民的负担的政策,实际是最大的爱民行为。因此,本书对他们的爱民行为,也会适当地加以关注。

本书的研究,以搜集整理历史文献资料为基本的研究方法,在此基础上,力主以史实说话,讲求实证。在利用归纳演绎、分析综合推理的同时,也利用比较法,进行一些比较性的研究(如良吏、恶吏和"中性官吏"的比较),以期得到较有典型价值的结论。

本书名为《中国古代官民互爱体系研究》,但在研究中,侧重于对汉唐良吏政治及相关问题的论述。如前所述，汉唐是中国古代的两个极为重要的盛世时代，其官民互爱意义重大，研究这一问题，或可揭示汉唐强盛的内在的政治原因，更可为今天中华民族的全面复兴提供历史自信的依据。官民互爱不仅是吏治清明的重要表征，更是一个时代政治上的重要特点。

本书分为九章，研究结构如下：

绪言，对学术史进行回顾，对研究意义进行概述，对研究方法进行简介，并对全书的研究思路和研究框架进行概述。

第一章，探讨了中国古代官民互爱思想的发展进程。本章认为儒家思想是中国古代官民爱民思想产生的最为主要的精神动力。

第二章，主要论述了中国古代官民互爱的历史现象。本章重点讨论了历史人物事迹以及国家对官民互爱的关系建立的制度问题，同时简述了汉族官员以平等与爱护意识治理边疆少数民族地区达到汉夷和谐治理效果的一些典型事例和经验。

第三章，主要论述了中国古代害民祸国官员的行为。本章讨论了害民祸国官员对国家的巨大破坏力，以及社会群体性事件发生的原因及国家处理群体性事件的对策，指出害民祸国官员的出现，与君主专制制度——君主的昏聩或纵容有密切关系。

第四章，主要对中国古代爱民之官与害民（祸国）之官进行比较。重点对两种官员的出身与所受教育情况进行比较，从而得出了内心是否真正接受儒家思想是两种官员政治人格分野背后的根本原因的结论。

第五章，主要论述了中国古代"中性官吏"及其与民众关系的问题。在这一章中，提出了"中性官吏"的概念与其重要的历史作用。

第六章，主要考察了君民关系视野下中国古代君主形象的自我建设。以汉朝皇帝为例，论述君主重视自我形象建设的原因，在于汉朝是暴秦之后的第一个平民政权。汉朝有多位皇帝年轻时与平民关系紧密，因此，他们在做了皇帝之后，重视平民的利益，同时也重视自身形象的建设。汉朝因此有多位皇帝成为中国古代爱民的典范。

第七章，主要考察了中国古代的民意上传制度，仍以汉朝为例。原因在于汉朝的民意上传制度具有代表性,而皇帝对民意也相当重视。

第八章,考察了中国古代平民权利与君主权力的消长问题。该问题对于探讨中国古代政治运行过程中,平民与君主关系的变化意义重大。尽管中国古代的民本主义思想深刻地影响着各朝的政策制定,但是,这并不意味着中国古代平民与君主之间的关系,有了官民之爱而使二者之间的距离逐渐拉近。恰恰相反,平民权利的增长,是以君主绝对权力的扩大为代价的。明白了这一现象,便明白了中国古代官民互爱关系,不可能持久存在的根本原因。

第九章,主要论述了中国古代官民互爱的评价问题。作者认为中国古代官民互爱是一种理想化政治在现实中的反映,对政治人格、政治理想的构建有其进步价值,但不可过高评价。因为重义轻利的价值观念对官员要求过高,不可能对社会官员群体起到真正的示范影响。而要求官员达到"中性官吏"程度,才是中国古代政府现实的选择,也是政府起用大量"中性官吏"的原因。

结语,讨论了中国古代官民互爱现象的现实借鉴意义。认为当代社会要重视官员的思想教育,但是,绝对不能把官民互爱建立在官员的个人修养之上,而应该建立在现代民主制度之上。

本书的创新处主要有五点:

其一,构建了中国古代官民互爱体系的理论构架,并对这一框架进行了阐释。揭示了官民互爱体系中,官之主导性地位与民之被动地位的特质。

其二,论述了中国古代良吏爱民的心理动因,即价值观的选择是决定官员是否爱民的内在因素和决定性因素。强调了中国古代官员学习儒家思想与接受儒家思想是两个不同的过程,指出中国古代各个时期害民祸国官员中有不少为饱读儒家诗书者,从而纠正了部分学者在这个问题上认识的不足。

其三,提出了"中性官吏"的概念,并对"中性官吏"在中国古代政治运行中的地位进行了论述,认为"中性官吏"是中国古代帝国政治运行的主体力量。

其四,以汉朝为例,对中国古代作为以儒家思想为治国指导思想的时代,皇帝形象的自我建设进行了论述,进而证明皇帝重视自我形象建设,是中国古代官民互爱体系能够构建的极为重要的环节。

其五,对中国古代平民权利与君主权力的博弈与消长关系进行了论述,指出中国古代平民权利只有量的进步,而君主的权力却有质的扩张。因此提出对中国古代官民互爱关系的评价不能过高的观点。

第一章　中国古代官员爱民思想的发展进程

一、先秦社会精英管理国家理论的生成

官员的产生,与国家的产生是一体的。一般认为,上古时代,即原始社会时代,没有国家,当然也就不存在官员。故史称:"昔太古尝无君矣。"当时之人,与其他生物并无大的区别,过着群居的生活:"知母不知父,无亲戚兄弟夫妻男女之别,无上下长幼之道,无进退揖让之礼,无衣服履带宫室畜积之便,无器械舟车城郭险阻之备。"[①]不过,历史总在进步。到了中国历史上传说的尧舜禹时代,国家便应时而生了。最初的国家,是由部落联盟演化而来。国家最高领导人的遴选,由"禅让制"转化为"传子制"之后,君主人选便完全私有化了。到了这个时候,国家也就算正式产生了。其后,各级官员的选用,也进入到一个以君主为中心的时代。由此,如何证明君主和官员存在的合理性问题就提上了日程。到了春秋战国时期,君主论便成了当时社会政治思想的重要组成部分。各家都对这一重要问题进行了广泛的讨论。

1. 儒家君自圣出思想

如前所述,人类从原始社会进入部落时代,部落首领便担起管理部落的职责。这是人类社会官员产生的初步类型。自国家形成之后,如何从理论上论证管理国家者即君主与百官政治地位的合法性,就成了一个重要的现实问题。在解决这一重大问题的过程中,儒家的贡献尤为巨大。

[①] 许维遹撰,梁运华整理:《吕氏春秋集释》卷二十《恃君览》,中华书局,2016年,第474页。

儒家首先从理论上论证了设立君主的合理性和合法性问题,这就解决了君主制度建立的基本问题。儒家认为,人类社会并非一开始就存在君主,而是在发展过程中,需要君主的存在。伪《古文尚书·泰誓》说:"天佑下民,作之君,作之师。"《左传·文公十三年》说:"天生民而树之君,以利之也。"《左传·襄公十四年》说:"夫君,神之主也,民之望也。若困民之主,匮神乏祀,百姓绝望。社稷无主,将安用之? 弗去何为? 天生民而立之君,使司牧之。"《孟子·梁惠王下》也说:"天降下民,作之君,作之师。"以上所言,都强调了君主之立,起于天意,终于护民。《荀子·大略》也说:"天之生民,非为君也;天之立君,以为民也。"①孔子说:"天无二日,民无二王。"(《孟子·万章上》)孔子以天无二日类比人世没有二王,已具有天人感应的观念。这种类比本质上属于胡乱因果关系,但是,却因为具有直观联想性,而受到社会上下的普遍认同。这样就从自然属性上论证了君主存在的合理性。

当然,设立君主以管理人民,并非儒家独有的专利。《吕氏春秋·恃君览》继承了儒家的君主起源说。它指出,古代四方无君的地方:"其民麋鹿禽兽,少者使长,长者畏壮,有力者贤,暴傲者尊,日夜相残,无时休息,以尽其类。圣人深见此患也。故为天下长虑,莫如置天子也;为一国长虑,莫如置君也。置君非以阿君也,置天子非以阿天子也,置官长非以阿官长也。"②因为人民需要管理,所以才由"天"来"树之以君"。因此,儒家认为君主的存在具有天然的合理性。当然,由谁来当君主,这是儒家必须解决的一个政治理论问题。换句话说,也就是君主是如何产生的,君主应该具备什么资质。

儒家又论证了君主出身与普通民众的关系问题。儒家认为君主出身平民,但却不是一般之平民。无论三皇还是五帝,都来自普通民众。不过,他们却是平民中的杰出者。儒家通过回顾历史,找到了现实的圣人天子尧、舜、禹,并分析了他们的两大本质特征,即品行高尚和智力卓绝。这两大本质特征是得到人民拥戴的根本。孔子对于上古时代的明君极尽美辞以歌

---

①梁启雄:《荀子简释》,中华书局,2010年,第376页。
②许维遹撰,梁运华整理:《吕氏春秋集释》卷二十《恃君览》,中华书局,2016年,第476页。

赞之：

> 子曰："大哉尧之为君也，巍巍乎唯天为大，唯尧则之。荡荡乎民无能名焉。巍巍乎其有成功也，焕乎其有文章。"（《论语·泰伯》）
>
> 子曰："舜其大孝也与！德为圣人，尊为天子，富有四海之内，宗庙飨之，子孙保之。故大德必得其位，必得其禄，必得其名，必得其寿。"（《礼记·中庸》）

因此，儒家认为，君主是众民中的最大贤能者，即圣者，可以带领众民走出愚昧，同时给众民带来福祉。儒家经典著作中所歌颂的君主，都是源自民间的杰出人才，具有圣人的特质，他们只是有其超人之处，方才成为人民拥戴的对象。儒家通过对杰出历史人物的追述，证明了上古时代君主来源的人民性，同时也"把先王之道作为自己的旗帜"①。儒家从上古帝王的出身，论证了帝王来自民众的历史，但同时用上天的意旨，表明帝王的产生与民意完全相符，即"天视自我民视，天听自我民听"（《尚书·泰誓》）。

儒家还论证了君主给人民谋福祉的天然职责理论，认为人民有过，责任在于君主。《论语·尧曰》载：

> 舜亦以命禹。曰："予小子履，敢用玄牡，敢昭告于皇皇后帝：有罪不敢赦。帝臣不蔽，简在帝心。朕躬有罪，无以万方；万方有罪，罪在朕躬。"周有大赉，善人是富。"虽有周亲，不如仁人。百姓有过，在予一人。"

天子归罪于己，原因在于天子"为民父母"（《孟子·滕文公上》），在于"子民如父母"（《礼记·表记》）。天子为民父母是一种拟血亲的类比理论，尽管与真实的血亲存在区别，却从理论上确立了天子必须承担教化人民和养育人民的义务。因此，人民有过，天子有责。不过，儒家同时认为，君主虽然来自民众，但是，与普通民众又有本质的区别。这就是，君主应该由具有圣人特质者担任。需要注意的是，"圣化的极致是神化"②。三皇五帝虽然来自民间，但他们又是天生的圣人，因此，他们便具有了神性。这是儒家在圣

---

① 刘泽华主编：《中国政治思想史（先秦卷）》，中国人民大学出版社，2014年，第131页。
② 刘泽华主编：《中国政治思想史（综论卷）》，中国人民大学出版社，2014年，第150页。

人来源方面只能以神化进行解释的最好方式。

但是,当天下为家的时代到来时,儒家并没有质疑天下为家是否合理的问题,而是顺应了历史的发展趋势,承认了天下为家的合理性,认为禹、汤、文、武,均是合格的帝王,仍然值得效仿。这是因为,儒家承认仁的等差性,其实也就承认了孝的私有性和私有制度的合理性。因此,对于禹、汤、文、武,儒家也认为他们是非常优秀的帝王人选。

当然,儒家同时也认为,并非每个人都能成为国家的领导人和政府的官员。这是因为人的智力并不相同,有天生的圣人,也有天生的愚人。天生的圣人不用学,天生的愚人不可教,即孔子所说:"唯上智与下愚不移。"(《论语·阳货》)这两种人只占少数,而其他人都要经过学习方可达到圣人的境界。除了智力存在不同以外,还有君子与小人之别。君子与小人的智力可能没有区别,但是区别在于他们道德修养的不同。君子可以做官,而小人不应做官。如果小人做官,就会败坏国家的政治。因此,儒家主张官员要选贤举能。不过,孟子认为通过学习、人人都可成为圣人的观点,与孔子所说"唯上智与下愚不移"的观点并不矛盾。孟子并没有否认世上存在上智与下愚者,只是认为普通人通过自我的努力,可以提升品德和能力。

儒家重视君主德与才的并育,认为君主应当具有仁的思想,也要有德的行为。因为有德,其行为可成为天下之人的典范。官员也应如此。因此,孔子说:"政者,正也。子帅以正,孰敢不正?"(《论语·颜渊》)可见,孔子非常重视君主和官员身体力行的示范功效。孟子出生在战国时代,对于战国时代的君主,孟子多有批评,认为他们与古代圣人型的君主相差太远。不过,孟子对现实君主的批评,一般都是泛论,即使是直接对梁惠王的批评,也充满了善意,认为梁惠王只要接受了他的建议,在国内实行仁政,就可以成为一个仁君。当然,孟子没有对当代是否存在极端作恶之君进行过批判。他只是对前代极端作恶之的商纣与夏桀,进行了毫不留情的批判,认为他们是独夫民贼,已失去做君主的资格,人民完全有理由杀死他们。可见,在孟子看来,君主的政治行为如果超越了他的本分,人们就可以推翻其统治,并重新选择君主。这就说明,儒家虽然肯定了君主可以世袭,但是却反对君主的暴政。这在于儒家虽然承认天下可以私有,但是天下依然是天下人的天下,而不是君主一家人的天下。

上古的贤能君主,把为民服务当成本分,没有想到自己实际是占据了统治地位。因此,孟子说:"古之贤王好善而忘势。"(《孟子·尽心上》)因为君自圣出,所以孔孟都认为,君主应该"都是具有高尚道德品质的人,是道德神"①。

儒家为了说明他们心目中的君王是当代和后代的君主榜样,就利用手中的笔墨来神化和圣化他们。当然,神化和圣化君主,在上古时期已初露端倪,而到了春秋时期,儒家对此做出了巨大的贡献。在孔子眼中,西周的文王、武王与周公,均是少有的圣人,他们的德行与治国之才,成为后世的楷模。

尽管儒家认为君主应当选用明君,也承认开国君主是因为爱民贤能才得有天下的,但是,儒家没有对开国贤能君主死亡后继承君位者的贤能情况进行有力的论证,却认为开国君主打下的江山可以私有化,交给其子孙管理。因此,神化君主,就有了必要。

儒家也接受了上古时期君权神授的观念,认为君主是上天的安排,为天之子。天子观念的产生,当然有神化君主思想的成分在。但是,儒家同时却又认为,君主还是出自民间,其父母依然是常人,也就是说,君主依然是民众中的一员。只不过,君主出身与众人不同而已,其出生时的天象会给世人以提醒,其本人出生时的身体特征和智力特征异于常人。在这一点上,儒家和法家相似。法家也认为只要能够为民众带来福祉,就可以为王。韩非举出有巢氏和燧人氏为例,来说明他的这一观点:

> 上古之世,人民少而禽兽众,人民不胜禽兽虫蛇,有圣人作,构木为巢以避群害,而民悦之,使王天下,号曰有巢氏。民食果蓏蚌蛤,腥臊恶臭而伤害腹胃,民多疾病,有圣人作,钻燧取火以化腥臊,而民说之,使王天下,号之曰燧人氏。②

---

① 池桢:《孔孟荀的君主论:在圣与王之间的两难抉择》,《史学月刊》2006年第4期。
② [清]王先慎撰,钟哲点校:《韩非子集解》卷十九《五蠹》,中华书局,2011年,第442页。

韩非是法家人物,他对上古圣人出现的观点,和儒家并无质的差别。这也说明,战国时期的法家与儒家并没有完全对立。

儒家同时又认为君主和普通人一样,容易犯错误,并非天生的圣人。儒家的这种观点为东汉的王符所继承,他说:"父母有常失,人君有常过。"[①]对现实中的君主,无论是孔子还是孟子,都把尧、舜作为天下为公时代君主人格最高的榜样来看待,同样,也把商汤与周武王当作天下为私时代君主人格最高的榜样来看待。而对于现实中的君主,无论是孔子,还是孟子,都怀有强烈的不满情绪,尽管他们没有点名道姓地批评当代的君主。

儒家在人格上还建立了人人皆可成圣人的理论,表明儒家建立了全民参与社会管理的政治理论。人人皆可成圣人的理论是由孟子提出的,即"人皆可以为尧舜"(《孟子·告子下》),这就为平民成为圣人建立了理论依据。既然人人皆可成圣,那么人人皆可通过修炼而成为国家的管理者。人人皆可成圣的理论,对君主的出身论是一大打击,表明孟子并不承认君主的出身受到了上天的特别眷顾。当然,人人均可成为圣人只是理论的论述,在实际生活中,不可能出现人人都可以成为圣人的情况。这是因为,人与人之间存在后天努力的区别,只有少数人才有毅力进行后天的努力,而多数人没有后天努力的毅力。

从孟子的圣人理论可以推导出:既然人人均可成为圣人,当然也就有了成为君主的可能。因此,孟子的圣人理论,和其革命理论具有统一性。孟子确立了对暴君进行革命的合法性,同时也确立了人人可以成为圣人的可能性。如此,就解决了君自圣出理论中的圣人来源难题。是故,孟子圣人的理论批判了圣人出身的神秘性,拉近了圣人与平民群体的关系。

2. 儒家官自贤出思想

尽管从夏朝开始,社会进入家天下的时代,君主继承制度发生了质变,但是,春秋战国以降,政府官员的世袭特权已走向瓦解。这正是儒家官自贤出用人思想在政治领域的反映。钱穆先生对此有过精辟论述。他说:"中国

[①] [东汉]王符撰,汪继培笺,彭铎校正:《潜夫论笺校正》卷三《忠贵第十一》,中华书局,2011年,第114页。

自秦汉以下的政府之组织者,不是军人,不是贵族,也不是富人与穷人,而主张'贤者在位,能者在职'。政府从民从间挑选其'贤能'而组成。"①

与君主源于民众不同,官员来自民众,其出身几无神性可言。一般来说,因为官员没有世袭特权,只能在一定时期担任国家的一定职务,因此,不必通过制造神话来展示上天的特殊眷顾。而且,要成为国家的官员,需要通过学习和训练方可。当然,学习和训练的内容,主要体现在德与智两个方面。如果德与智能够有过人之处,方有做官的资格。而政府要通过选贤举能的政策,来搜罗管理国家的人才。

起初,选贤举能主要运用于天下为公的大同时代。但到了天下为家的小康时代,这种用人制度依然有用,因为只有贤能者才能治理好国家。选贤举能的范围,当然是在全民所有人中挑选,只要德才具备,都是被选举的对象。相反,对于无德有才者,完全可以撤换其现有的官位。那么,谁去主持官员的选举呢? 在这个问题上,儒家认为君主应当承担起这个重要责任。作为国家的最高领导人,他就应该具有主持选贤举能的权力,也应该选出优秀的人才来管理国家。同时,儒家还认为,作为国家管理部门的主要官员,也应该选用贤能之人。《论语·子路》载:"仲弓为季氏宰,问政。子曰:'先有司,赦小过,举贤才。'"举贤才可以说是儒家用人观念的核心内容。贤才参与政治,才能处理好国家大事,同时才能为民谋得利益。孟子也说:"仁则荣,不仁则辱。今恶辱而居不仁,是犹恶湿而居下也。如恶之,莫如贵德而尊士,贤者在位,能者在职。"(《孟子·公孙丑上》)

儒家主张士人应当积极入仕,以此来实现儒家的仁政理想。钱穆说,孔子儒教,以治国平天下为其终极理想,"故儒教鼓励人从政"②。士人积极入仕,在于士人的身份决定了他们理当成为国家的管理成员,因为,"士不可以不弘毅"(《论语·泰伯》),理当为民众谋福祉,只有如此,方才可以最大化地实现人生的价值,万一不能入仕,也要洁身自好,做一个社会道德的楷模。士人积极为天下人谋福利,以实现人生的不朽价值。这是儒家为官的重要

---

① 钱穆:《中国历史精神》(新校本),九州出版社,2012年,第29页。
② 钱穆:《国史新论》(新校本),九州出版社,2012年,第213页。

目的,也是士人追求人生成功的重要标志。

对于天下为公的大同时代,儒家歌颂了尧、舜等圣人级别的天子,而到了天下为私的小康时代,儒家对于家天下的君主私相传授并没有进行严厉的批评,反而认为家天下同样具有合法性。孔子对于禹、汤、文、武,均有赞扬之词,说明孔子同样看好天下私有的政治制度。只不过,孔子对于诸侯国的国王政治多有批评,但是却从来没有否定私有制度。这说明孔子已承认了私有制度具有合理性。

儒家把社会分为四民,即士、农、工、商。四民阶层的产生,是因为在人的成长过程中,个人才能和品德修炼的不同,从而造成职业的不同。士阶层是社会管理阶层,其他三个阶层是社会物质生产的阶层。因此,士具有管理社会的神圣职责。士来源于民,但不是每位社会成员都能成为士。而且农、工、商在国家中的地位也同样重要。西周的士具有世袭的身份,但是春秋以降,士、农、工、商四民阶层也开始发生转化。农、工、商者的子孙,通过学习,可以转变自己的职业,参与到国家管理队伍中去。

3. 儒家设计了君主和官员的贤能标准

如前所论,儒家认为,并非任何一位普通民众均可为官,只有贤能者方可为官。儒家为此设计了一套选官的理论,其核心是选举贤能。为何要选举贤能之人为官?这是因为,社会之人的德与才各有不同,而德才俱佳者,方可成为国家的管理阶层。只有这样人去管理国家,人民才能获取最大的福祉。从官员职务上看,以贤能者为官的主要内容有二:一是贤能之人方可为官;二是如果君主不是贤能之人,可以通过进谏手段提高其从政的能力甚至用革命的手段将其除去。

儒家主张管理国家的官员必须选用贤能之才。为何要用贤能者为官?这实际上是儒家官员来源思想的精华。因为非贤能者,不可能有爱民之心,更不可能做好本职工作。选贤举能包括两大标准,一是德的标准,二是能的标准。

儒家主张选贤举能的人才选用运作方式包括两个方面:一是对国家统治者而言,要求自上而下进行选官;二是对社会下层官员而言,有义务向上推举德能俱佳的人才。

儒家的选贤举能思想在春秋战国时期已在不少国家得到实施。这当然不完全是儒家创始人孔子和其弟子以及后来的儒家学者宣传的结果，而是各国迫于形势，各国君主必须选用贤能之人，方可生存图强，否则其国家只能被强国吞并，祖先便会丧失血食的资质。汉朝建立之后，儒家学说的用武之地更为开阔起来。汉武帝重用儒家士人，并以儒家思想为国家的指导思想，就在于儒家的思想具有其他学说没有的普适性优点。汉朝的察举征辟制度，其精神与儒家的用贤思想基本相同。此后的科举制度，也可以说与儒家用人思想基本吻合。

不过儒家选贤举能的用人标准，具有一定的弹性。在德才不能俱备之时，如果没有大恶，儒家是允许有高才者发挥其治国之才的。如孔子对管仲的奢侈的行为并未进行苛刻的批评，反而认为："微管仲，吾其被发左衽矣。"（《论语·宪问》）因此，通过治国贡献的转换，儒家认为，可以忽略贤能之人存在的缺点。东汉末年曹操"唯才是举"的用人政策，也正是利用了孔子对管仲评价的理论，看似是唯才，实则是对儒家用人所长思想的灵活运用。

如何成为贤能之人，以担当起国家管理的重任，这是儒家着力解决的一大问题。孔子和孟子都主张通过学习的方式，来提高自己的道德修养和能力水平。孟子尤其重视个人的自我修炼，认为严格要求自己，可以把人本来的善良之心发扬出来，从而达到人的高等境界。对于思想的修炼，儒家给出了榜样示范，说明只要努力，就完全可以达到榜样的境界。

尽管儒家认可了君主世袭的权利，但是，儒家认为，如果君主不再为民谋福祉，相反只是一味追求个人的快乐，而损害了社会广大民众的幸福，人民便有权利废除之，并重新选择新的君主。重新选择新的君主，大致包括改朝换代和不改朝换代两种模式。孔子并没有完成儒家的君主改变理论，只是劝说君主要以仁爱之心对待治下的人民，即实施仁政，同时批判苛政，认为苛政猛于虎。但是，如何避免由君主造成的苛政，孔子只提出了仁政的方案，即要求君主加强个人的修养，通过道德的自我提升，来爱护自己的百姓。对于孔子没有能够根本解决的苛政的难题，孟子最终提出了全新的解决方案，这就是孟子的革命论。《孟子·梁惠王下》载：

齐宣王问曰："汤放桀，武王伐纣，有诸？"孟子对曰："于传有之。"曰:"臣弑其君,可乎?"曰:"贼仁者谓之贼,贼义者谓之残,残贼之人谓之一夫。闻诛一夫纣矣,未闻弑君也。"

孟子所举的革命的例子,属于改朝换代模式。孟子肯定了历史上的汤武革命的合理性和合法性。商汤与周武,原为前朝的臣子,依照儒家的观念,臣子的政治道德,以忠为本。但是二人先后举起反抗王朝暴政的大旗,这在齐宣王看来,是不忠于君主的表现。但是,在孟子看来,二人的行为却是正当的。正当的原因在于代表了广大人民的利益。因此,即使是臣子,对于残暴的君主,也完全可以造反。孟子的汤武革命理论,实质上否定了君主制度世袭制度的不可变革性,表明儒家不完全依靠软的手段去干预政治,而且在特殊条件下可以通过硬的一手,来阻断社会政治继续恶化的可能。革命的手段,也证明世袭制度中的君主,其前代君主的优秀,不能保证其后代嗣君继续优秀。如果后代腐化堕落,人们完全可以利用暴力手段进行改朝换代。孟子如此的论述,就完成了新旧朝代更替的理论架构。

儒家主张社会分为不同的层次,不同的层次具有不同的社会权利和社会义务,不同阶层之间的交往要以礼的方式进行规范。根据血亲原则,高等级与低等级之间也存在近似血亲关系的交往原则。上级对下级要有充分的爱护,下级对上级也要有充分的尊重。在士、农、工、商四个等级之中,儒家最看重士在国家中的主导地位和作用,认为士不是一般人可以担任的。不过,儒家尽管没有特别轻视其他三个阶层在国家中的地位和作用,却认为这三个阶层的人,多数只能从事具体的物质财富的创造工作。当然,士人不只可以读书,在他们还没有成为国家的管理者之前,他们也可以从事劳作,像农民一样地依靠自身的劳动取得衣食财物。

4.儒家精英治国理想模式的意义与局限

儒家的官自贤出思想,具有广泛的人民性。把广大人民尤其是基层人民与政府官员紧密地联系在一起,从而消弭了官员与人民之间的统治与被统治的界线。因为官员来自人民,官员与人民就可以和平共处。而法家认为,官员是人民的统治者,统治者与被统治者总是存在对抗性矛盾。因此,使用严酷法律是法家治国的基本思路。

儒家对于君主来源的理论讨论并不彻底,尤其是对于皇朝稳定期间出现腐败的君主没有一个及时消除的制度措施。

儒家思想的形成基础,是夏商周的政治实践,而夏商周已是家天下的私有制度的逐渐发展时期。儒家虽然强调官自贤出,但是对于国家的最高领导人,却不能从改变继承制度上解决之。儒家承认天下是私有的天下,打得天下者,固然是民意的体现,但是,却也是打天下者子孙合法继承天下的前提。除了君主之外的任何职务,均可以通过选举产生,但是,君主的选定,却具有私有性,只能在君主的儿子中或其家族中产生。儒家认可了君主私有天下的合理性,却没有认真分析君主私有天下的理论。

尽管孟子对君主私有天下的存在的问题进行了探讨,提出了对独夫进行革命的理论,这是孟子企图打破君主私天下,而为后人留下的独有的理论贡献。但是,对于天下私有制度的合法性问题,孟子并没有进行批判。孟子只是通过历史上的改朝换代,论证了汤武革命的合法性。当然,孟子并没有认为血缘决定合法性的永远存在。禹和汤都是圣人,但是他们的后代桀和纣却是独夫即人民公敌。人民公敌当然可以为人民处决,这是孟子革命理论的伟大之处。但是,为何圣人的后代会成为人民公敌,孟子却没有进行思考。这就不可能从根本上解决圣人子孙成为独夫、人民不得不通过不断革命的方式,来解决独夫政治的难题。

圣王继承制度是儒家君主思想的一大难题。孟子对这一问题也未能完全解决好,把贤能者当天子说成是天意,即:"天与贤,则与贤;天与子,则与子。"(《孟子·万章上》)孟子还列出舜以禹为天子的例子,说明传天子之位给予儿子是人民选择的结果,因为禹的儿子启留给人民的恩惠多,故人民拥护他继承天子之位,这是上天选择贤能之人为天子,并未考虑其血统问题。而又以尧、舜之子的不肖来说明,他们的不肖,是天意,不是人力所能改变的。当然,平民中的贤能者,如果得不到天子的推荐,也就没机会继承天子之位了。因此,孔子虽然贤能,却不能拥有天下。

无论是孔子还是孟子,都没有对周天子以及各国的统治阶层的世袭政治地位进行深入的分析。这一方面囿于时代的限制,另一方面则是囿于他们思想的限制。尽管在孟子所处的时代,已有不少诸侯国为他国吞灭,诸侯国的国君以及其国家的官员身份发生了巨变,但是,对于现存在的周天子家族,以及各诸侯国的家族和官员,孟子却没有直接指明他们最终的命运。

儒家官自贤出的思想,并未解决特权阶层的特权问题,这与春秋战国时期的政治背景有关。儒家尽管把官自贤出当成政治和谐运行的重要理论和内容,但是因为君主继承制度具有私有性,必然导致特权阶层的出现。特权阶层实为破坏专制君主制度的腐蚀剂,而君主却需要利用这些特权阶层巩固其政权,故而特权阶层虽然来自民众,但其贤能的品质未必能够代代遗传,故而特权阶层的后人因其具有多方面的特权而非常容易腐化堕落,而儒家却未对这一现象开出能够彻底医治的良方。

儒家主张通过选贤举能,把德才兼备者推举到政府中担任相应的官职。但是官职并无世袭。并非官宦之家出身的普通民众,如果具备过人的德才,同样也可进入到政府之中。可见,儒家通过官自贤出的理论与实践,为广大民众进入国家管理阶层开辟了一条通途,从而阻止了社会不同阶层的固化,使社会贤能之人不断进入到政府管理阶层之中,官宦子弟无能者则为制度所淘汰,从而有利于国家管理层的推陈出新,国家统治集团不至于快速腐化。这一方面有利于提高管理国家的效益,另一方面也促进了不同阶层的交流变化。儒家官自贤出理论促使社会各个阶层处于流动状态,使得社会各个阶层通过智力的博弈而得以上下流动,从而大大降低了社会分层固化的严重风险。

当然,儒家官自贤出的理论,把全国各个阶层的利益捆绑在一起,无论是君主还是官员,都是民众利益的管理者,他们与民众具有相同的出身,因此他们与民众并不单纯是管理和被管理的关系。他们实为利益的共有者。这在一定程度上抹杀了等级制度造成的社会不公。不过,理论与实践总是存在着一定的差异。在现实中,君主家族、外戚家族以及高官子弟都不可避免地获得了一定的社会特权。有了特权,他们就能够轻易获取常人难以得到的稀缺的社会资源,从而造成了事实的不公平。这与儒家的精英治国理想模式并不完全相符。

儒家官自贤出思想,表明儒家不存在严格的血统论。对于社会下层人,如果有能力、品德高尚,同样会受到社会的普遍敬重,并得以成为社会的管理者。儒家歌颂了不少出身低贱者。如对被用五张羊皮赎出的百里奚、筑墙出身的傅说、做过微贱商人的管仲等人,均给予极高的评价。儒家不把出身当成为官必备的条件,这说明儒家在一定程度上跳出了血统的圈子。

儒家的官自贤出理论,尽管在很大程度上解决了官员的合法性来源问题和官员应当具备的资质问题,以及民众与官员之间存在的阶层矛盾问题,但是儒家的官自贤出理论,并不是彻底的选贤举能论,儒家对君主专制制度持保留的态度,对政权的私有化也认为具有合法性和合理性,承认了君主世袭制度的合理性。儒家只是在君主成为独夫时,方提出了以革命的手段解决之,而对平庸的君主,儒家并没有提出解决的具体方案。因此,在官自贤出理论的建立上,儒家只能建立有限的官自贤出理论,而非完全的官自贤出理论。

谁去选贤、谁去举能,这实际上是用人的至关重要的问题。但是儒家在这个问题上,却有意或无意地忽略不论了。儒家只是认为,如果君主是圣人,就有了举贤的能力。"舜有天下,选于众,举皋陶,不仁者远矣。汤有天下,选于众,举伊尹,不仁者远矣。"(《论语·颜渊》)孔子渴望的政治是圣君与贤臣的共治,即"君臣共治"。因此,"孔子'君臣共治'的理想状态是有德之君举贤任能"①。儒家虽然塑造了一批前代的典范君主,但是,这样的典范相对于实际执政的全体君主数量来看,就显得太少了。大部分的君主实际上是道德力和行政力均平庸之人,故让平庸之君去选用优秀的人才,堪为天方夜谭。儒家一直没有解决选贤举能的主体问题,原因在于,孔子和孟子都没有否定不是圣王的君主的合法地位,孟子也只是否定了暴君的合法地位。

总之,儒家的君主自圣出和官自贤出的政治思想,"奉行的是一种精英主义"②。虽然在一定程度上解决了国家政治中的主导者——君主和官员来源的合理性和合法性问题,但是解决的方案并不彻底,仅仅具有有限的民主意识,"没有抓住政治中的根本"③。因此,也就不能彻底解决政治核心问题

---

① 姬明华:《孔子的政治理想与现实选择》,《汕头大学学报》2019年第9期。
② 姜义华:《民族主义复兴的核心价值》,上海人民出版社,2012年,第89页。
③ 刘泽华主编:《中国政治思想史(先秦卷)》,中国人民大学出版社,2014年,第167页。

中的君主与官员选拔的公正性难题。

二、先秦史鉴意识和忧患意识的生成

所谓史鉴意识,就是把历史中的兴亡作为镜子,通过历史的兴亡故事,来警示自己。史鉴意识是历史意识的重要组成部分。"历史意识是指人们由历史知识凝聚、升华而成的经验性心理、思维、观念和精神状态。"①历史意识的产生,源于人类自然灾难和社会灾难的频繁出现所引发的对社会变化的思考。"历史意识是反思的和批判的。"②"历史意识使得人类不断反思与批判自身的实践经验与认识。"③因此,对历史的反思和批判,其本质就是史鉴意识。

一般认为,中国历史上第一个家天下的王朝是禹建立的夏朝。夏朝传位到桀时,政权已非常腐朽。时人咒之曰:"时日曷丧?予及汝皆亡。"(《尚书·汤誓》)桀竟然说自己是天上的太阳,太阳不死,他也不会死。可见夏朝统治者的天命观念是非常深厚的。商朝建立后,继承了夏朝的天命观,依然认为其政权是上天的恩赐。商朝是灭亡夏朝之后建立起来的东方大国。商朝的统治者对自己的统治非常自信,认为商朝的建立,是天意使然。

周人在灭亡商朝之后,鉴于商亡的教训,周朝的社会上层对历史借鉴的意义进行了深入思考。周人对商朝灭亡的反思具有巨大的成就,这就是周人以人为本史鉴意识和忧患意识的形成。也可以说,中国古代历史意识的兴盛,发生在周朝灭商之后。

《诗·大雅·文王》:

> 殷之未丧师,克配上帝,宜鉴于殷,骏命不易。

《尚书·多方》:

> 周公曰:"王若曰:猷告尔四国多方,惟尔殷侯尹民,我惟大降

---

① 徐兆仁:《历史意识的内涵、价值与形成途径》,《中国人民大学学报》2010年第1期。
② 隽鸿飞:《历史意识的生成论阐释》,《哲学研究》2009年第10期。
③ 梁栋:《关于"历史意识"内在本质的重新思考》,《文化学刊》2019年第10期。

尔命,尔罔不知。洪惟天之命,弗永寅念于祀。惟帝降格于夏,有夏诞厥逸,不肯戚言于民,乃大淫昏,不克终日劝于帝之迪,乃尔攸闻,厥图帝之命。不克开于民之丽,乃大降罚,崇乱有夏。因甲于内乱,不克灵承于旅。罔丕惟进之恭,洪舒于民。亦惟有夏之民叨懫,日钦劓割夏邑。天惟时求民主,乃大降显休命于成汤,刑殄有夏。"

《尚书·酒诰》：

> 古人有言曰:人无于水监,当于民监。今惟殷坠厥命,我其可不大监抚于时。

周人不只对前朝灭亡的历史非常重视,甚至对本朝国君周厉王的暴政行为也进行了反思。周厉王(?—前828)在位时,以残暴闻名。《国语·周语》载：

> 厉王虐,国人谤王。召公告曰:"民不堪命矣!"王怒,得卫巫,使监谤者,以告,则杀之。国人莫敢言,道路以目。①

这种残暴的统治引发了严重的社会危机。因此,有识者便把厉王的行为与前朝联系在了一起。《诗·大雅·荡》说：

> 荡荡上帝,下民之辟。疾威上帝,其命多辟。天生烝民,其命匪谌。靡不有初,鲜克有终。

史称此诗便是为讽刺周厉王而作:"厉王无道,天下荡荡无纲纪文章,故作是诗也。"(《诗·大雅·荡·诗序》)《荡》诗的最后指出:"殷鉴不远,在夏后之世。"体现了周人社会上层强烈的历史借鉴思想。厉王是西周第十位天子,他在位时,周朝已建立了二百余年。厉王似乎已淡忘了商朝灭亡的惨痛教训,故而才有以杀止谤的政治行为。但是,统治阶层中的贤能之士,对商朝亡国的历史依然牢记于心,故才有了《荡》诗的出现。

史鉴意识与忧患意识可被称为母子关系。忧患意识的产生,源于史鉴意识。中国古代记载忧患意识最早的典籍是《尚书》,忧患意识"与'殷鉴'思

---

① 徐元诰撰,王树民、沈长云点校:《国语集解》卷一《周语上》,中华书局,2002年,第10—11页。

想、'先王'观念有着密切联系"①。而殷鉴思想"是我国史鉴传统形成的重要标志"②。

周朝是中国古代忧患意识兴盛的朝代。周朝建立,源于殷商的腐败引起社会普遍的敌视。周人就是在这种社会背景之下兴兵讨商,并灭亡了商朝。周人建立起周朝之后,也担心商朝灭亡的历史悲剧会在他们自己的身上重演,因此,以史为鉴,便成为立国之初重要的政治使命。忧患意识,便应时而生了。周人的忧患意识,主要体现在周公的执政思想和执政行为之中。周公是文王之子、武王之弟。武王灭商后不久去世,成王年幼,周公成为周朝的实际掌权者。周朝建立后,以"敬德保民"为治国指导思想,制定了一系列的治国制度。这些制度的制定,反映出周公浓厚的史鉴意识和忧患意识。"周公忧患思想的产生是对殷周之际的社会复杂形势和变革的积极回应和当时社会刺激使然。"③周人在对历史进行反思的过程中,"发现了吉凶成败与当事者行为的密切关系,及当事者在行为上所应负的责任"④。

而周公的忧患意识,也成为中国古代忧患意识的重要源头和重要内容。当然,并非说周公是中国古代忧患意识的先行者,事实上,周公之兄周武王,已具有浓厚的忧患意识了。武王灭商之后,在思考如何稳定政权以确保周朝长治久安的问题时,曾感慨不已地说:"何寝能欲?"⑤可以说,周公继承了武王的忧患意识并发扬光大之。

周公的忧患意识首先表现在他对天命的理解之上。他说:"惟命不于常。"(《尚书·康诰》)周公认为,天命是可以改变的。史载:

> 周公若曰:"君奭,弗吊,天降丧于殷,殷既堕厥命。我有周既受,我不敢知曰厥:基永孚于休。若天棐忱,我亦不敢知曰:其终出

---

①王灿:《〈尚书〉历史思想研究》,山东大学博士学位论文,2011年,第147页。

②李建:《"殷鉴"思想论略——以〈尚书·周书〉为中心的考察》,《史学史研究》2009年第2期。

③吕庙军:《中国政治文化符号:周公研究》,南开大学博士学位论文,2010年,第155页。

④徐复观:《中国人性论史(先秦篇)》,上海三联书店,2001年,第18—19页。

⑤黄怀信:《逸周书校补注译》,三秦出版社,2006年,第216页。

于不详。"①

以周公为代表的周人社会上层,深刻认识到天命的无常,这是因为他们看到了商朝醉心于天命的严重后果,只能是走向灭亡。天命既然不能长久地保佑商朝,肯定也不会长久地保佑周朝。因此,周朝的开国统治者,不能不思考这一问题,想法解决这一问题。结果,得出了一个非常重要的判断:要想长保天命眷顾周人,就要敬德保民。敬德,就是重视自己的行为;保民,就是要保护小民的利益。因为"人无于水监,当于民监"(《尚书·酒诰》)。周公忧患意识的内容甚为丰富,有学者总结为"四忧",即忧家、忧国、忧民、忧用人。② "四忧"的核心,还是担心周人如果不能谨慎治国,可能就与商人一样,失去自己的国家。

春秋战国时期,士阶层逐渐上升为社会上的一支重要力量。士在周初,属于宗族贵族中的最下层,以武见长。"战国以后儒家子弟讲求修养,不习武事,才变成了真正的'文士'"③。这些士人积极参与政治,最终形成了代表社会正义的士阶层。儒家的创立者孔子,作为士阶层的杰出代表,对官民关系进行了多方面的思考,创立了以"仁"为核心内容的儒家学说。"仁"的本义,孟子说是爱人。《说文》释仁:"亲也,从人二。"这种解释认为仁是人与人之间建立起的亲密的关系。孔子的仁学说,针对社会全体民众。其后,由孟子发展而形成了"仁政"学说,把仁的践行纳入国家政治治理中,并强调了社会上层践行仁的重要意义。孟子说:"仁也者,人也。"(《孟子·尽心下》)《说文》段注曰:"谓能行仁恩者人也。"当然,这种能行仁恩的亲密关系,侧重于社会上层对社会下层的爱,或者说强者对弱者的爱,即"古之为政,爱民为大"(《大戴礼记·哀公问孔子》)。因此,"仁的本义当中天然地带有不平等的因子"④。孟子所宣扬的仁政的本质,就是要求统治者爱护百姓,以百姓的

---

① 周秉钧:《尚书易解》,岳麓书社,1984年,第243页。
② 吕庙军:《中国政治文化符号:周公研究》,南开大学博士学位论文,2010年,第184—187页。
③ 顾德融、朱顺龙:《春秋史》,上海人民出版社,2019年,第349页。
④ 王艳勤:《原"仁"》,《孔子研究》2007年第2期。

苦乐为苦乐。无论孔子,还是孟子,他们的儒家思想,都建立在对历史的深刻认知基础之上。孔子说:"周监于二代,郁郁乎文哉,吾从周。"(《论语·八佾》)孔子在这里不只是赞扬周能够以夏商为鉴,而且还表明,自己也非常重视历史的经验教训,即向周人看齐。"孔子成《春秋》而乱臣贼子惧"(《孟子·滕文公下》),正说明孔子重视史鉴功能的现实意义。

三、儒家全民共赢思想的生成

史鉴意识与忧患意识的生成,必然导致民本主义思潮的兴起。民本主义思潮的兴起是爱民思想盛行的理论根基。

1. 民本主义思潮

所谓民本,即以民为本。《说文》释本:"木下为本。"可知本是木之始基。先秦产生的民本思潮,其本质是把民的地位放在政治中的核心地位,而不是把民放在与统治者平等的地位。但这也足以说明,如果不把民放在根本之位上,其统治地位就要丧失。因此,先秦民本思想的本质,是为了统治的永远持续,而不是为了保护民众的权利与利益。但是,为了保证统治阶级的统治能够永远平安,当然也需要保护民的利益。民本主义思潮在周朝建立前后,空前高涨。民本思潮的兴盛,便促进了官员爱民思想的兴起。

中国古代官员爱民思想,在商人统治者中已有朦胧的意识,商汤曾说:"人视水见形,视民知治不。"[1]到了西周,官员爱民思想已初步形成。周公曾说:"惟命不于常。"(《尚书·康诰》)在对天命不常的原因进行历史分析后,周人发现最高统治者无德无行是国家灭亡的重要原因,提出"君主应当承担治国兴邦的主要责任"[2]。西周统治者已认识到"皇天无亲,惟德是辅"的道理(《尚书·蔡仲之命》),因此西周便产生了敬天保民的思想。这也是中国古代民本思想兴起的重要标志。《说文》释保:"养也。"甲骨文"保"字形,似人负孩于背,即褓之本字。故保民之实质,就是爱民。

此后,社会精英阶层对民的政治地位的认识也在逐渐深化。如春秋时,

---

[1]《史记》卷三《殷本纪》,第93页。
[2] 王保国:《两周民本思想研究》,学苑出版社,2004年,第53页。

季梁谏随君勿追楚师,曾说:"夫民,神之主也。是以圣王先成民,而后致力于神。"(《左传·桓公六年》)虢国史官嚚也曾劝谏其君说:"国将兴,听于民;将亡,听于神。神聪明正直而壹者也,依人而行。"(《左传·庄公三十二年》)

2. 儒家政治思想代表全体人民的利益

儒家的爱民思想,吸收了西周之前的重民思想,集中体现在孔子的仁学与孟子的仁政学说之中,并形成了旨在实现全民共赢的思想。所谓全民共赢,主要表现在以下诸方面:

首先,孔孟政治思想代表了统治者的利益。

以孔孟为代表的儒家政治思想,对统治阶级来说,大有利用的优点。这是因为,他们的政治思想,就在于要求建立一个有秩序、有等级的社会,就在于建立社会的和谐。这种和谐,对于统治者而言,便于管理,统治者会因此而得到最大的利益。主要表现为:其一,是统治阶级的物质利益得到维护。因为社会安定、稳固,统治者也就可能运用国家机器的职能,分配社会的财富。其二,是特权等级制度得到维护。在孔孟政治思想中,社会的等级制度,并不能代表社会的下层要受到社会上层的压迫与剥削,而是社会分工的不同。在孔孟的思想中,社会的上层,是劳心与劳力的差别,孟子认为,治理天下"有大人之事,有小人之事。且一人之身,而百工之所为备。如必自为而后用之,是率天下而路也。故曰:或劳心,或劳力;劳心者治人,劳力者治于人;治于人者食人,治人者食于人:天下之通义也"(《孟子·滕文公上》)。其实,孟子并不认为这是压迫与被压迫、剥削与被剥削的关系,只是社会中人与人个体的差别形成了社会分工的不同。毕竟,孟子还要求国君要有大仁大爱之心,并宣称人民起来杀死暴君,是正义的行为。如果只是讲社会等级,轻视社会下层人民,也就不可能存在"仁爱"的思想了。其三,是可使社会广大的下层人民得到安定。孔子主张以德礼治国,认为德治比刑治更有效果。"道之以政,齐之以刑,民免且无耻;道之以德,齐之以礼,有耻且格。"(《论语·为政》)所谓的德礼之治,其实是一种"心治",即从思想即价值观念上进行教育,由此可见孔子对社会民众心理与价值观念作用的重视。而这种治国方略,远比以法家思想治国效果要佳,因此,在经历秦帝国以法家思想治国失败后,孔孟的儒家治国思想最终为历代君主所接受。

其次,孔孟政治思想更代表了社会中下层广大人民的利益。

孔子吸收了前代已经产生的民本观念,尤其重视周公的"敬天爱民"思想,而孟子又继承了孔子的爱民思想,从而形成了他的民本思想。孔子主张重教化,省刑罚,薄赋税,厚施予,"泛爱众"(《论语·学而》),这完全是代表全体人民利益的理论。儒家注重人民的整体意识,主张"和为贵",强调了人民之间的和谐关系。表面上看来,是为了社会上层,但在另一方面,也是顾及社会下层人民利益的结果。

孔子的仁学与孟子的仁政思想,可统称为仁爱学说或仁爱思想。孔子解释仁说,仁者爱人,其爱人的根基在于"性相近"(《论语·阳货》)。孟子认为统治者应该和能够实施仁政的根基在于:人人都有恻隐之心、羞恶之心、辞让之心和是非之心。"四心"在仁爱实践中都承担着重要的功能:"恻隐之心,仁之端也;羞恶之心,义之端也;辞让之心,礼之端也;是非之心,智之端也。"(《孟子·公孙丑上》)孔子认为性相近,但是,他强调了后天的教育功能。而孟子却直接强调了性善的天然性。

如何践行仁爱学说,孔子和孟子都认为统治者应该率先垂范。社会上层即统治者的行为要符合仁爱的要求,这是社会达到和谐的关键:"修己以安百姓,尧舜其犹病诸!"(《论语·宪问》)"为政以德,譬如北辰,居其所而众星共之。"(《论语·为政》)而孟子则更强调君主行为的重要性。因为君主是执政者,只有执政者行仁政,国民方有可能得到幸福。

统治阶级如何方能做到仁爱?孔子主张在政治上、经济上都要均平与合理:"不患寡而患不均,不患贫而患不安"(《论语·季氏》)。"不患寡而患不均",重在强调政事均平。① 而政事均平的关键显然是统治者不能滥用权力。"周急不周富"(《论语·雍也》),表明孔子坚持经济平等的主张。孔子还主张"老者安之,朋友信之,少者怀之"(《论语·公冶长》),表明他的平等观从年龄结构上包括了社会所有人。

孔子还主张实行富民政策,认为"足食、足兵、民信之矣"(《论语·颜

---

① 李振宏:《历史与思想》,中华书局,2006年,第461页。

渊》),而孟子则直接提出了人民应该有"恒产"的必要性——"有恒产者有恒心,无恒产者无恒心"《孟子·滕文公上》,以及富民的标准——"五亩之宅,树之以桑,五十者可以衣帛矣;鸡豚狗彘之畜,无失其时,七十者可以食肉矣;百亩之田,勿夺其时,数口之家可以无饥矣;谨庠序之教,申之以孝悌之义,颁白者不负戴于道路矣"(《孟子·梁惠王上》)。

在道德层面,孔子主张仁的贯彻,在家为孝悌,在外为忠恕。通过礼的方式,达到仁的境界。托名孔子之语的大同思想与小康思想是代表全社会人民利益的集中体现,其理想社会是"天下为公",充满仁爱。天下为公,又称为大同,即所谓:"大道之行也,天下为公,选贤与能,讲信修睦。故人不独亲其亲,不独子其子,使老有所终,壮有所用,幼有所长,矜寡孤独废疾者,皆有所养。男有分,女有归。货恶其弃于地也,不必藏于己;力恶其不出于身也,不必为己。是故谋闭而不兴,盗窃乱贼而不作。故外户而不闭,是谓大同。"(《礼记·礼运》)此书成文晚于孔子,但"本质上反映了孔子的政治思想"[1]。这种大同社会,是对社会全体国民利益共享的论述,特别强调下层人民和弱者的利益。这是因为,在孔孟的时代,社会上层显然是强者,他们得利最多,而社会下层受到了剥削与压迫。孔孟都同情社会下层人民,因此,大同世界,最为重要的受益者是广大的社会下层人民。不过,大同世界里,士阶层的利益,与诸侯国王等阶层的利益也同时得到了维护。

孟子在社会上层与社会下层人民的关系上,指出了爱人与被爱的相互对等关系:"爱人者人恒爱之,敬人者人恒敬之。"(《孟子·离娄下》)这是在强调社会上层对社会下层的责任与义务。因为国王只有爱人民,才会得到人民的爱。孟子还认为,国王实行仁政,是其职责所在,如果不爱人民,而行暴政,则是失职,因此,通过圣人革命,人民完全可以起来推翻他。孔孟对下层人民,首先关注他们的物质生活,其次,才关注他们的精神生活,并认为他们与社会上层同样重要。他们虽然承认了社会的等级性,但并不承认社会血统的贵贱性。从"老吾老,以及人之老;幼吾幼,以及人之幼"(《孟子·梁惠王上》)中,可以看出孟子对社会充满了待遇平等的渴望与设想。孔孟对

---

[1] 匡亚明:《孔子评传》,南京大学出版社,1995年,第245页。

社会下层广大人民的同情与关爱,表明他们并不只是统治阶级的代言人,更重要的还是社会下层人民的代言人。孟子认为人性善良,因此也就可以建立起一个人人皆兄弟的和谐的德治国家。这也表明孟子思想的全体国民性。

孔孟儒家政治思想受到社会广泛认同的另一个原因,是孔孟都重视个人品德的修养,并指出了这种品德的高尚人格价值意义。孔孟的人生观包括追求成德建业、强调自强不息、崇尚人伦和谐、为群乐群、以利从义、行己有耻、生荣死哀等内容。① 这些人生目标追求因其价值的高尚而成为后世的价值标准。

孔子要求"见利思义"《论语·卫灵公》,目的在于普照社会整体之利,而非舍利。孔子所倡导的"杀身以成仁"(《论语·卫灵公》),孟子所倡导的"舍生而取义"(《孟子·告子上》),成为后世人的精神动力。而孔孟对下层人民的关心与爱护,也是社会下层人民热爱其学说的重要原因。孔孟二人本身的人格与其学说一样,展示出儒家士人高尚的人格魅力,这与法家韩非等人的行为形成鲜明的对比,因此也就成为后世人们学习的榜样。而法家人物以其严刑苛法对待人民,令广大人民深受其害,也就理所当然不为后世之人所效法、所歌颂了。

第三,孟子主张对上层社会的无道者进行"圣人革命",说明儒家要维护社会公共利益。

孔子对于社会上层,强调他们要爱人民。但是如果社会上层人物品行不端,孔子就显得有点为难。"邦有道,则仕;邦无道,则可卷而怀之。"(《论语·卫灵公》)"天下有道则见,无道则隐。"(《论语·泰伯》)显得非常消极。而孟子对他的这种思想提出了不同的观点。对于君与民的关系,孟子强调"民为贵,社稷次之,君为轻"(《孟子·尽心下》)。孟子认为国君如果不爱自己的人民,就成了社会的公敌,对于社会公敌,人民完全可以起来进行"圣人革命",对其进行肉体的消灭,而消灭他们,是正义的行为。这说明,孟子并不反对广大人民对暴君的肉体消灭。孟子赞扬商汤征伐葛伯的行动,说:

---

① 参温克勤:《先秦儒家合理人生观述评》,《齐鲁学刊》1994年第1期。

"民之望之,若大旱之望雨也。归市者弗止,芸者不变,诛其君,吊其民,如时雨降。民大悦。"赞扬周王讨伐攸国的情形,说:"其君子实玄黄于匪以迎其君子,其小人箪食壶浆以迎其小人,救民于水火之中,取其残而已矣。"(《孟子·滕文公下》)又说:"爱人者人恒爱之,敬人者人恒敬之。""君之视臣如手足,则臣视君如腹心;君之视臣如犬马,则臣视君如国人;君之视臣如土芥,则臣视君如寇仇。""无罪而杀士,则大夫可以去;无罪而戮民,则士可以徙。"(《孟子·离娄下》)这就从理论上对君与民的关系作了深刻的论述,强调了责任与义务的对等性、恩与仇的因果性、爱与被爱的平等性。同时,孟子还主张暴力革命,只要是救民于水火的暴力,就是正义的行为。暴力革命是为了用一个爱民的君主来代替暴君,其出发点与归宿点就在于国君爱民。这也就后代的皇朝更代提供了理论依据。由此可见,孟子的君主观完全以人民的利益为中心,让人民得到好处的君主就是好君主,否则,就是坏君主,人民就有权力推翻他的统治。

3. 春秋战国时期其他学派思想只能代表社会部分阶层的利益

除儒家之外,春秋战国时期其他学派也都在积极参与国家治理的理论探索。钱穆说:"战国知识界,虽其活动目标是上倾的,但他们的根本动机还是社会性的,着眼在社会下层之全体民众。"①实际上,这种观点值得商榷。

先说法家。法家思想主张以法治理国家,其出发点是维护统治阶级的利益,甚至说,只是维护国君的利益。有学者认为,法家的理论根基建立在人性的无善无恶的自在人性之上,从现实中总结出人性有好利、自为的本性。② 也有学者认为,法家的理论建立在人性恶的根基之上。无论如何,法家的价值观强调君主之利高于一切人的价值,这是其思想的重要特征。与儒家相比,法家的价值观不重视道德,其结果必然使社会走向自私,其政治思想走向冷酷无情。法家用法、术、势来对待官员阶层和人民,尤其是用严刑酷法来对待人民,使得整个社会人民的生命财产受到严重的损害,而统治阶级中的一部分人也因此受其害。可以说,在实施过程中,法家的思想使社

---

① 钱穆:《国史新论》,生活·读书·新知三联书店,2001年,第123页。
② 张申:《再论韩非的伦理思想不是非道德主义》,《中国哲学史研究》1989年第2期。

会的下层人民深受其害,而社会的中上层也受其害。因此,法家的思想不会代表广大的社会下层人民的利益。

法家思想虽然也为后代的君主所用,如汉朝政府就执行了外儒内法的政策,但是,总体说来,法家的思想不仅让人民反感,连统治者也感受到直接采用法家思想的危害性,因此,法家思想并不能代表整个社会的共同利益。

次说墨家。墨家的思想,主张兼爱、非攻、尚贤、尚同。他希望代表全体人民的利益,但是,这种思想却不利于社会上层的利益。因此,墨家可以说只能代表下层人民的利益,却代表不了上层人的利益,也因此不可能受到统治阶级的重视。

再说道家。道家只求小国寡民,对于统治者说来,是行不通的道路。道家又希望人们绝圣弃智,让人们回归原始社会,因此,代表不了社会上层的利益,尤其代表不了广大人民对自然界的认知和把握以改善人民生活的目标。

因此,这些学说都不能像儒家思想学说那样能够代表社会所有阶层人民的利益。在这百家之中,尽管各家都有自己的价值学说,对当时和后代产生了不同的影响,但是,只有儒家的思想最具有普遍的意义。也就是说,儒家的思想,有普世的价值,代表了全民的利益。"儒家的价值标准,以'义'作为价值尺度,成为传统观念的主流。"[①]只不过,儒家思想自汉代以后,又积极吸取了其他诸家思想。

4. 儒家思想能够代表全体人民利益的原因

儒家代表全社会人民共同的利益,其重要原因在于统治者也来源于人民,即统治者是人民的代表。在谁应该成为统治者的问题上,孔子明确表示要用贤明之人,孟子也表示用贤明之人。这也就是说,社会的下层人民,完全有资格成为社会的上层。汉代以后的皇权时代,各朝多遵守了孔孟这一政治思想,因此,大量的社会下层人民,通过修炼自己的品行与学识等,均可进入到国家的上层社会之中。可见,孔子与孟子虽然有等级观念,但他们的等级观并不是固定的血缘性的等级观,而是可能变动的等级观。这也是社

[①] 袁贵仁主编:《对人的哲学理解》,东方出版中心,2008年,第120页。

会下层人民拥戴孔孟思想的根源之一。

虽然统治者来源于人民,但如果统治者脱离了人民,成为残暴的统治者,怎么办?孟子就此提出了"革命"的学说。孟子反对暴君,他认为人民起来革暴君之命,具有正义性。可以说,儒家反对社会上任何危害公共利益的行为与个人。因此,儒家学说代表了社会全体阶层的共同利益。这是由儒家"强调士的价值取向必须以'道'为最后的依据"所决定的。① 中国古代的"士"是儒家思想的代表。孔子重视"道",而"道"即是以公共利益为至上原则的人生价值追求,同时又是一种可操作的社会规范——"强调人间秩序的安排"②。这是一种治国的法则。孔子说:"笃信好学,守死善道。危邦不入,乱邦不居。天下有道则见,无道则隐。邦有道,贫且贱焉,耻也;邦无道,富且贵焉,耻也。"(《论语·泰伯》)孟子说:"天下有道,以道殉身;天下无道,以身殉道。未闻以道殉乎人者也。"(《孟子·尽心上》)

儒家代表全社会人民共同的利益,还表现在儒家的"人和"思想上。"和"是社会全体人民之"和",而非部分人民之"和"。孔子讲求"和","治国处事、礼仪制度,均以和为价值标准"③。孟子对"人和"的见解更加深入,他说:"天时不如地利,地利不如人和。"(《孟子·公孙丑下》)人和,指的是全体的人,而非部分的人。"与百姓同乐"的主张是孟子对上层社会的建议,更是他人和思想的重要体现(《孟子·梁惠王下》)。因此孔孟二人都讲究全社会的和谐,他们的政治理想不是部分人的幸福,而是全社会所有人的幸福:社会的上层,好好地履行他们的职责,社会的下层,也同样好好地履行其职责,最终达到全社会人都能各得其所。

儒家受到社会全体人民的重视,还在于儒家的修身之道符合社会共同价值的追求。孔子讲究修身,孟子也讲究个人的修身。他们讲究修身的表现之一就是重义轻利、重孝讲忠、重信讲诚。因此,儒家思想对于中国古代核心价值观念的形成,起到了决定性的作用。受到儒家思想影响者,在为官

---

① 余英时:《士与中国文化》,上海人民出版社,2004年,第25页。
② 余英时:《士与中国文化》,上海人民出版社,2004年,第34页。
③ 张立文:《和合学》,中国人民大学出版社,2006年,第277页。

的过程中,多会为国家、为人民、为社会"立德、立功、立言",他们的行为,也因此维护了国家政权机器的正常运转,成为社会上下称赞的楷模人物。而"人皆可以为尧舜"(《孟子·告子下》),也就证明了孟子认为天下之人皆可通过修炼品行成才的平等观。相比而言,法家却不能让社会的每个人进行个人品行的修炼。因为法家的思想,就是以法治国而非以德治国,是愚民而非教民。

因此,孔孟政治思想的价值标准,就在于它对社会各个阶层都有好处,统治者爱之,在于它有利于统治者治理国家;人民爱之,在于它有利于人民生活和社会的安定,并可以学习其术而进入统治阶级之中。孔孟思想的全体国民性是其历代受到统治者与社会广泛认同的根本原因。正是因为他们代表了社会所有阶层、全体人民的利益,才得到了社会的全力支持和学习。儒家的思想,追求的是共赢局面,是一种社会所有阶层全胜的理论。中国历代统治者热衷于用儒家思想治国,而被统治者也热衷于以儒家思想来修身齐家的原因,就在于儒家思想的全民性。统治者利用儒家的学说,可以有效地进行统治;而被统治者热爱儒家的学说,可以积极地入世,干预国家政治,并因此而得到个人事业的成功、人民的爱戴。

以孔孟为代表的儒家思想在当代显示出的价值,也就在于它的全体国民性。不过,其学说却有难以克服的缺点,即等级性与尊君是社会民主的大忌。

儒家的"人生三不朽"观念,是中国古代官员爱民思想的重要动力之源。"三不朽"之说,源于《左传·襄公二十四年》叔孙豹的一段话:"大上有立德,其次有立功,其次有立言,虽久不废。此之谓不朽。""三不朽"说对于国人的影响极为远大。立德极难,但立功却较易。为官一任,造福一方,是立功的表现。"士志于道"(《论语·里仁》),孔子重视留名,曾说:"君子疾没世而名不称焉"(《论语·卫灵公》),即对精神追求的要求极高,这是官员爱民的动力之一。

"人生三不朽"的观念,经过汉代贯彻"独尊儒术"的治国方略而深入人心。从个人角度而言,汉朝兴起的立碑以不朽,成为私家宣传亲属或朋友的最佳手段。而对国家而言,青史留名是理所当然的最高表彰。因此,就当时最具权威的史书记载来说,史家都重视对民爱之官行为的记述。

爱民之官追求的最高价值是精神享受,而非物质享受。因为在他们看来,物质的享受,只能是一时的,而天下之人得到幸福,则是最大的幸福,自己为天下人所赞扬,就是最好的享受。要爱民,就要顺应民意,"民之所好好之,民之所恶恶之"(《礼记·大学》)。

5. 儒家全民共赢思想的意义

儒家思想的建立者孔子构建了以"仁"为核心的爱民思想体系。孔子的仁,最基本的观念就是爱人,对于统治者来说,就是要爱民。孔子爱人思想的本质就通过仁爱,建立一个人人履其本分、人人均有其爱的幸福社会。在这个社会中,只有人人有爱,才能达到高度的和谐。

孔子吸收了前代已经产生的民本观念,尤其重视周公的"敬天爱民"思想,而孟子又继承了孔子的爱民思想,从而形成了他的民本思想。孔子主张重教化,省刑罚,薄赋税,厚施予,"泛爱众"(《论语·学而》),这完全是代表全体人民利益的理论。儒家注重人民的整体意识,主张"和为贵",强调了人民之间的和谐关系。表面上看来,是为了社会上层,但在另一方面,也是为了社会下层人民利益考虑的结果。

孟子曾说:"民为本,社稷次之,君为轻。"(《孟子·尽心》)从而提升了孔子的仁学思想。把爱民观念提升到远比君主重要的地步,由此可知儒家对民众的重视程度之高。

儒家以"先天下之忧而忧"为使命,以代表社会下层广大民众利益为己任。因此,他们的理想就是谋天下之福,放弃小我而建立大我。所有这些,都旨在讲求名节。这些表现主要要求官员个人的道德修养要高,而非利用国家制度的治理。因此,这种文化精神的价值追求是依靠个人的修养而得来的。当然,这种个人的修养,还要求个人对社会下层人的理解。

春秋战国时期,官员爱民者多有其人,如齐国的晏婴、郑国的子产、楚国的孙叔敖、魏国的西门豹等,都有爱民的行为。

史载,晏婴与叔向有一次对话:

> 叔向问晏子曰:"意孰为高?行孰为厚?"
>
> 对曰:"意莫高于爱民,行莫厚于乐民。"

> 又问曰:"意孰为下?行孰为贱?"
>
> 对曰:"意莫下于刻民,行莫贱于害身也。"①

晏子为齐国相,以有民为己任,提出薄赋的主张,又提出减轻刑法,从不铺张浪费。他住的是低矮潮湿的老屋,乘的是老马拉的旧车。

史称子产:

> 为相一年,竖子不戏狎,斑白不提挈,僮子不犁畔。二年,市不豫贾。三年,门不夜关,道不拾遗。四年,田器不归。五年,士无尺籍,丧期不令而治。治郑二十六年而死,丁壮号哭,老人儿啼,曰:"子产去我死乎,民将安归?"②

史称孙叔敖为楚相:

> 施教导民,上下和合,世俗盛美,政缓禁止,吏无奸邪,盗贼不起。秋冬则劝民山采,春夏以水,各得其所便,民皆乐其生。③

史载西门豹治邺,惩治了以为河神娶妇为名残害百姓的巫妪、三老,并兴修水利工程,当地人民大受其益,为其立祠。到了汉代和魏晋南北朝,西门豹依然受到人民的祭祀,并因此成为地方上的雨神,可见他在人民心中地位之高。④

如所周知,战国七雄中的秦国,是以法家思想为其治国的指导思想的,而事实上,即便以法为治,秦的政治中,依然弥漫着儒家的治国思想。如睡虎地秦简《为吏之道》中,就充斥着重民和实行德政的内容。该篇强调吏有五善:"一曰中(忠)信敬上,二曰精(清)廉无谤,三曰举事审当,四曰喜为善行,五曰龚(恭)敬多让。"⑤

这些都说明,在儒家思想形成阶段,官员爱民的行为已有实践,而这些

---

① 陈涛译注:《晏子春秋》卷四《内篇·问下》,中华书局,2007年,第215页。
② 《史记》卷一一九《循吏·子产传》,第3101页。
③ 《史记》卷一一九《循吏·孙叔敖传》,第3099页。
④ 《北齐书》卷四《文宣帝纪》:天保九年(559),"是夏,大旱。帝以祈雨不应,毁西门豹祠,掘其冢"。
⑤ 夏利亚:《睡虎地秦简文字集释》,上海交通大学出版社,2019年,第333页。

爱民之官,同时受到人们的热爱,无疑为后人树立起光辉灿烂的榜样。

四、西汉黄老思想与儒家爱民思想的践行

秦帝国是中国历史上第一个建立的大一统皇朝。秦朝之所以能够统一中国,其依据的政治思想是法家的学说。法家学说的精髓,在于统治者完全依靠法律来统治全国人民,支配全国所有的人力和物力。这种统治思想,在战争时代,有利于鼓励人民积极耕战,从而凝聚成强大的军事力量,进行统一战争。秦始皇统一六国之后,便醉心于成功统一六国的军事经验,继续利用严刑峻法,统治全国,并继续对外扩张,同时强役民力,进行浩大的工程建设。

秦以法家学说为统一中国和治国的统治思想,以五德之水作为国家的德运,以严酷的刑罚对待民众。在这样的统治之下,秦帝国官员给后代留下爱民的印象很少。如果不是公子扶苏具有爱民之心,甚至是一片空白。[1]

法家理论实践的结果,是秦帝国政府的官员与民众之间形成严重的对立。这是秦亡的基本原因。到秦朝末年,繁重的劳役,残酷的刑狱,让天下人民忍无可忍。"秦为无道"已成为天下共识。因此,这些人对秦的仇恨,近乎干柴遇到烈火。在陈胜起义后,当时的名人张耳、陈余曾对陈胜讲:"秦为无道,破人国家,灭人社稷,绝人后世,罢百姓之力,尽百姓之财。"[2]郦食其夜见陈留令,也道:"夫秦为无道而天下畔之。"[3]张良曾劝刘邦不要贪恋秦宫的妇女财富时说:"夫秦为无道,故沛公得至此。"[4]在陈涉发动起义后,"诸郡

---

[1]《史记》卷四八《陈涉世家》载:陈胜曰:"天下苦秦久矣!吾闻二世少子也,不当立;当立者乃公子扶苏。扶苏以数谏故,上使外将兵。今或闻无罪,二世杀之。百姓多闻其贤,未知其死也。项燕为楚将,数有功,爱士卒,楚人怜之。或以为死,或以为亡。今诚以吾众诈自称公子扶苏、项燕,为天下唱,宜多应者。"估计秦朝上层中,只有扶苏一人可能信奉儒家学说,爱民亲民。故而得到人民的热爱。在天下分崩离析之际,陈胜、吴广发动起义,便诈扶苏之名,以获取民众的支持。

[2]《史记》卷八九《张耳陈余列传》,第2573页。

[3]《史记》卷九七《郦生陆贾列传》,第2705页。

[4]《史记》卷五五《留侯世家》,第2037页。

县苦秦吏者,皆刑其长吏,杀之以应陈涉"①。当此之时,"家自为怒,人自为斗,各报其怨而攻其仇,县杀其令丞,郡杀其守尉"②。刘邦建汉后,以刘邦为代表的平民政府对这种官逼民反的认识是极为深刻的。

刘邦进入关中灭亡秦朝,便召诸县父老豪杰曰:"父老苦秦苛法久矣,诽谤者族,偶语者弃市。吾与诸侯约,先入关者王之,吾当王关中。与父老约法三章耳:杀人者死,伤人及盗抵罪。余悉除去秦法。诸吏人皆案堵如故。凡吾所以来,为父老除害,非有所侵暴,无恐。且吾所以还军霸上,待诸侯至而定约束耳。"③乃使人与秦吏行县乡邑告谕之。这是汉初爱民政策实行的基本原因。

西汉建立后,社会上下,对秦朝的印象极坏,主要体现在以下六个方面:一是秦以刑罚为重;二是秦朝治下民不聊生,人民生活在水深火热中;三是秦朝君臣相疑,上下紊乱,亲属无亲情之义,奸贼四起,百姓叛变;四是秦人崇尚武力,无道德礼仪,不知仁义廉耻;五是秦人不事奉上天,不尊圣人之道;六是秦在统一的道路上杀人如麻。④ 汉人对秦朝的印象如此恶劣,当然要抛弃其统治天下的指导思想,而改弦更张。社会上下普遍厌恶秦朝的风气,酿成浓厚的批判秦朝的历史意识,并形成了以秦为鉴的社会思潮。这也是汉高祖刘邦与大臣们讨论秦朝灭亡的原因和汉朝兴起的根由。

刘邦建立的西汉,先以黄老思想治理国家,复以儒家思想治理国家,成为中国历史上第一个代表平民的政府。⑤ 黄老思想的核心,是与民休息,不再轻易征用民力,科民重赋。这种思想,以无为为本,实现无为而无不为之目标。黄老思想契合了西汉建立初期社会凋敝的特点,因此得到了人民的拥护。儒家的特点是利用仁、礼治民,在珍惜民力这一点上,与黄老思想具

---

① 《史记》卷八四《陈涉世家》,第1953页。
② 《史记》卷八九《张耳陈余列传》,第2573页。
③ 《史记》卷八《高祖本纪》,第362页。
④ 孙康:《汉代人的周秦印象研究》,西北师范大学硕士学位论文,2020年,第40—42页。
⑤ 钱穆:《国史大纲》(上册),商务印书馆,1994年,第113页。

有契合之处。到了汉武帝时,社会形势已发生了巨变,黄老思想已不适合国家抗击匈奴侵略、拓展国土等需要了。因此,到了此时,汉武帝便立具有积极进取的儒家思想为治国的指导思想。不过,汉武帝独尊儒术之时,并未排斥法家的思想,相反,也吸收了法家中的积极成分,因此,汉政府利用法家的思想,弥补了儒家、道家思想中的不足,对于打击社会犯罪、保护人民的利益,起到了积极作用。史称:

> 汉兴之初,反秦之敝,与民休息,凡事简易,禁罔疏阔,而相国萧、曹以宽厚清静为天下帅,民作"画一"之歌。孝惠垂拱,高后女主,不出房闼,而天下晏然,民务稼穑,衣食滋殖。至于文、景,遂移风易俗。是时循吏如河南守吴公、蜀守文翁之属,皆谨身帅先,居以廉平,不至于严,而民从化。
>
> ……
>
> 及至孝宣,繇仄陋而登至尊,兴于闾阎,知民事之艰难,自霍光薨后始躬万机,厉精为治,五日一听事,自丞相已下,各奉职而进。及拜刺史守相,辄亲见问,观其所繇,退而考察所行以质其言,有名实不相应,必知其所以然。常称曰:"庶民所以安其田里而亡叹息愁恨之心者,政平讼理也。与我共此者,其唯良二千石乎!"以为太守,吏民之本,数变易则下不安,民知其将久,不或欺罔,乃服从其教化。故二千石有治理效,辄以玺书勉厉,增秩赐金,或爵至关内侯,公卿缺则选诸所表以次用之。是故汉世良吏,于是为盛,称中兴焉。若赵广汉、韩延寿、尹翁归、严延年、张敞之属,皆称其位,然任刑罚,或抵罪诛,王成、黄霸、朱邑、龚遂、郑弘、召信臣等所居民富,所去见思,生有荣号,死见奉祀,此廪廪庶几德让君子之遗风矣。①

"所居民富,所去见思",足以证明这些官员与所管辖区的社会小民形成了非常融洽的关系,达到为官的高级境界。

东汉建立之后,其统治思想承接西汉,爱民重民的指导思想并无改变。

---

① 《汉书》卷八九《循吏传》,第3623—3624页。

而东汉民间的思想家王符,发展了先秦以来的民本思想。他说:"帝以天为制,天以民为心,民之所欲,天必从之。"①又说:"凡人君之治,莫大于和阴阳。阴阳者,以天为本。天心顺则阴阳和,天心逆则阴阳乖。天以民为心,民安乐则天心顺,民愁苦则天心逆。"②这样,就把民与天之"心"合为一体,强化了董仲舒天人合一理论的根基。

与此同时,汉朝皇帝的罪己制度使得社会国家最高统治者时时可以检讨自己的政治行为,这也有利于官员爱民思想的巩固。一旦发生自然灾害,人民流离失所,汉朝皇帝首先不是从他人身上寻找原因,而是从自己的统治即皇帝本身的政治行为中寻找原因,充分表现出汉朝中央政府强烈的爱民思想。东汉和帝曾下发过这样的诏书:"比年不登,百姓虚匮。京师去冬无宿雪,今春无澍雨,黎民流离,困于道路。朕痛心疾首,靡知所济。'瞻仰昊天,何辜今人?'三公朕之腹心,而未获承天安民之策。数诏有司,务择良吏。今犹不改,竟为苛暴,侵愁小民,以求虚名,委任下吏,假势行邪。是以令下而奸生,禁至而诈起,巧法析律,饰文增辞,货行于言,罪成乎手,朕甚病焉。公卿不思助明好恶,将何以救其咎罚?咎罚既至,复令灾及小民。若上下同心,庶或有瘳。其赐天下男子爵,人二级;三老、孝悌、力田三级;民无名数及流民欲占者,人一级;鳏、寡、孤、独、笃癃、贫不能自存者粟,人三斛。"③

汉代官员爱民形成一股风气,所以,后人评价说:"汉之良吏,居官者或长子孙、孙、曹之世,善职者亦二三十载,皆敷政以尽民和,兴让以存简久。"④

五、魏晋南北朝爱民思想的迟滞与隋唐时期爱民思想的勃发

三国时期,军事与政治斗争成为政府的第一要务。但是,在各国统治内

---

① [东汉]王符撰,[清]汪继培笺,彭铎校正:《潜夫论笺校正》卷一《遏利第三》,中华书局,2011年,第26页。

② [东汉]王符撰,[清]汪继培笺,彭铎校正:《潜夫论笺校正》卷二《本政第九》,中华书局,2011年,第88页。

③ 《后汉书》卷四《和帝纪》,第194页。

④ 《宋书》卷六五《申恬传》"史臣曰"条,第1726页。

部,政府依然重视吏治的问题。而且各国的官员之中,时有政治人格高尚者,他们爱民如子,清正廉洁。如蜀汉丞相诸葛亮,清廉为公,遗言称:"成都有桑八百株,薄田十五顷,子弟衣食,自有余饶。至于臣在外任,无别调整度,随身衣食,悉仰于官,不别治生,以长尺寸。若臣死之日,不使内有余帛,外有赢财,以负陛下。"①史称蜀人追思诸葛亮,咸爱其子诸葛瞻才敏。每朝廷有一善政佳事,虽非诸葛亮子诸葛瞻所建倡,百姓皆传相告曰:"葛侯之所为也。"②

西晋时期,国家政权主要为贵族阶层所掌控。这个社会阶层,源于东汉,兴于三国,盛于两晋南北朝。他们的政治人生观,是只追求身体的快乐,而根本不在乎国家未来如何,民众的生活如何。因此,社会上下爱民之官虽然也时有出现,但害民之官却此起彼伏,其危害民众的行为一浪高过一浪。

西晋开国皇帝司马炎,本是国家政权的主要代表,却沉溺于肉体的享受。经他征集的宫中女子就有一万多人。其中来自北方的有五千余人,还有来自南方吴国皇宫的五千余人。一万多女人,都成了晋武帝一人的性对象。晋武帝还不满足这一万多宫女,下诏书命令官员的女儿凡十六岁以下者,不能出嫁,要等他选妃后方可出嫁。皇帝的诏书就是法律,弄得天下官员家的女人哭声震天。西晋社会上层极度奢侈,如晋武帝曾到其女婿王济家吃饭。王济供馔,并用琉璃器。婢子有百余人,所蒸小猪甚是肥美,异于常味。武帝非常奇怪,就问怎么回事。王济答说:"小猪要用人乳喂养出来。"权贵王恺与石崇二人,总是在财富上较劲,看谁金银多、美女多。二人斗富,王恺用糖水洗锅,石崇就用蜡烛烧饭。王恺作紫丝布步障四十里,石崇就作锦步障五十里以敌之。王恺以赤石脂泥壁,石崇就以椒为泥。石崇家中厕所,常派出十余婢侍列,皆丽服藻饰。男人进厕,结束后都要由美女侍候更换新衣。③关内侯敦煌索靖,看到社会上层权贵争相奢侈,又见诸王

---

①《三国志》卷三五《蜀书·诸葛亮传》,第927页。
②《三国志》卷三五《蜀书·诸葛亮附子瞻传》,第932页。
③[南朝宋]刘义庆撰,沈海波译注:《世说新语·汰侈》,中华书局,2016年,第277—281页。

争权夺利,皇位继承人地位岌岌可危,知天下将乱,指洛阳宫门铜驼叹曰:"会见汝在荆棘中耳!"①及至东晋南北朝,由于中国走向分裂,政权更代频繁,政权问题与军事问题成为国家长期的核心问题,而吏治问题则退为次要的地位,因此,在这一时期,官员贪污腐败,司空见惯;官员亲民爱民,如寻凤毛。

从汉族政权来说,东晋南朝凡五个朝代的皇帝并非不明白吏治问题的重要意义。但是,按田余庆先生的观点,东晋是典型的门阀政治,②皇帝无力左右官僚,因此,也就不可能把政府的重心放在整顿吏治上,加上还有北伐复仇与统一国家的重任,并要与怀有野心的地方实力人物进行斗争,因此,吏治的问题,只能放在次要的位置。而南朝宋齐梁陈四个朝代,皇权的力量再度扩张,但是,士族的实力并未得到完全的削弱。而与东晋相似的北伐、皇权内争等情况也时时出现,因此,吏治的问题,虽然一度提上政府政治治理的日程,却并未能得到充分的重视。在这一时期,官员除了通过非法的手段贪污受贿,还可以以合法的手段,从管辖地区小民手中掠夺财富。如地方政府从农民处强收的迎新送故钱,就是中央政府默许的贪污行为。

但是,爱民毕竟还是能够成为一部分政治品德高尚的官员的重要义务。姚察在《梁书·良吏传》评论说:"前史有循吏,何哉?世使然也。汉武役繁奸起,循平不能,故有苛酷诛戮以胜之,亦多怨滥矣。梁兴,破觚为圆,斫雕为朴,教民以孝悌,劝之以农桑,于是桀黠化为由余,轻薄变为忠厚。淳风已洽,民自知禁。尧舜之民,比屋可封,信矣。若夫酷吏,于梁无取焉。"③

而五胡十六国,多是部族的政权。这些胡人,因为受到过汉人的奴役和轻视,一度仇视汉人。因此,大力屠杀和残酷奴役汉族人民,以及不同种族的其他胡人,就成为一部分政权的最大特点,爱民之政治,难以存在。如石赵时期,石虎统治汉人十分残暴。史载永和三年(347):

> 沙门吴进言于季龙曰:"胡运将衰,晋当复兴,宜苦役晋人以厌

---

① 《晋书》卷六十《索靖传》,第1648页。
② 参田余庆:《东晋门阀政治》,北京大学出版社,1989年。
③ 《梁书》卷五三《良吏传》"陈吏部尚书姚察曰"条,第779页。

其气。"季龙于是使尚书张群发近郡男女十六万,车十万乘,运土筑华林苑及长墙于邺北,广长数十里。赵揽、申钟、石璞等上疏陈天文错乱,苍生凋弊,及因引见,又面谏,辞旨甚切。季龙大怒曰:"墙朝成夕没,吾无恨矣。"乃促张群以烛夜作。起三观、四门,三门通漳水,皆为铁扉。暴风大雨,死者数万人。①

当然,十六国中,也存在少许政权如前秦等,统治者重视吏治,但因国家存在的时间多不长久,吏治的闪亮,如同朦胧寒夜中的微星,不可能照耀大地。

北朝时期是胡人汉化的一个巨变时期。北魏官员在孝文帝的领导之下,以黄帝的后裔自居,在血缘上承认与汉族同源,并因此开始了儒家化的政治与文化改革,以儒家的仁爱思想作为国家治理人民的主导思想,从此走上了官员爱民的征途,爱民的火花终于燃烧成火炬,温暖了北朝基层人民。

北魏分裂后,北齐北周之间进行了长期的战争,对官员的治理,北齐不如北周,因此,爱民思想在北齐表现不如北周。这源于北周实行了政治改革,以《周礼》为依据,进行了全方位的儒家化改革。

隋朝建立以后,隋文帝杨坚精心治理国家,隋朝迅速繁荣起来。杨坚不仅结束了长达四百年的战乱,完成了一统中国的大业,还使隋朝迅速强盛起来:政权稳固,社会安定,户口锐长,垦田速增,积蓄充盈,文化发展,甲兵精锐,威动殊俗,史称"开皇之治"。杨坚尤其重视吏治问题,对贪官的惩治非常严厉,而对于爱民的官吏,奖励却非常慷慨。杨坚躬行俭朴,宫中的妃妾不作美饰,一般士人多用布帛,饰带只用铜铁骨角,不用金玉。上行下效,杨坚这种躬行节俭的作风,使人民的负担相应得到减轻,而且有利于各项措施的推行。总之,隋朝初期一系列的改革措施,大大减少了国家的财政开支,增加了国家的财政收入。开皇十七年(597),户口滋盛,中外仓库,无不盈积。隋文帝遂停此年正赋。因此,隋朝在文帝时期,吏治清明,官员爱民实践风气浓郁,成为"开皇之治"的重要表征。

可惜隋文帝的继承者隋炀帝,却不能继承其父的治国传统,继位之后,

---

① 《晋书》卷一〇七《石季龙载记下》,第2782页。

酷虐人民:修建大运河伤民大重,开疆拓土消耗了大量人力物力。正如史家所论:

>(炀帝)负其富强之资,思逞无厌之欲,狭殷、周之制度,尚秦、汉之规摹。恃才矜己,傲狠明德,内怀险躁,外示凝简,盛冠服以饰其奸,除谏官以掩其过。淫荒无度,法令滋章,教绝四维,刑参五虐,锄诛骨肉,屠剿忠良,受赏者莫见其功,为戮者不知其罪。骄怒之兵屡动,土木之功不息,频出朔方,三驾辽左,旌旗万里,征税百端,猾吏侵渔,人不堪命。乃急令暴条以扰之,严刑峻法以临之,甲兵威武以董之,自是海内骚然,无聊生矣。①

当此之时,隋朝的一些官员与皇帝一样,多以役民为业绩,少有爱民之行为,最终导致国破家亡。

唐朝是继汉朝之后,中国历史上迎来的第二个强盛的帝国。唐朝时期,官员爱民思想较汉代更有发展,表现出以下三个特点:

第一,唐朝开国不久就出了励精图治的皇帝唐太宗,并重用全国优秀人才。唐太宗严格遵循德才兼备的原则,认为只有选用大批具有真才实学者,才能达到天下大治。因此他求贤若渴,先后五次颁布求贤诏令,并增加科举考试科目,扩大应试的范围和人数,以便使更多的人才显露出来。由于重视用人,贞观年间涌现出了大量的优秀人才。正是这些栋梁之材,以他们的聪明才智,为"贞观之治"的形成做出了巨大的贡献。

第二,唐太宗第一次践行了"君舟民水"的治国思想。君舟民水思想源于先秦荀子。荀子说:"君者,舟也;庶人者,水也;水则载舟,水则覆舟。""故君人者,欲安,则莫若平政爱民矣。"②唐太宗认为,作为管理百姓的官员,要重视民之疾苦,处理好自己与百姓的利益关系,因为"民乐则官苦,官乐则

---

① 《隋书》卷四《炀帝纪》,第95—96页。
② [清]王先谦撰,沈啸寰、王星贤点校:《荀子集解》卷五《王制篇第九》,中华书局,1988年,第152—153页。

民劳"①。

唐太宗不仅从理论上重拾起先秦的爱民思想,而且从行为上认真践行爱民思想。他在即位之初,就下令轻徭薄赋,让老百姓休养生息。他爱惜民力,从不轻易征发徭役。由于采取了一系列的富国重民措施,国家迅速走向安稳,基层人民过上了少有的安定生活。史载贞观年间,"官吏多自清谨。制驭王公、妃主之家,大姓豪猾之伍,皆畏威屏迹,无敢侵欺细人。商旅野次,无复盗贼,囹圄常空,马牛布野,外户不闭。又频致丰稔,米斗三四钱,行旅自京师至于岭表,自山东至于沧海,皆不赍粮,取给于路。入山东村落,行客经过者,必厚加供待,或发时有赠遗。此皆古昔未有也"②。

第三,唐太宗在爱民方面,建立了"四夷一家"的观念。这表明唐朝的皇帝,已不再把魏晋南北朝与汉族一度严重对抗的五胡,当成潜在的敌人。唐太宗说:"夷狄亦人耳,其情与中夏不殊。人主患德泽不加,不必猜忌异类。盖德泽洽,则四夷可使如一家;猜忌多,则骨肉不免为仇敌。"③唐太宗曾分析"自古帝王虽平定中夏,不能服戎、狄"的原因时,指出:"自古皆贵中华,贱夷、狄,朕独爱之如一,故其种落皆依朕如父母。"④唐太宗认为,这是他治理国家成功的"五条经验"之一。⑤

---

① [宋]李昉:《太平御览》卷五九一《文部七·金镜述》,河北教育出版社,1996年,第653页。

② [唐]吴兢撰,谢葆成集校:《贞观政要集校》卷一《政体第二》,中华书局,2009年,第52页。

③《资治通鉴》卷一九七,贞观十八年条,第6216页。

④《资治通鉴》卷一九八,贞观二十一年条,第6247页。

⑤《资治通鉴》卷一九八,贞观二十一年条:(贞观二十一年,五月)庚辰,上御翠微殿,问侍臣曰:"自古帝王虽平定中夏,不能服戎、狄。朕才不逮古人而成功过之,自不谕其故,诸公各率意以实言之。"群臣皆称:"陛下功德如天地,万物不得而名言。"上曰:"不然。朕所以能及此者,止由五事耳。自古帝王多疾胜己者,朕见人之善,若己有之。人之行能,不能兼备,朕常弃其所短,取其所长。人主往往进贤则欲置诸怀,退不肖则欲推诸壑,朕见贤者则敬之,不肖者则怜之,贤不肖各得其所。人主多恶正直,阴诛显戮,无代无之,朕践阼以来,正直之士,比肩于朝,未尝黜责一人。自古皆贵中华,贱夷、狄,朕独爱之如一,故其种落皆依朕如父母。此五者,朕所以成今日之功也。"

唐太宗时期,社会大治,史称"贞观之治"。"贞观之治"是贞观君臣共同努力的结果。贞观君臣重视民意,关心民众,使先秦以来流行的民本思想在政治领域得到了全面的实践,其"思想起点是居安思危"①。

唐太宗以后,唐朝曾经迎来了唐玄宗的"开元盛世",官员爱民思想得以延续。但是,随之而起的"安史之乱",使得国家元气大伤。此后,唐帝国日薄西山,不过,官员爱民传统依然保留下来,在乱世中依然可见官民互爱的事迹,说明一部分官员依然保持着儒家爱民的高尚政治人格。

唐朝灭亡之后的五代,是继十六国时期又一著名的乱世。乱世的重要特征有三:一则表现为地理上的国家分裂,二则表现为政治上的官员残暴,三则表现为经济上的民生凋敝。不过,作为国家最高统治者的皇帝,在这一时期,依然不能不在某种程度上重视民生,以求得其统治的安稳。如后梁太祖朱温说:"隆兴邦国,必本于人民。惠养疲羸,尤资于令长。"②他要求:"所在长吏,倍切抚绥。明加勉谕,每官中抽差徭役,禁猾吏广敛贪求。免至流散靡依,凋弊不济。"③后唐庄宗认为:"理国之道,莫若安民;劝课之规,宜从薄赋。"④后唐明宗时常讽诵怜农诗以自谨。后晋高祖非常节俭,史载:"及其为君也,旰食宵衣,礼贤从谏,慕黄、老之教,乐清净之风,以绨为衣,以麻为履。"⑤后周世宗是五代少有的明君,他在位期间,采取了一系列安民措施,惩治贪官,庇护小民。惜天不假其年寿。五代之外,尚有十国的部分统治者,也非常重视小民的生存问题。如吴的建立者杨行密,在战乱之隙,"招合遗散,与民休息,政事宽闲,百姓便之"⑥。不过,受到战乱的影响,这些割据军阀,为了对付敌人,不可能不通过盘剥小民的方式,以获得较为充足的战争物资。因此,他们所谓的爱民思想,真正落到实处的,并不多见。

---

①卢向国:《温情政治的乌托邦——中国古代民本思想的机理研究》,天津人民出版社,2008年,第94页。

②《旧五代史》卷七《梁书·太祖本纪》注引《五代会要》,第106页。

③《旧五代史》卷五《梁书·太祖本纪》,第80页。

④《旧五代史》卷三十《唐书·庄宗本纪》,第416页。

⑤《旧五代史》卷八十《晋书·高祖本纪》"史臣曰"条,第1063页。

⑥《旧五代史》卷一三四《僭伪列传》,第1781页。

六、宋元明清时期爱民思想的进一步发展

宋朝是中国固有疆域有限统一的一个王朝,但宋朝官员的爱民思想较唐朝有了大进步。这主要表现为,宋朝不仅出现了一批重视底层人民利益的高官,而且出现了一批发展前代儒家思想的重要人物。

在政治领域重视基层人民利益的高官中,范仲淹、包拯和岳飞是三位突出的代表。范仲淹是北宋著名的政治家,其政治思想中充满了爱民思想。他提出的"先天下之忧而忧,后天下之乐而乐"的忧乐观①,充分体现了他对国家和人民的高度忠诚。范仲淹出身贫寒,及其为官,依然保持着节俭的生活习惯,关心底层民众生活,爱及胡夷。史称范仲淹:

> 好施予,置义庄里中,以赡族人。泛爱乐善,士多出其门下,虽里巷之人,皆能道其名字。死之日,四方闻者,皆为叹息。为政尚忠厚,所至有恩,邠、庆二州之民与属羌,皆画像立生祠事之。及其卒也,羌酋数百人,哭之如父,斋三日而去。②

可见,范仲淹对底层人民的关爱,具有身体力行的特征,故而不仅得到汉人平民的热爱,连胡夷也对他充满了爱戴之情。与范仲淹同时代的包拯,是一位以执法刚正无私著称的官员。史称:

> 拯立朝刚毅,贵戚宦官为之敛手,闻者皆惮之。人以包拯笑比黄河清,童稚妇女,亦知其名,呼曰"包待制"。京师为之语曰:"关节不到,有阎罗包老。"旧制,凡讼诉不得径造庭下。拯开正门,使得至前陈曲直,吏不敢欺。③

包拯因此受到下层人民的普遍喜爱。其断案事迹,也被后人演绎成多种故事,流传下去。事实上,包拯当然不只是以断案神明而受到下层人民的

---

① [清]范能濬编集,薛正兴校点:《范仲淹全集》卷八《岳阳楼记》,凤凰出版社,2004年,第169页。
② 《宋史》卷三一四《范仲淹传》,第10276页。
③ 《宋史》卷三一六《包拯传》,第10317页。

喜爱,他对下层人民的疾苦具有深厚的感情。他曾上书要求救济江淮饥民。① 南宋初期的岳飞,是以抗击金人保护宋民生命财产安全而著名的军事将领,他的事迹,不似和平时代地方官员的爱民行为,以抗击金人南侵为主,但却依然具有厚重的爱民成分。

在发展前代儒家思想领域,宋代出现了一批杰出的思想家。这些思想家从不同角度对儒家思想的理论进行了深化与翻新,使儒家思想的传承与解释进入到一个新时代。北宋五子中的张载曾提出了他的人生理想即儒家士人必须具备的人生境界:"为天地立心,为生民立命,为往圣继绝学,为万世开太平。"②是为"横渠四句"。其中的"为生民立命",即是为百姓谋幸福的意思。张载已把为百姓安身立命当成了自己即士人阶层的义务。由此可见,张载不只是继承了儒家的爱民思想,而且具备了主观的能动力。南宋的李觏是事功学派的代表人物,他非常重视小民的生活,主张限制兼并,以尽民力,把富民当成国家富强的根本,这与传统的重义轻利观念截然不同。当然,李觏的思想依然是以儒家仁爱思想为根基。他认为治理国家,君主与小民的关系如同父子,官吏与小民的关系如同保姆与婴儿。君主不能自育其民,就需要官吏的协助。因此,官吏的地位极为重要。他说:"君者,亲也;民者,子也。吏者,其乳保也。亲不能自育其子,育之者乳保也;君不能自治其民,治之者官吏也。赤子之在襁褓,知有乳不知有母也;细民之在田野,知有吏不知有君也。"③与张载和李觏不同的是,北宋"二程"与南宋朱熹对儒家思想的发展,其贡献主要表现为建立了理学学说。南宋的陆九渊则建立了心学学说。理学重在证明世间万事万物均因理而存在,各有其理在其中,这种理论的意义在于解释了儒家政治伦理的天然性即合理性,把三纲五常视为天理,即具有必须性,当然也具有应然性。因此,官民的互爱,也就具有必然性了。心学则强调了人心的主体地位,当然也就解决了官员爱民思想的

---

① [宋]包拯撰,杨国宜校注:《包拯集校注》卷三《请救济江淮饥民》,黄山书社,1999年,第198—199页。
② [宋]张载撰,章锡琛点校:《张载集·近思录拾遗》,中华书局,1978年,第376页。
③ [宋]李觏:《李觏集》卷十八《安民策》,中华书局,2011年,第183页。

动力根源的难题了。

元朝是蒙古人建立的大一统政权,但是,元朝并未充分利用儒家的政治文化,巩固其统一的政权,反而利用民族压迫政策,作为"蒙古贵族特权统治赖以维持的基石"①。这种民族压迫政策自蒙古人统一中国就一直存在。史称:

> 元朝自混一以来,大抵皆内北国而外中国,内北人而外南人。以至深闭固拒,曲为防护。自以为得亲疏之道。是以王泽之施,少及于南;渗漉之恩,悉归于北。故贫极江南,富称塞北。②

蒙古人统治中原地区的政策,尽管具有明显的民族歧视性,但是,统治阶级的一部分官员,依然把儒家思想当成自己执政的价值尺度,在他们的从政的行为中,依然可以看到浓厚的爱民意识,《元史·良吏传》所载良吏们的行为可以为证。元朝官员爱民思想虽然对宋代爱民思想有所继承,但总体上远不如宋朝爱民思想之繁荣。许衡、郝经是继承儒家仁政思想较为著名者。许衡认为官员爱民就是仁,郝经主张以德治国,二人都属于汉人士人,虽然受到元朝的重用,但是,他们的政治地位根本无法与宋朝在朝名士相比,因此,他们思想的影响也十分有限。

明朝建立后,朱元璋重视民间疾苦,对官员严加教诲。他说:

> 天下新定,百姓财力俱困,如鸟初飞,木初植,勿拔其羽,勿撼其根。然惟廉者能约己而爱人,贪者必胺人以肥己,尔等戒之。③

朱元璋出身于社会底层,深知小民为官吏所害之苦,故其开国之后,对官员犯罪行为的惩治非常严酷。《廿二史札记》载:

> 洪武十八年,诏尽逮天下官吏之为民害者,赴京师筑城。……官吏有罪笞以上,悉谪凤阳屯田,至万余人。又案《草木子》记,明祖严于吏治,凡守令贪酷者,许民赴京陈诉,赃至六十两以上者,枭首示众,仍剥皮实草,府、州、县、卫之左,特立一庙以祀土地,为剥

---

① 周良霄:《元史》,上海人民出版社,2019年,第402—403页。
② [明]叶子奇:《草木子》卷三上《克谨篇》,中华书局,1997年,第55页。
③ 《明史》卷二八一《循吏传》,第7185页。

皮之场,名曰皮场庙,官府公座旁各悬一剥皮实草之袋,使之触目警心。①

朱元璋是否对贪官实施过"剥皮实草"的酷刑,学界存在疑虑,或以为假,或以为真。②但从朱元璋后来惩治官员之残酷来看,"剥皮实草"的真实性是存在的。

明初的著名政治家刘基,对于爱民养民的意义也有深刻的理解,他认为,取民如同养蜂取蜜,"分其赢而已,不竭其力也"③。如果不能认真管理,一味索取,最终的结果,是蜂被摧残,蜜也不存。另一著名政治家宋濂也非常重视爱民的意义,他在主撰《元史·良吏传序》中说:"自古国家上有宽厚之君,然后为政者得以尽其爱民之术,而良吏兴焉。"④方孝孺同样重视爱民,他说:"治天下者固不可劳天下之民以自奉也。"⑤"人君之职,为天下养民者也。"⑥

由于朱元璋及明初统治集团的重要成员,都非常重视吏治与小民生存的问题,遂造就了明初政治的清明。史称:

> 明太祖惩元季吏治纵弛,民生凋敝,重绳贪吏,置之严典。府州县吏来朝,陛辞,谕曰:"天下新定,百姓财力俱困,如鸟初飞,木初植,勿拔其羽,勿撼其根。然惟廉者能约己而爱人,贪者必朘人以肥己,尔等戒之。"洪武五年下诏有司考课,首学校、农桑诸实政。

---

① [清]赵翼撰,王树民校证:《廿二史札记校证》卷三三"重惩贪吏"条,中华书局,2001年,第764页。

② 王世华:《朱元璋惩贪"剥皮实草"置疑》,《历史研究》1997年第2期;罗元信:《也谈"剥皮实草"的真实性》,《历史研究》2001年第4期。

③ [明]刘基撰,吕立汉、杨俊才、吴君兰注译:《郁离子》,中州古籍出版社,2018年,第45页。

④《元史》卷一九一《良吏传序》,第4355页。

⑤ [明]方孝孺撰,徐光大校点:《逊志斋集》卷三"民政"条,宁波出版社,2000年,第81页。

⑥ [明]方孝孺撰,徐光大校点:《逊志斋集》卷五"甄琛"条,宁波出版社,2000年,第162页。

  日照知县马亮善督运,无课农兴士效,立命黜之。一时守令畏法,洁己爱民,以当上指,吏治焕然丕变矣。下逮仁、宣,抚循休息,民人安乐,吏治澄清者百余年。①

这种清明的政治为明朝开国带来了近百年的相对安定。

  明朝中叶以降,传统的儒家思想迎来了一次巨变,这就是阳明心学的崛起。阳明心学解决了朱熹理学与陆九渊心学的矛盾,强调了人的主体地位,在政治上的表现就是把儒家的亲民理念当成致良知和知行合一的重要实践内容。"知行合一说将道德要求、理想人格同现实人生相沟通,从而使儒家的传统道德有了可操作性。"②阳明心学的主旨是自我培养成为圣人,不过,在培养圣人的过程中,阳明心学强调了知行合一政治实践的重要意义,即通过亲民的实践过程,来实现其圣人的自我培育目标。而圣人理所当然地为民谋福祉,在从政之后成为爱民的典范。

  明末清初,传统的儒家民本主义思潮发生了一场巨变,引发这场巨变的思想家有四人,即黄宗羲、王夫之、顾炎武和唐甄。这四人的一个共同点就是对专制君主进行了强烈的批判,同时也对君主权力的来源进行了解析。因此,也就重新解释了君与民的关系,强调了官员爱民的应然性。黄宗羲是"中国民本思想之集大成者"③,他在其著作《明夷待访录》中,对君主的起源与职责进行了深刻的剖析,"质疑君权的合法性与合理性"④。他指出,君主的产生,是为天下人服务,即"古者以天下为主,君为客,凡君之所毕世而经营者,为天下也""不以一己之利为利,而使天下受其利,不以一己之害为害,而使天下释其害"⑤。黄宗羲批判当时的君主说:

  今也以君为主,天下为客,凡天下之无地而得安宁者,为君也。

---

①《明史》卷二八一《循吏传序》,第7185页。
②葛荃主编:《中国政治思想通史(明清卷)》,中国人民大学出版社,2014年,第179页。
③金耀基:《中国民本思想史》,法律出版社,2008年,第159页。
④李天莉:《古代民本伦理思想研究》,中国社会科学出版社,2016年,第169页。
⑤[明]黄宗羲撰,段志强译注:《明夷待访录》,中华书局,2011年,第8页。

是以其未得之也,屠毒天下之肝脑,离散天下之子女,以博我一人之产业,曾不惨然!曰:"我固为子孙创业也。"其既得之也,敲剥天下之骨髓,离散天下之子女,以奉我一人之淫乐,视为当然,曰:"此我产业之花息也。"然则为天下之大害者,君而已矣。①

这样就揭露了天下人民受苦受难的根源,即君主的专制与权力的滥用。如此一来,君主与人民之间的关系便发生了质变:"古者天下之人爱戴其君,比之如父,拟之如天,诚不为过也。今也,天下之人怨恶其君,视之如寇仇,名之为独夫,固其所也。"②从而揭露了君主与人民之间的从相爱到相仇,根源在于君主的残暴。

顾炎武对君主制度的批判没有黄宗羲那样深刻,但他同样看到了君主制度的严重缺陷。他认为应是公天下而不是私天下。天子是为了公天下而设立的,即:"所谓天子者,执天下之大权者也。其执大权奈何?以天下之权,寄之天下之人,而权乃归之天子。"③既然权力为公天下而设,天下之权也就要为天下之人服务,官员与民众的关系当然也就是官员应该服务于人民了。王夫之与顾炎武一样,同样认为天下应该是公天下,而非私天下。他说:"天下者,非一姓之私也,兴亡之修短有恒数,苟易姓而无原野流血之惨,则轻授他人而民不病。"④这等于承认了君主权力的转换,只要有利于人民,就具有正当性。唐甄对君主制度的批判不亚于黄宗羲,他说:"治天下者惟君,乱天下者惟君。"⑤又说:"懦君蓄乱,辟君生乱,暗君召乱,暴君激乱。"⑥

---

① [明]黄宗羲撰,段志强译注:《明夷待访录》,中华书局,2011年,第8页。
② [明]黄宗羲撰,段志强译注:《明夷待访录》,中华书局,2011年,第9页。
③ [清]顾炎武撰,[清]黄汝成集释,栾保群、吕宗力校点:《日知录集释》卷九"守令"条,上海古籍出版社,2013年,第541页。
④ [清]王夫之:《读通鉴论》卷十一《晋》,中华书局,1975年,第297页。
⑤ [清]唐甄撰,吴泽民编校:《潜书(附诗文录)》上篇下《鲜君》,中华书局,1963年增订版,第66页。
⑥ [清]唐甄撰,吴泽民编校:《潜书(附诗文录)》上篇下《鲜君》,中华书局,1963年增订版,第66页。

因此,君臣的职责就是养民:"天下之官皆养民之官,天下之事皆养民之事。"①

总之,明末清初的四大思想家,对官民关系,尤其是君主与底层人民的关系进行了前所未有的深刻解析,大大提升了中国古代儒家民本思想的品位,为建立新型的君民关系(官民关系)奠定了理论基础。

清朝是中国历史上第二个由少数民族统一中国的专制皇朝,因此,其统治期间的一个重要特点就是在处理民族关系方面,存在不同程度的民族歧视性的统治思想和统治政策。这在一定程度上影响到中国古代民本主义思想的进步。而且在建国之初,满人拥有极大的政治特权,进而可以利用其政治特权获取物质利益。因此,在建国之初,官民之间冲突极大。及政权稳定以后,清朝皇帝完全接受了儒家文化,进而接受了中国传统的统治制度,并通过科举,大量选择汉人为官,从而缓和了社会矛盾,并产生了一批批通过科举考试而走进仕途的良吏。这些良吏的政治思想与前代良吏的政治思想并无大的差异,他们通过种种爱民的行政措施,获得了民爱的回报。这当然也是清朝君主所渴望的结果。与此同时,清朝中央政府在政权稳定之后,也制定了种种廉政措施,通过制度建设来促进官民关系的和谐。如清朝养廉银制度的建立,说明政府对官员的管理有了新的思想、新的措施,不再单纯依靠法律惩治,来调和官员关系,而是采取了提高官员经济收入的方法,以减少官员盘剥百姓的可能。这是前朝不具备的新特点。当然,明末清初兴起的以批判君主专制的思潮,随着清朝统治的稳定并未完全熄灭,如吕留良就提出了"天下为公"的思想,但受制于清朝皇帝的高压控制,他的这种思想并未得到广泛的传播。其本人死后仍被剖棺戮尸,其著作也被焚毁。总体看来,在清朝前期与中期,中国传统的儒家民本主义思想并未取得可观的成就。

---

① [清]唐甄撰,吴泽民编校:《潜书(附诗文录)》上篇下《考功》,中华书局,1963年增订版,第111页。

第二章 中国古代官民的互爱模式

——以汉魏隋唐《循吏传》《良吏传》为中心的考察

司马迁对爱民之良吏的记载,以《循吏传》为代表。但司马迁对于循吏定位,是以其业绩为标准,而不是以其官位为标准。因此,《史记·循吏传》所列的5人,位高者至于宰辅。班固《汉书·循吏传》因之。其后,各代并未完全因循马班书写循吏的旧轨,而是有所改辙,但却以中下层官员即地方官员为中心。① 因其直接与底层人民接触,平时要处理的事务,多与底层百姓有关。故而,后世正史的《循吏传》或《良吏传》中的人选,多以地方州(郡)县长官为主体。当然,这并非说,处于庙堂之上的中央高官,便缺乏爱民者了。事实上,位高权重者,其爱民的行为及其所取得的效果,远比地方官员为高。但本章侧重于对正史《良吏传》中人物的事迹进行论述,一则因为他们与底层百姓的交际具有丰富的事迹,二则因为上层高官的爱民事迹多属于政策制定方面的行为,与基层百姓的直接关系不太紧密。下面以汉魏隋唐正史中的《循吏传》《良吏传》为中心,探讨中国古代的官民互爱问题。②

---

①参王昌宜:《清代循吏研究:以〈清史稿·循吏传〉为中心》,北京师范大学出版社,2017年,第8—28页。

②本章所引官民互爱的人物和事例,虽然以《循吏传》和《良吏传》为中心,但并不局限于《循吏传》《良吏传》,会适当引用非《循吏传》《良吏传》的人物事迹。因未列入此传中的良吏大有人在,而且他们的爱民事迹也非常突出。

一、官爱民的主要表现方式

1. 君主为范,身体力行

君主是政府最高权力的代表,也是国家政策的最高决策者。君主以身示范,可有力促进官民关系的和谐发展。主要表现有三:第一,君主是国家政令的决策者和制定者,有最高的决策权。因此,对民众赋役的轻重会因为君主思想行为的不同而不同。从地域上讲,君主爱民的表现是泽及全国的,而一般地方官员的爱民行为只能泽及其所管辖区内人民,因此,君主爱民决策的意义最为重大。第二,对社会下层人民痛苦了解程度的不同,决定了君主对人民关心程度的不同。来自民间的君主多能做出爱民的决策,从而带给人民各种福利;而来自宫廷的君主,可能对人民的疾苦了解甚微,因此,对底层人民的关爱远远不够。第三,君主的爱民行为,还表现在重用良吏和严惩污吏上。爱民的君主多重视吏治的问题,由于惩治了贪官污吏,人民因而减少了痛苦。

两汉的君主,从刘邦开始,中间又有文景、昭宣、光武、明帝等,多能做到爱惜民力,珍重生命。《后汉书·左雄传》载其上疏,可清楚地说明这一时期政治举措重在爱民:

> 大汉受命,虽未复古,然克慎庶官,蠲苛救敝,悦以济难,抚而循之。至于文、景,天下康乂。诚由玄靖宽柔,克慎官人故也。降及宣帝,兴于仄陋,综核名实,知时所病,刺史守相,辄亲引见,考察言行,信赏必罚。帝乃叹曰:"民所以安而无怨者,政平吏良也。与我共此者,其唯良二千石乎!"以为吏数变易,则下不安业;久于其事,则民服教化。其有政理者,辄以玺书勉励,增秩赐金,或爵至关内侯,公卿缺则以次用之。是以吏称其职,人安其业。汉世良吏,于兹为盛,故能降来仪之瑞,建中兴之功。①

魏晋南北朝时期,爱民的君主,远非两汉文景可比,但也说并非一事无成。毕竟还有一些君主,重视吏治,有些君主出身社会下层,也就了解广大

---

① 《后汉书》卷六一《左雄传》,第 2016 页。

社会下层人民的痛苦,从而制定出一些有利于人民的措施。如南朝宋的开国皇帝刘裕,出身社会底层。因此,他称帝之后,就采取了一些有利于恢复社会经济的措施。

隋唐的皇帝,重民爱民者以隋文帝、唐太宗最为著名。隋文帝躬身节俭,唐太宗爱护小民。这二人对爱民的政治好处理解甚深。

2. 清正廉洁,修德养民

官员的清正廉洁,是为官者最为重要的品德,也是官员最为重要的官德。如果没有这一点,官员爱民也就不可能在经济上落到实处。显然,清正廉洁的重点,体现的是官员的财富观。因为清正廉洁,官员方可不贪占财富、不盘剥百姓。当然,清廉与爱民并未有必然的联系,但清廉肯定不会搜刮到民脂民膏。因此,清廉是官员爱民的最为重要的品德保证。

在践行清正廉洁的官德上,所有的良吏,多有生动的事迹。试举例如下:

东汉合浦太守孟尝,在任时因合浦不产谷实,而海出珠宝,与交址比境,常通商贩,贸籴粮食。孟尝身居海出珠宝之郡,却守节不移,以民生为重,因此得到当地人民的爱戴。史称:

> 先时宰守并多贪秽,诡人采求,不知纪极。珠遂渐徙于交址郡界,于是行旅不至,人物无资,贫者饿死于道。尝到官,革易前敝,求民病利。曾未逾岁,去珠复还,百姓皆反其业,商货流通,称为神明。以病自上,被征当还,吏民攀车请之。尝既不得进,乃载乡民船夜遁去。隐处穷泽,身自耕佣。邻县士民慕其德,就居止者百余家。[1]

东晋吴郡守邓攸,在郡刑政清明,百姓欢悦。当时官场形成一个恶俗:官员任职与离职都要由地方送一笔钱,常达数百万之多,成为当地人民赋役之外的一项沉重负担。邓攸后来称疾去职,离郡,不受一钱。百姓因此感恩,"数千人留牵攸船,不得进"[2]。

---

[1]《后汉书》卷七六《循吏·孟尝传》,第 2473 页。
[2]《晋书》卷九十《良吏·邓攸传》,第 2340 页。

南齐永嘉太守范述曾,因"为政清平,不尚威猛,民俗便之"。"所部横阳县,山谷崄峻,为逋逃所聚,前后二千石讨捕莫能息"。范述曾到任后,"开示恩信,凡诸凶党,襁负而出,编户属籍者二百余家。自是商贾流通,居民安业。在郡励志清白,不受馈赠"。征为游击将军后,"郡送故旧钱二十余万,述曾一无所受"①。

北魏并州刺史苟孤,平生不治产业,"死之日,家无余财,百姓追思之"②。

北魏裴衍,于"世宗之末……除建兴太守,转河内太守","历二郡,廉贞寡欲,善抚百姓,民吏追思之"③。

北魏青州刺史崔休,在任期间,郡民"单攦、李伯徽、刘通等一千人,上书讼休德政,灵太后善之"。史称:"休在幽青州五六年,皆清白爱民,甚著声绩,二州怀其德泽,百姓追思之。"④

隋朝齐州别驾赵轨,有能名,以清廉著称。后征入朝,父老相送者,各挥涕曰:"别驾在官,水火不与百姓交,是以不敢以壶酒相送。公清若水,请酌一杯水奉饯。"⑤

唐朝贾敦颐,"贞观时,数历州刺史,资廉洁"。史称其"入朝,常尽室行,车一乘,弊甚,羸马绳羁,道上不知其刺史也"⑥。

总之,清廉的品行,决定了这些官员,不会利用手中的权力,加重管辖之地人民的负担,以达贪污之目的。因此,人民爱之思之,也就合乎人情事理了。

3. 存问孤寡,救济民困

孤寡是社会的弱势阶层,而儒家最重视对社会弱势群体的关爱。官员对这个群体的照顾,也就最能体现官员的善良之心,也是善政的重要表现。如东汉朱邑,少时为舒桐乡啬夫,"以爱利为行,未尝笞辱人,存问耆老孤寡,

---

① 《梁书》卷五三《良吏·范述曾传》,第770页。
② 《魏书》卷四四《苟颓附苟孤传》,第995页。
③ 《魏书》卷七一《裴叔业附裴衍传》,第1575页。
④ 《魏书》卷六九《崔休传》,第1526页。
⑤ 《隋书》卷七三《循吏·赵轨传》,第1678页。
⑥ 《新唐书》卷九七《循吏·贾敦颐传》,第5619页。

遇之有恩,所部吏民爱敬焉"①。

由于各种意外,人民有时难以生活,只有依靠政府救济,方可生存下去。因此,在这个时节,官员是否爱民就表现得特别重要。东汉韩韶为嬴长,当时"余县多被寇盗,废耕桑,其流入县界求索衣粮者甚众。韶愍其饥困,乃开仓赈之,所禀赡万余户。主者争谓不可,韶曰:'长活沟壑之人,而以此伏罪,含笑入地矣。'太守素知韶名德,竟无所坐"。及其卒,"同郡李膺、陈寔、杜密、荀淑等为立碑颂焉"②。东汉马棱,"章和元年,迁广陵太守。时谷贵民饥,奏罢盐官,以利百姓,赈贫羸,薄赋税,兴复陂湖,溉田二万余顷,吏民刻石颂之"③。

唐永徽中,安定令王方翼,"诛大姓皇甫氏,盗贼止息,号为善政。五迁肃州刺史。时州城荒毁,又无壕堑,数为寇贼所乘。方翼发卒浚筑,引多乐水环城为壕。又出私财造水碾硙,税其利以养饥馁,宅侧起舍十余行以居之"。"属蝗俭,诸州贫人死于道路,而肃州全活者甚众,州人为立碑颂美。"④

可见,地方官员在地方的政治行为,有时为了保护人民的生命,首先想到的应是人民的利益,而非个人的行为是否触犯了国家的法令,只有如此,方才会真正地安抚地方,造福国家。

4. 严惩奸滑,断案如神

儒家思想中也包含着丰富的法律思想。孔子虽然强调德治,但并没有否定法律的价值,只不过要求"德主刑辅"。儒家思想在汉代渗透到汉代的法律制度建设与法律的实践之中,汉代的法律因此而显露出浓厚的儒家思想色彩。在汉代,循吏治理人民是以推行教化为根本,他们"奉法循理,无所变更"⑤。余英时先生曾对汉代循吏的概念内涵作过深入的探讨,他说:"在

---

① 《汉书》八九《循吏·朱邑传》,第3635页。
② 《后汉书》卷六二《韩韶传》,第2063页。
③ 《后汉书》卷二四《马援附马棱传》,第862页。
④ 《旧唐书》卷一八五上《良吏·王方翼传》,第4802页。
⑤ 《史记》卷一一九《循吏·公仪休传》,第3101页。

文翁的时代,循吏的特征是'因循'和'无为',循吏兼具'吏'与'师'的双重身份。"①但是,儒家并未排斥法律的社会整合功能。汉武帝虽然"独尊儒术",而本质上恰如宣帝所说:"汉家自有制度,本以霸王道杂之,奈何纯任德教,用周政乎!且俗儒不达时宜,好是古非今,使人眩于名实,不知所守,何足委任!"②因此,文翁以后的循吏,虽然还是以儒家教化为治理的主要思想,富民而教之,但是,并不排除用法律的手段,对地方上的恶势力进行严惩。如东汉王涣做温令时,因为县多奸猾,积为人患,王涣于是"以方略讨击,悉诛之"③。可见,循吏的概念,在司马迁笔下,是以遵守国家法律、无所变更为主要特征。而到了范晔笔下,惩恶的手段竟然成了他们治理人民的重要特征。由此可以明确,中国古代官员的爱民思想和行为,包含了官员利用法律惩治恶人的思想和行为。为善与惩恶,是良吏爱民的双重手段,缺一不可。

地方治安的好坏,与官员是否能够惩治社会犯罪问题大有关系。地方行政长官,都拥有行政、司法的权力。因此,对于社会犯罪问题,他们拥有处理的权力。

地方上的土豪,是害民的主体。官员能否惩治这些土豪,是爱民与否的重要体现。因此,有重视民生的官员,上任之初,就对地方上的恶霸下手。这样就会得到当地百姓的热爱,而大快人心。

东汉刘陶,系济北贞王勃之后,举孝廉,除顺阳长。史载:

县多奸猾,陶到官,宣募吏民有气力勇猛,能以死易生者,不拘亡命奸臧,于是剿轻剑客之徒过晏等十余人,皆来应募。陶责其先过,要以后效,使各结所厚少年,得数百人,皆严兵待命。于是覆案奸轨,所发若神。以病免,吏民思而歌之。④

能够侦破疑难案件,也是人民爱官的重要因素。史载,吴人陆逊之孙陆

---

①余英时:《士与中国文化》,上海人民出版社,2008年,第141页。
②《汉书》卷九《元帝纪》,第277页。
③《后汉书》卷七六《循吏·王涣传》,第2468页。
④《后汉书》卷五七《刘陶传》,第1848页。

机,在孙吴灭亡后,作为江东大族的代表,被征入洛阳为官,出补浚仪令。"县居都会之要,名为难理。云到官肃然,下不能欺,市无二价。人有见杀者,主名不立,云录其妻,而无所问。十许日遣出,密令人随后,谓曰:'其去不出十里,当有男子候之与语,便缚来。'既而果然。问之具服,云:'与此妻通,共杀其夫,闻妻得出,欲与语,惮近县,故远相要候。'"于是一县称其为神明。"郡守害其能,屡谴责之,云乃去官。百姓追思之,图画形象,配食县社。"①

北魏赵郡太守裴佗,"为治有方,威惠甚著,猾吏奸民,莫不改肃。所得俸禄,分恤贫穷"。"转前将军、东荆州刺史。郡民恋仰,倾境钱送。"②

北齐郎基,"带颍川郡,积年留滞,数日之中,剖判咸尽,而台报下,并允基所陈。条纲既疏,狱讼清息,官民遐迩,皆相庆悦。基性清慎,无所营求",后卒官。"柩将还,远近将送,莫不攀辕悲哭。"③

治安严明的另一方面是刑罚适当,不施严刑酷罚。

东汉陈宠,任广汉太守。当地"豪右并兼,吏多奸贪,诉讼日百数。宠到,显用良吏王涣、镡显等,以为腹心,讼者日减,郡中清肃"④。东汉太丘长陈寔,"修德清静,百姓以安。邻县人户归附者,寔辄训导譬解,发遣各令还本司官行部。吏虑有讼者,白欲禁之。寔曰:'讼以求直,禁之理将何申?其勿有所拘。'司官闻而叹息曰:'陈君所言若是,岂有怨于人乎?'亦竟无讼者。以沛相赋敛违法,乃解印绶去,吏人追思之"⑤。

北魏齐州刺史元修义,"宽和爱人,在州四岁,不杀一人","百姓以是追思之"⑥。

隋朝韦仁寿、张允济等人,断狱平恕,深得民心。史称大业末,韦仁寿

---

① 《晋书》卷五四《陆云传》,第1482页。
② 《魏书》卷八八《良吏·裴佗传》,第1907页。
③ 《北齐书》卷四六《循吏·郎基传》,第640—641页。
④ 《后汉书》卷四六《陈宠传》,第1553页。
⑤ 《后汉书》卷六二《陈寔传》,第2066页。
⑥ 《魏书》卷一九上《汝阴王天赐附子修义传》,第451页。

"为蜀郡司法书佐,断狱平恕,其得罪者皆曰:'韦君所断,死而无恨。'"①隋朝武阳令张允济,"务以德教训下,百姓怀之。元武县与其邻接,有人以牸牛依其妻家者八九年,牛孳产至十余头,及将异居,妻家不与,县司累政不能决。其人诣武阳质于允济,允济曰:'尔自有令,何至此也?'其人垂泣不止,具言所以。允济遂令左右缚牛主,以衫蒙其头,将诣妻家村中,云捕盗牛贼,召村中牛悉集,各问所从来处。妻家不知其故,恐被连及,指其所诉牛曰:'此是女婿家牛也,非我所知。'允济遂发蒙,谓妻家人曰:'此即女婿,可以牛归之。'妻家叩头服罪"②。

唐朝断狱平冤者,以狄仁杰最为有名。史载狄仁杰出为豫州刺史:

> 时越王贞称兵汝南事败,缘坐者六七百人,籍没者五千口,司刑使逼促行刑。仁杰哀其诖误,缓其狱,密表奏曰:"臣欲显奏,以为逆人申理;知而不言,恐乖陛下存恤之旨。表成复毁,意不能定。此辈咸非本心,伏望哀其诖误。"特敕原之,配流丰州。豫囚次于宁州,父老迎而劳之曰:"我狄使君活汝辈耶!"相携哭于碑下,斋三日而后行。豫囚至流所,复相与立碑颂狄君之德。③

此外,唐朝还有贾敦实等人,为政平和。咸亨初,贾敦实出任洛州长史,因宽惠,人心怀向。史载:

> 洛阳令杨德干矜酷烈,杖杀人以立威,敦实喻止,曰:"政在养人,伤生过多,虽能,不足贵也。"德干为衰减。始,洛人为敦颐刻碑大市旁,及敦实入为太子右庶子,人复为立碑其侧,故号"棠棣碑"。历怀州刺史,有美迹。④

可见,官员不但要有敢于除恶之心,还要有宽待小民之心,唯此,方是真心爱民,也方可得到人民之爱。

5. 重视教化,破除陋俗

"儒家观念中的循吏包括'政'与'教'两方面功能,前者是其政治职责,

---

①《旧唐书》卷一八五上《良吏·韦仁寿传》,第4782页。
②《旧唐书》卷一八五上《良吏·张允济传》,第4784页。
③《旧唐书》卷八九《狄仁杰传》,第2887页。
④《新唐书》卷一九七《循吏·贾敦颐附敦实传》,第5623页。

后者乃是文化使命。"①因此,循吏对辖区民众的管理,不仅仅是政治上的领导,更为重视的是实施文化教育,以提升其思想水平。重视教化,破除陋俗,是一个问题的两个方面。一则重视教化,是儒家的宗旨,主要从思想入手,进行思想教育,让人们学会行善自律。其方法就是接受儒家思想的教育,通过学习儒家的经典,达到思想的改造,即达到仁的境界。二则是从生活习俗入手,废除当地不良的习俗,通过转变不良习俗,达到移风易俗。教化的过程,就是以儒家经典教导人民的过程。而移风易俗的过程,其实也是让生活习俗以儒家"礼"来规范人们日常生活的过程。爱民重民的地方官员,多重视辖地人民的教化问题。

东汉蒲亭长仇览,在任"劝人生业,为制科令,至于果菜为限,鸡豕有数,农事既毕,乃令子弟群居,还就黉学。其剽轻游恣者,皆役以田桑,严设科罚。躬助丧事,赈恤穷寡。期年称大化"。"乡邑为之谚曰:'父母何在在我庭,化我鸱枭哺所生。'"②

东汉九真太守任延,在任时,以当地"俗以射猎为业,不知牛耕,民常告籴交址,每致困乏,延乃令铸作田器,教之垦辟。田畴岁岁开广,百姓充给。又骆越之民无嫁娶礼法,各因淫好,无适对匹,不识父子之性,夫妇之道。延乃移书属县,各使男年二十至五十,女年十五至四十,皆以年齿相配。其贫无礼娉,令长吏以下各省奉禄以赈助之。同时相娶者二千余人。是岁风雨顺节,谷稼丰衍。其产子者,始知种姓。咸曰:'使我有是子者,任君也。'多名子为'任'"③。又有新息长贾彪,在任时,针对地小民困贫、多不养子的习俗,"严为其制,与杀人同罪"。结果,"数年间,人养子者千数,佥曰'贾父所长',生男名为'贾子',生女名为'贾女'"④。

东汉秦彭,于建初元年(76),迁任山阳太守。"以礼训人,不任刑罚。崇好儒雅,敦明庠序。每春秋飨射,辄修升降揖让之仪。乃为人设四诫,以定

---

① 吕家慧:《中晚唐循吏观念的复兴与书写》,《北京大学学报》2018年第5期。
② 《后汉书》卷七六《循吏·仇览传》,第2480页。
③ 《后汉书》卷七六《循吏·任延传》,第2462页。
④ 《后汉书》卷六七《党锢·贾彪传》,第2216页。

六亲长幼之礼。有遵奉教化者,擢为乡三老,常以八月致酒肉以劝勉之。吏有过咎,罢遣而已,不加耻辱。百姓怀爱,莫有欺犯。"①

隋朝岷州刺史辛公义,在任时,发现"土俗畏病,若一人有疾,即合家避之,父子夫妻不相看养,孝义道绝,由是病者多死"。辛公义决定改变其俗,"分遣官人巡检部内,凡有疾病,皆以床舆来,安置听事"。史称:

  暑月疫时,病人或至数百,厅廊悉满。公义亲设一榻,独坐其间,终日连夕,对之理事。所得秩俸,尽用市药,为迎医疗之,躬劝其饮食,于是悉差,方召其亲戚而谕之曰:"死生由命,不关相着。前汝弃之,所以死耳。今我聚病者,坐卧其间,若言相染,那得不死,病儿复差!汝等勿复信之。"诸病家子孙惭谢而去。后人有遇病者,争就使君,其家无亲属,因留养之。②

教化需要通过建立学校,征集年少者读书,长久时间方可见效。而移风易俗则需要通过强制手段,并身体力行来完成。汉唐时期的良吏,在这两个方面,都有独到建树。

6. 劝民返本,兴修水利

仓廪食,知礼节。民富方可教,是儒家重要的思想。本,指以农业为主业,包括农业的补充形式,如家庭养殖、家庭园林业等。以农为本,具有重要的意义。因为中国的气候环境,不能保农业作物连年的丰收,在自然灾害时有发生的情况下,只有多数人从事农业生产,方可养活全国的人民,并避免灾年的饥馑。因此,秦商鞅实施重农的国策,在秦朝灭亡以后,依然被延续下去。

各朝政府对农民的管理,以劝民返本为要。其最为重要的表现,是户口的增殖。户口的增殖可以说明两个问题:第一,官员政治清明,以前流寓外地的居民返回故土,或者是本在他郡为民者,听说此郡有良政,迁居到此。第二,人口的增殖,也就意味着赋役也要增加,因此对中央政府而言大有裨益。地方官员劝民务农——返本,也有利于国家,是其重要的政绩。而劝农

---

① 《后汉书》卷七六《循吏·秦彭传》,第2467页。
② 《隋书》卷七三《循吏·辛公义传》,第1682页。

返本的成功,本身也意味着农民家庭收入的增加,对农民家庭而言,有了稳固的收入与居所,当然也是好处多多。试举史例如下:

西汉龚遂。西汉宣帝在位时,"渤海左右郡岁饥,盗贼并起,二千石不能禽制"。史称:"上选能治者,丞相御史举龚遂可用,上以为渤海太守。"龚遂治渤海郡,"躬率以俭约,劝民务农桑,令口种一树榆、百本薤、五十本葱、一畦韭,家二母彘、五鸡。民有带持刀剑者,使卖剑买牛,卖刀买犊"①。结果渤海大治,民皆富裕。

北魏张恂出任广平太守时,招集离散,劝课农桑,民归之者有千户左右。后迁常山太守。张恂同时开建学校,吏民因此歌咏之。史称:"百姓亲爱之,其治为当时第一。"②

水利工程的建设对发展农业生产来说,效果极为明显,人民受益也极长久,这是劝民返本的基本保障。因此,兴修水利是爱民之官重要的惠民之政,多乐于为之。史载:

西晋傅祗,为荥阳太守。史称:"自魏黄初大水之后,河济泛溢,邓艾尝著《济河论》,开石门而通之,至是复浸壤。祗乃造沈莱堰,至今兖豫无水患,百姓为立碑颂焉。"③

北魏刘升、吴平仁,均为人民所爱。史称:穆罴为汾州刺史时,了解到"前吐京(后改为汾州)太守刘升,在郡甚有威惠,限满还都,胡民八百余人诣罴请之。前定阳令吴平仁亦有恩信,户增数倍"。于是,穆罴"以吏民怀之,并为表请。高祖皆从焉。罴既频荐升等,所部守令,咸自砥砺,威化大行,百姓安之"④。

隋朝赵轨,曾得考绩天下第一的美称,迁任硖州刺史时,"抚缉萌夷,甚有恩惠"⑤。赵轨很快转寿州总管长史。当时芍陂还存在五门堰,年久芜秽

---

① 《汉书》卷八九《循吏·龚遂传》,第 3640 页。
② 《魏书》卷八八《良吏·张恂传》,第 1900 页。
③ 《晋书》卷四七《傅玄附傅祗传》,第 1331 页。
④ 《魏书》卷二七《穆崇附穆罴传》,第 666 页。
⑤ 《隋书》卷七四《循吏·赵轨传》,第 1678 页。

不修。赵轨于是"劝课人吏,更开三十六门,灌田五千余顷,人赖其利"。

唐朝韦景骏,神龙中为肥乡令。史称:"县北界漳水,连年泛溢。旧堤迫近水漕,虽修筑不息,而漂流相继。景骏审其地势,拓南数里,因高筑堤。暴水至,堤南以无患,水去而堤北称为腴田。漳水旧有架柱长桥,每年修葺,景骏又改造为浮桥,自是无复水患,至今赖焉。时河北饥,景骏躬抚合境,村间必通赡恤,贫弱独免流离。及去任,人吏立碑颂德。"①又有宣州刺史裴耀卿,因发生大水,"河防坏,诸州不敢擅兴役。耀卿曰:'非至公也。'乃躬护作役,未讫,有诏徙官。耀卿惧功不成,弗即宣,而抚巡饬厉愈急。堤成,发诏而去。济人为立碑颂德"②。

7. 守护疆土,安抚汉夷

作为国家边郡地区的地方长官,治理边郡人民,远比治理内地复杂。因为边境地区,蛮夷居多。就文化而言,少数民族的文化素质普遍低一些;就习俗而言,少数民族的习俗较为落后。但是,如果汉人官员以平等的观念对待少数民族的人民,同样会得到少数民族人民的爱戴。史载:

东汉祭肜,于建武十七年(41)拜辽东太守。"为人质厚重毅,体貌绝众。抚夷狄以恩信,皆畏而爱之,故得其死力。初,赤山乌桓数犯上谷,为边害,诏书设购赏,功责州郡,不能禁。肜乃率励偏何,遣往讨之。永平元年,偏何击破赤山,斩其魁帅,持首诣肜,塞外震詟,肜之威声,畅于北方,西自武威,东尽玄菟及乐浪,胡夷皆来内附,野无风尘。乃悉罢缘边屯兵。"既卒,"乌桓、鲜卑追思肜无已,每朝贺京师,常过冢拜谒,仰天号泣乃去。辽东吏人为立祠,四时奉祭焉"③。

三国曹魏牵招,在文帝践阼时,拜为使持节护鲜卑校尉,屯昌平。"是时,边民流散山泽,又亡叛在鲜卑中者,处有千数。招广布恩信,招诱降附。建义中郎将公孙集等,率将部曲,咸各归命;使还本郡。又怀来鲜卑素利、弥加等十余万落,皆令款塞"。招"在郡十二年,威风远振。其治边之称,次于

---

① 《旧唐书》卷一八五上《良吏·韦机附韦景骏传》,第4797页。
② 《新唐书》卷一二七《裴耀卿传》,第4452页。
③ 《后汉书》卷二十《祭遵附从弟肜传》,第746页。

田豫,百姓追思之"①。

西晋在短暂的大统一期间,对边疆管理也较为重视。史称北虏侵掠北平,朝廷以唐彬为使持节、监幽州诸军事、领护乌丸校尉、右将军。唐彬至镇,"训卒利兵,广农重稼,震威耀武,宣喻国命,示以恩信。于是鲜卑二部大莫廆、擿何等并遣侍子入贡"。唐彬又"兼修学校,诲诱无倦,仁惠广被。遂开拓旧境,却地千里。复秦长城塞,自温城洎于碣石,绵亘山谷且三千里,分军屯守,烽堠相望。由是边境获安,无犬吠之警,自汉魏征镇莫之比焉"。"百姓追慕彬功德,生为立碑作颂。"②

西晋的陶璜,原为孙吴交州刺史,及孙皓降晋,"璜流涕数日,遣使送印绶诣洛阳。帝诏复其本职,封宛陵侯,改为冠军将军","在南三十年,威恩著于殊俗。及卒,举州号哭,如丧慈亲"。及后,陶璜子苍梧太守陶威又领交州刺史,与其父相似,也是"在职甚得百姓心"③。

南朝刘宋刘道产。史载,道产于元嘉七年(430),征为后军将军。第二年,迁竟陵王义宣左将军咨议参军,仍为持节、督雍梁南秦三州荆州之南阳竟陵顺阳襄阳新野随六郡诸军事、宁远将军、宁蛮校尉、雍州刺史、襄阳太守。刘道产所管辖的地区,既属于刘宋西北边防线,又属于汉蛮交融之地。因此管理起来相当复杂。但是,刘道产善于临民。史称:

> 蛮夷前后叛戾不受化者,并皆顺服,悉出缘沔为居。百姓乐业,民户丰赡,由此有《襄阳乐歌》,自道产始也。十三年,进号辅国将军。十九年卒,追赠征虏将军,谥曰襄侯。道产惠泽被于西土,及丧还,诸蛮皆备衰绖,号哭追送,至于沔口。④

又有朱修之,于元嘉九年(432)任宁蛮校尉、雍州刺史。其在任"治身清约,凡所赠贶,一无所受,有饷,或受之,而旋与佐吏赌之,终不入己,唯以抚

---

① 《三国志》卷二六《魏书·牵招传》,第733页。
② 《晋书》卷四二《唐彬传》,第1219页。
③ 《晋书》卷五七《陶璜传》,第1561页。
④ 《宋书》卷六五《刘道产传》,第1719页。

纳群蛮为务"①。

北魏东荆州刺史裴佗，在任时，"蛮酋田盘石、田敬宗等部落万余家，恃众阻险，不宾王命，前后牧守虽屡征讨，未能降款。佗至州，单使宣慰，示以祸福。敬宗等闻佗宿德，相率归附"。"于是阖境清晏，寇盗寝息，边民怀之，襁负而至者千余家。"②

北周昌州刺史侯莫陈颖，迁瀛州刺史，甚有惠政。"仁寿中，吏部尚书牛弘持节巡抚山东，以颖为第一"。"时朝廷以岭南刺史、县令多贪鄙，蛮夷怨叛，妙简清吏以镇抚之，于是征颖入朝。及进见，上与颖言及平生，以为欢笑。数日，进位大将军，拜桂州总管十七州诸军事，赐物而遣之"。"及到官，大崇恩信，民夷悦服，溪洞生越多来归附。"③

唐朝西州都督府长史韦仁寿，因"南宁州内附，朝廷每遣使安抚，类皆受贿，边人患之，或有叛者"。唐高祖以仁寿素有能名，令检校南宁州都督慰抚之。"仁寿将兵五百人至西洱河，承制置八州十七县，授其豪帅为牧宰，法令清肃，人怀欢悦。及将还，酋长号泣曰：'天子遣公镇抚南宁，何得便去？'"④

唐朝狄仁杰，万岁通天元年（696），契丹寇陷冀州，河北震动，被征为魏州刺史。"前刺史独孤思庄惧贼至，尽驱百姓入城，缮修守具。仁杰既至，悉放归农亩，谓曰：'贼犹在远，何必如是，万一贼来，吾自当之，必不关百姓也。'贼闻之自退，百姓咸歌诵之，相与立碑以纪恩惠。"⑤

边郡问题，多与少数民族的管理正当与否密切相关。因此，汉晋隋唐各个时期，都有一批汉族官员以平等意识、仁爱意识，治理少数民族人民，具有鲜明的政治示范意义：

其一，少数民族同样具有汉人的感恩观念。少数民族虽然有其落后的一面，但是，他们的心理与汉人并无质的差别。他们有情有义，爱憎分明。

---

① 《宋书》卷七六《朱修之传》，第 1970 页。
② 《魏书》卷八八《良吏·裴佗传》，第 1907 页。
③ 《隋书》卷五五《侯莫陈颖传》，第 1381 页。
④ 《旧唐书》卷一八五上《循吏·韦仁寿传》，第 4782—4783 页。
⑤ 《旧唐书》卷八九《狄仁杰传》，第 2889 页。

对于爱护他们的官员,也同样爱之,其感恩观极为厚重。因此,治理少数民族地区的关键在于是否爱护其民,顺应其心。

其二,良吏爱护胡夷,并受到胡夷爱戴的史实,否定了"非我族类,其心必异"(《左传·成公四年》)的观念。汉人与胡人关系中"非我族类,其心必异"观念的形成,匈奴人起了巨大的作用。在西汉与匈奴人的交往历史中,匈奴人的不讲信用多次出现,令中国北疆人民遭受了巨大的损失。因此,汉人对匈奴人的仇恨,也就显得尤其突出。因此,"非我族类,其心必异"观念影响着汉族与周边少数民族关系的处理。就汉政府来说,处理与周边少数民族的关系,虽然受到过这种思想的影响,但是汉武帝重用匈奴人金日磾,说明汉朝的天子并未受这种观念的强烈影响;而唐代开放的民族政策,使得众多的少数民族成为唐朝中央政府中的高官,也说明政府上自君主、下及一般的官员,并未认同"非我族类,其心必异"的民族观念。

其三,治理少数民族地区当用正直清廉之官员。以诚相见,在与少数民族交往关系中显得特别重要。

8. 轻刑薄赋,安抚百姓

轻刑薄赋,属于政治治理中同一个问题的两个方面:其一是惩治百姓的刑罚,以轻为本。其二是征收人民的赋税,以少为本。二者都是利民的重要举措。史例略举如下:

东汉贾琮。南部边疆交址地区官民关系的问题,常与当地的物产密切相关。交址土多珍产,当地盛产明玑、翠羽、犀、象、瑇瑁、异香、美木之属,莫不自出。面对这些珍奇财物,"前后刺史率多无清行,上承权贵,下积私赂,财计盈给,辄复求见迁代,故吏民怨叛"①。中平元年(184),"交址屯兵反,执刺史及合浦太守,自称'柱天将军'"。消息传到中央,汉灵帝只好特敕三府精选能吏前去为官。可见当时中央政府对当地官员的腐败情况是了解的。"有司举琮为交址刺史。琮到部,讯其反状,咸言赋敛过重,百姓莫不空单,京师遥远,告冤无所,民不聊生,故聚为盗贼。琮即移书告示,各使安其资业,招抚荒散,蠲复徭役,诛斩渠帅为大害者,简选良吏试守诸县,岁间荡

---

① 《后汉书》卷三一《贾琮传》,第 1111 页。

定,百姓以安。巷路为之歌曰:'贾父来晚,使我先反;今见清平,吏不敢饭。'在事三年,为十三州最,征拜议郎。"①

南朝梁夏侯亶。普通六年(525),为使持节、都督豫州缘淮南、豫、霍、义、定五州诸军事、云麾将军、豫南豫二州刺史。"寿春久离兵荒,百姓多流散,亶轻刑薄赋,务农省役,顷之人户充复。"②

9. 平定叛乱,秋毫无犯

平定叛乱,常常容易发生军人害民事件。因此,在平定叛乱之时,保护广大人民的利益就显得尤为重要:

南朝刘宋时,刘勔在太宗即位后加宁朔将军,校尉如故。豫州刺史殷琰反叛,他前去征讨,及"琰开门请降,勔约令三军,不得妄动,城内士民,秋毫无所失,百姓感悦,咸曰来苏。百姓生为立碑"③。

陈朝武州刺史陆子隆,在任时,"华皎据湘州反,以子隆居其心腹,皎深患之,频遣使招诱,子隆不从。皎因遣兵攻之,又不能克。及皎败于郢州,子隆出兵以袭其后,因与王师相会"。"是时,荆州新置,治于公安,城池未固,子隆修建城郭,绥集夷夏,甚得民和,当时号为称职。三年,吏民诣都上表,请立碑颂美功绩,诏许之。"④

唐朝裴怀古,长寿中,为监察御史。当时姚、巂蛮首反叛,天子诏怀古往招辑之。"怀古申明赏罚,贼徒归附者日以千数,乃俘其魁首,处其居人而还。蛮夷荷恩,立碑颂德。"⑤史载:

> 时姚、巂蛮首相率诣阙颂怀古绥抚之状,请为牧守以抚之,遂授姚州都督,以疾不行,转司封郎中。时始安贼欧阳倩拥徒数万,剽陷州县,授怀古桂州都督,仍充招慰讨击使。才及岭,飞书招诱,示以祸福,贼徒迎降,自陈为吏人侵逼,乃举兵耳。怀古知其诚恳,

---

① 《后汉书》卷三一《贾琮传》,第1112页。
② 《梁书》卷二八《夏侯亶传》,第419页。
③ 《宋书》卷八六《刘勔传》,第2192页。
④ 《陈书》卷二二《陆子隆传》,第294页。
⑤ 《旧唐书》卷一八五下《良吏·裴怀古传》,第4807页。

乃轻骑以赴之，左右曰："夷獠难亲，未可信也。"怀古曰："吾仗忠信，可通于神明，况于人乎！"因造其营以慰谕之。群贼喜悦，归其所掠财货，纳于公府。诸洞酋长素持两端者，尽来款附，岭外悉定。①

怀古"复历相州刺史、并州大都督府长史，所在为人吏所慕。神龙中，迁左羽林大将军，行未达都，复授并州长史。吏人闻怀古还，老幼相携，郊野欢迎。时崔宣道代怀古为并州，下车而罢，出郊以候怀古"。"怀古恐伤宣道之意，命官吏驱逐出迎之人，而百姓奔赴愈众。"②

类似的史例甚多，均系地方官员果断处理，达到减免辖区民众生命财产损失之目的。

二、民众爱官意识的生成

对于民爱官思想的生成，至今鲜有学者进行研究。在传统政治思想研究中，研究者多以当代统治者"代言人"的身份，着重点放在官员处理与民众关系上。

儒家的政治思想，其实是为执政者提供政治理念与施政方式。而执政者，是国家主体机构的代表，因此，从执政者的角度入手，研究儒家政治思想者甚多，而从小民的角度，研究小民的政治思想者甚少。有学者称中国历史，不过是一部帝王将相的历史，原因就在于此。事实上，群体人的思想与行为，对历史的影响巨大。西方近代史家马克斯·韦伯，就是倡言群体精神决定论的代表人物之一③，他认为群体人的精神，远远大于杰出人物在历史上的作用。事实上，中国历史上的伟大人物，多也能认识到这一问题。如秦朝末年的农民战争，证明了民众思想而引发的物质力量的强大，因此，刘邦在汉朝开国之后，就十分重视民意的问题，处处以民生为重，使西汉政权因

---

① 《旧唐书》卷一八五下《良吏·裴怀古传》，第4808页。
② 《旧唐书》卷一八五下《良吏·裴怀古传》，第4808—4809页。
③ 参〔德〕马克斯·韦伯：《新教伦理与资本主义精神》，广西师范大学出版社，2007年。

此达到了相对的长治久安。

就官民关系而言,民意的表达,大体而言,可分为民爱官与民恨官两类,此外,在爱恨之间,还有一种非爱非恨的复杂形态,其代表性不强。

民爱官的表达,是心里感恩的表现。当民众感受到官员对他们太好,给他们带来了物质的利益和精神的快乐时,他们就会表现出爱官的情感,并付诸行动。而民恨官的表达,是心里仇恨情感的表达。因为官员对他们进行财富的掠夺、身体的压榨,使他们难以生活。因此,他们表达情感的方式,轻则上诉到中央政府,请求中央政府为他们做主,重则进行武力反抗。武力反抗的结局,对于国家与民众,时常是两败俱伤的事情。但是,当国家政治极度腐败之时,这种武力反抗的表达方式,就成为没有办法的办法,其最终的结果,最坏的结局,不是双赢,而是双输。

中国古代民众爱官意识的生成,一方面基于天然的恩报意识的生成,另一方面则又基于父母官意识的生成。

《说文》释恩:"惠也,从心因声。"《说文》释惠:"仁也,从心从叀。"《广韵·痕韵》释恩:"恩,爱也。"所谓天然的恩报意识,首先表现在同类生物尤其是人类之间天然性的善性之爱。其次又表现在不同生物如人和动物之间与人类等同的天然善性之爱。这种天然善性之爱,出于本能,在施加给对方之时,对方便会产生报恩的情感,并采取报恩的行为。这在动物与人之间的交际过程中,都有体现。如家犬救护主人的故事,在历史记载中都可找到实例,[1]在现实生活中也可找到实例。甚至凶猛的老虎等之类的动物,因为受

---

[1]《搜神记》卷二十"义犬冢"条:"孙权时李信纯,襄阳纪南人也。家养一狗,字曰'黑龙',爱之尤甚,行坐相随,饮馔之间,皆分与食。忽一日,于城外饮酒,大醉。归家不及,卧于草中。遇太守郑瑕出猎,见田草深,遣人纵火爇之。信纯卧处恰当顺风,犬见火来,乃以口拽纯衣,纯亦不动。卧处比有一溪,相去三五十步,犬即奔往入水,湿身走来卧处,周回以身洒之,获免主人大难。犬运水困乏,致毙于侧。俄尔信纯醒来,见犬已死,遍身毛湿,甚讶其事。睹火踪迹,因尔恸哭。闻于太守。太守悯之曰:'犬之报恩,甚于人,人不知则,岂如犬乎!'即命具棺椁衣衾葬之。今纪南有'义犬冢',高十余丈。"见[东晋]干宝撰,汪绍楹校注:《搜神记》,中华书局,1979年,第240—241页。

到了人类的救助,转而报恩于人类的故事,也广泛存在人类历史的记忆长河之中。①

所谓父母官意识的生成,在于中国上古国家形成之际,作为国家最高领导者的天子,其本身为部落成员之一,他与部落成员的关系是极为亲密的。而且,作为部落首领,爱护其部落成员,是其天然的义务。在知母不知父的时代,所有孩子都是所有成人的子女,所有成年男女,都是所有孩子的父母。故而,成人对孩子的爱护,具有父母的双重身份。及至国家形成,这种意识又被儒家理论化,通过血亲的比拟,把天子与百官都视为父母一样的人,天子与百官管理人民,当然需要父母照顾孩子一样的爱,方才能够取得人民的支持。这就形成了家国一体化的管理情感机制。传说黄帝教诲颛顼,其中有"为民父母"(《吕氏春秋·序意》)之语。这种视民众为子女血缘之爱的观念,在儒家经典中也屡有出现。《尚书·洪范》说:"天子作民父母,以为天下王。"这是直接把天子作民父母与称王的关系陈述出来。《礼记·昏仪》:"天子之与后,犹日之与月,阴之与阳,相须而后成者也。天子修男教,父道也;后修女顺,母道也。故曰,天子之与后,犹父之与母也。"这是把天子作民父母的"天理"陈述出来。《诗·小雅·南山有台》:"乐之君子,民之父母。"《礼记·礼运》:"人不独亲其亲,不独子其子。"这是把官员作民父母的"人理"陈述出来。到了汉朝,父母官意识成为社会普遍民众的重要价值。如西汉的召信臣与东汉的杜诗,因为爱民,被百姓称为"召父杜母"。可见,中国古代官员爱民思想与民众对官员的感恩思想,在先秦时期,已有了父母子女之爱的类比关系,到两汉时,已深入到普通民众的心理之中。以爱子女之心去管理民政,当然会得到人民的爱戴。

三、民爱官的主要表现方式

民爱官的前提是官爱民。这是官民关系中的先决条件。官员爱民的一

---

① 《搜神记》卷二十"苏易"条:"苏易者,庐陵妇人,善看产,夜忽为虎所取。行六七里,至大圹,厝易置地,蹲而守。见有牝虎当产,不得解,匍匐欲死,辄仰视。易怪之,乃为探出之,有三子。生毕,牝虎负易还,再三送野肉于门内。"见[东晋]干宝撰,汪绍楹校注:《搜神记》,中华书局,1979年,第237页。

个重要思想,就是父母官理念,在西周之前业已形成。《诗·大雅·泂酌》写道:"恺弟君子,民之父母。"《诗·小雅·南山有台》写道:"乐只君子,民之父母。"说明最迟到周代,人民已把官员比作父母了。民众之所以爱官,在于官员以父母爱子的情感去爱他们。因此,这些爱民之官,在当时者号为良吏。所谓良吏,有两方面的内涵:一是清廉,也就是不贪钱财,洁身自好;二是贤能,能辨别是非,惩治恶人,能采取措施,为民造福。因此,只有官员是良吏,人民才能投桃报李,爱之如父如母。这表明官民互爱关系具有双向性。民爱官的表现,有多种方式,试述如下:

1. 乞而留之,泣而送之

民众爱戴良吏,又为他们的爱民行为而感动。因此在官员离开治地时,民众就会自发地"乞留"或"泣送"。乞留是渴望该良吏继续在当地为官,泣送是官员服从中央调遣,必须离开,辖地之民因爱其为政之善哭而送别。这两种方式,都是辖区之民对爱民之官爱戴心情的直接表露方式。试举史例如次:

东汉会稽太守第五伦,在政清明,深为人民所爱。永平五年(62),"坐法征,老小攀车叩马,啼呼相随,日裁行数里,不得前。伦乃伪止亭舍,阴乘船去。众知,复追之"①。第五伦不是调离其任,而是坐法被征,人民并未因其坐法,而不再表白对他的感戴,可见民众爱其为政甚深。东汉刘宠为会稽太守时,"简除烦苛,禁察非法,郡中大化"。当他被征为将作大匠时,山阴县有五六老叟,庞眉皓发,自若邪山谷间出来,每人以百钱送刘宠。刘宠道:"父老何自苦?"答道:"山谷鄙生,未尝识郡朝。它守时吏发求民间,至夜不绝,或狗吠竟夕,民不得安。自明府下车以来,狗不夜吠,民不见吏。年老遭值圣明,今闻当见弃去,故自扶奉送。"刘宠道:"吾政何能及公言邪?勤苦父老!"只选一大钱受之。②

按政府官员的任用制度,汉朝的地方官员,并没有固定的任职年限,一般是时间越长越好。魏晋南北朝,方有了任职年限。南朝刘宋地方官员的

---

① 《后汉书》卷四一《第五伦传》,第1397页。
② 《后汉书》卷七六《循吏·刘宠传》,第2478页。

任期一般只有三年。可见,汉朝爱民之官,多可与人民建立持久的良好官民关系。而在魏晋南北朝,任期长久者不多,爱民之官数量远非汉朝可比。不过,只要官员有善政,百姓毕竟还是可以很快体验到官员的爱民情结,从而对此官充满热爱之情。因此,这些良吏在任职期间,民众是极为感动的。在任期满调离时,民众感谢的方式和行动就特别突出,希望该良吏能够留任。西汉末年,侯霸迁随宰(即随县县令,王莽改县令为宰)。"县界旷远,滨带江湖,而亡命者多为寇盗。霸到,即案诛豪猾,分捕山贼,县中清静。再迁为执法刺奸,纠案执位者,无所疑惮。后为淮平大尹,政理有能名。"史载:

> 更始元年,遣使征霸,百姓老弱相携号哭,遮使者车,或当道而卧。皆曰:"愿乞侯君复留期年。"民至乃戒乳妇勿得举子,侯君当去,必不能全。使者虑霸就征,临淮必乱,不敢授玺书,具以状闻。会更始败,道路不通。①

又如:

东晋吴郡守邓攸,"在郡刑政清明,百姓欢悦"。后称疾去职,"百姓诣台乞留一岁"②。

南齐永嘉太守范述曾,为政清平,"始之郡,不将家属,及还,吏无荷担者。民无老少,皆出拜辞,号哭闻于数十里"③。

梁朝山阴令丘仲孚,"长于拨烦,善适权变,吏民敬服,号称神明,治为天下第一"。"后迁豫章内史,在郡更励清节。顷之,卒。"史称:"仲孚丧将还,豫章老幼号哭举送,车轮不得前。"④

梁朝始新令傅岐,在任时,"县人有因斗相殴而死,死家诉郡,郡录其仇人,考掠备至,终不引咎。郡乃移狱于县,岐即令脱械,以和言问之,便即首服。法当偿死,会冬节至,岐乃放其还家。狱曹掾固争曰:'古者有此,今不可行。'岐曰:'其若负信,县令当坐。'竟如期而反。太守深相叹异,遽以状

---

① 《后汉书》卷二六《侯霸传》,第901页。
② 《晋书》卷九十《良吏·邓攸传》,第2340页。
③ 《梁书》卷五三《良吏·范述曾传》,第770页。
④ 《梁书》卷五三《良吏·丘仲孚传》,第772页。

闻。岐后去县,人无老少皆出境拜送,号哭闻数十里"①。

北魏傅竖眼,在蜀任官,"不营产业,衣食之外,俸禄粟帛皆以飨赐夷首,赈恤士卒。抚蜀人以恩信为本,保境安民,不以小利侵窃。有掠蜀民入境者,皆移送还本土。捡勒部下,守宰肃然"。离职时,"益州民追随恋泣者数百里"②。

北齐清河太守宋世良,在任时"郡东南有曲堤,成公一姓阻而居之,群盗多萃于此。人为之语曰:'宁度东吴、会稽,不历成公曲堤。'世良施八条之制,盗奔他境。民又谣曰:'曲堤虽险贼何益,但有宋公自屏迹。'后齐天保中大赦,郡先无一囚,群吏拜诏而已。狱内菵生,桃树、蓬蒿亦满。每日衙门虚寂,无复诉讼者。及代至,倾城祖道。有老人丁金刚泣而前,谢曰:'己年九十。记三十五政,君非唯善治,清亦彻底。今失贤君,民何济矣。'莫不攀援涕泣"③。

北齐信州刺史袁聿修,"为政清靖,不言而治,长吏以下,爱逮鳏寡孤幼,皆得其欢心。武平初,御史普出过诣诸州,梁、郑、兖、豫疆境连接,州之四面,悉有举劾,御史竟不到信州,其见知如此。及解代还京,民庶道俗,追别满道,或将酒脯,涕泣留连,竟欲远送。既盛暑,恐其劳弊,往往为之驻马,随举一酹,示领其意,辞谢令还。还京后,州民郑播宗等七百余人请为立碑,敛缣布数百匹,托中书侍郎李德林为文以纪功德"④。

北齐济北太守崔伯谦,改鞭用熟皮鞭打犯人,不忍见血,示耻而已。史载:

> 有朝贵行过郡境,问人太守治政何如。对曰:"府君恩化,古者所无。因诵民为歌曰:'崔府君,能治政,易鞭鞭,布威德,民无争。'"客曰:"既称恩化,何由复威?"曰:"长吏惮威,民庶蒙惠。"征

---

① 《南史》卷七十《循吏·傅琰附子岐传》,第1708页。
② 《魏书》卷七十《傅竖眼传》,第1558页。
③ 《北齐书》卷四六《循吏·宋世良传》,第639页。
④ 《北齐书》卷四二《袁聿修传》,第565页。

赴邺,百姓号泣遮道。①

北周郭彦,"孝闵帝践祚,出为澧州刺史。蛮左生梗,未遵朝宪。至于赋税,违命者多。聚散无恒,不营农业。彦劝以耕稼,禁共游猎,民皆务本,家有余粮。亡命之徒,咸从赋役。先是以澧州粮储乏少,每令荆州递送。自彦莅职,仓庾充实,无复转输之劳"。"及秩满还朝,民吏号泣送彦二百余里。"②

隋朝长葛令房彦谦,在任甚有惠化,百姓号为慈父。仁寿中,超授鄀州司马。"吏民号哭相谓曰:'房明府今去,吾属何用生为!'其后百姓思之,立碑颂德。鄀州久无刺史,州务皆归彦谦,名有异政。"③

隋人王仁恭,炀帝嗣位时,为汲郡太守,后"迁信都太守,汲郡吏民扣马号哭于道,数日不得出境"④。

2. 上书中央,请求留任

官员受民所爱,及其离职,人民或上书中央,或直接前去官府,请求政府留任他们所爱之官员,或者还有其他表达爱戴此官的想法。由此可见,小民对官员的爱恨心理,一则多可直接表达,二则,中央政府也允许小民向他们表达心愿。史载:

东汉会稽太守第五伦,因罪被征回,"及诣廷尉,吏民上书守阙者千余人"⑤。

三国曹魏天水太守鲁芝,后迁广平太守,"天水夷夏慕德,老幼赴阙献书,乞留芝。魏明帝许焉"⑥。

北魏清河内史杜纂,"正光末,清河人房通等三百人颂纂德政,乞重临郡。诏许之"⑦。

---

① 《北齐书》卷四六《循吏·崔伯谦传》,第642页。
② 《周书》卷三七《郭彦传》,第667页。
③ 《隋书》卷六六《房彦谦传》,第1562—1563页。
④ 《隋书》卷六五《王仁恭传》,第1535页。
⑤ 《后汉书》卷四一《第五伦传》,第1397页。
⑥ 《晋书》卷九十《良吏·鲁芝传》,第2328页。
⑦ 《魏书》卷八八《良吏·杜纂传》,第1906页。

北齐东郡太守孟业,以宽惠著名。河清三年(564),"敕人间养驴,催买甚切。业曰:'吾既为人父母,岂可坐看此急。令宜权出库钱,贷人取办,后日有罪,吾自当之。'后为宪司所劾。被摄之日,郡人皆泣而随之,迭相吊慰。送业度关者,有数百人,至黎阳郡西,方得辞决,攀援号哭,悲动行路。诣阙诉冤者非一人,敕乃放还。郡中父老,扣河迎接"①。

唐朝桂州都督王晙,在任时,州旧有屯兵,"常运衡、永等州粮以馈之,晙始改筑罗郭,奏罢屯兵及转运。又堰江水,开屯田数千顷,百姓赖之。寻上疏请归乡拜墓,州人诣阙请留晙,乃下敕曰'彼州往缘寇盗,户口凋残,委任失材,乃令至此。卿处事强济,远迩宁静,筑城务农,利益已广,隐括绥缉,复业者多。宜须政成,安此黎庶,百姓又有表请,不须来也'"②。

3. 建立庙祠,祭祀如亲(附号哭奔丧)

立庙建祠是民众纪念所爱之官的一种重要方式。这种方式比立碑更为隆重。因立碑的花费,远比立祠的花费为小,只要有石,加以刻字树立即可成之。而建祠或建庙却要大兴土木,并需要塑像。再者,刻字立碑是传播事迹的重要方式,碑成后不需要人们再做其他之事。而祠建成后却需要人们年年祭祀。因此,碑之建立,可能会出现作假的成分,而祠的建立,却来不得半点的虚假。西门豹死后,邺地百姓建祠纪念他,成为重要的习俗。一直到十六国时,当地人民纪念他的活动仍然在进行。其后历代,人们对所爱之官,也时有立祠纪念的。试举史例如下:

西汉栾布,历政燕、齐,田叔相鲁多年。及二人死后:"民思其政,或金或社。"所谓"或金或社",李奇注曰:"鲁人爱田叔,死,送之以金。齐贵栾布,为生立社。"③文翁,景帝末,为蜀郡守,仁爱好教化,"终于蜀,吏民为立祠堂,岁时祭祀不绝"④。

东汉王涣,永元十五年(103),从驾南巡,还为洛阳令。"以平正居身,得

---

① 《北史》卷八六《循吏·孟业传》,第2875页。
② 《旧唐书》卷九三《王晙传》,第2985—2986页。
③ 《汉书》卷一〇〇《叙传下》,第4247页。
④ 《汉书》卷八九《循吏·文翁传》,第3627页。

宽猛之宜。其冤嫌久讼,历政所不断,法理所难平者,莫不曲尽情诈,压塞群疑。又能以谲数发擿奸伏。"元兴元年(105),病卒。百姓市道莫不咨嗟。男女老壮皆相与赋敛,致奠酹以千数。涣"丧西归,道经弘农,民庶皆设槃桉于路。吏问其故,咸言平常持米到洛,为卒司所钞,恒亡其半。自王君在事,不见侵枉,故来报恩。其政化怀物如此。民思其德,为立祠安阳亭西,每食辄弦歌而荐之"①。九真太守任延,"视事四年,征诣洛阳,以病稽留,左转睢阳令,九真吏人生为立祠"②。

晋朝建宁令杜轸,治理地方,"导以德政,风化大行,夷夏悦服。秩满将归,群蛮追送,赂遗甚多,轸一无所受,去如初至。又除池阳令,为雍州十一郡最。百姓生为立祠"③。

南朝宋南泰山太守萧承之,在任以爱民著称,元嘉二十四年(447)殂,"梁土民思之,于峨公山立庙祭祀"④。

南朝梁永阳内史伏暅,"在郡清洁,治务安静。郡民何贞秀等一百五十四人诣州言状,湘州刺史以闻。诏勘有十五事为吏民所怀,高祖善之,征为东阳太守。在郡清恪,如永阳时。民赋税不登者,辄以太守田米助之。郡多麻苎,家人乃至无以为绳,其厉志如此。属县始新、遂安、海宁,并同时生为立祠"⑤。

北齐张华原,为兖州刺史时,恩威并重。史载:"至州,乃广布耳目,示以威禁,境内大贼及邻州亡命三百余人,皆诣华原归款。咸抚以恩信,放归田里,于是人怀感附,寇盗寝息。州狱先有系囚千余人,华原科简轻重,随事决遣,至年暮,唯有重罪者数十人。华原各给假五日,曰:'期尽速还也。'囚等曰:'有君如是,何忍背之!'依期毕至。先是,州境数有猛兽为暴,自华原临政,州东北七十里甗山中,忽有六驳食猛兽,咸以为化感所致。卒官,州人大

---

①《后汉书》卷七六《循吏·王涣传》,第3469页。
②《后汉书》卷七六《循吏·任延传》,第2462页。
③《晋书》卷九十《良吏·杜轸传》,第2331页。
④《南齐书》卷一《高帝本纪》,第3页。
⑤《梁书》卷五三《良吏·伏暅传》,第775页。

小莫不号慕,为树碑立祠,四时祭焉。赠司空公、尚书左仆射。"①

又有民爱之官死时,会出现民众号哭奔丧会葬的现象。史载:

晋朝襄城太守曹摅,因其与变民作战,"军败而死,故吏及百姓并奔丧会葬,号哭即路,如赴父母焉"②。

北魏广平太守羊敦,"治有能名,奸吏跼蹐,秋毫无犯。雅性清俭,属岁饥馑,家馈未至,使人外寻陂泽,采藕根而食之。遇有疾苦,家人解衣质米以供之。然其为治,亦尚威严。朝廷以其清白,赐谷一千斛、绢一百匹。兴和初卒,吏民奔哭,莫不悲恸"③。

4. 立碑纪念,昭显嘉行

立碑是百姓爱官的重要表现方式。民众对所爱之官的爱,有纪念的意义,故多有这样的举措。试举史例如下:

南朝梁鄱阳内史陆襄,"在政六年,郡中大治,民李眒等四百二十人诣阙拜表,陈襄德化,求于郡立碑,降敕许之"④。吴兴太守夏侯亶,"在郡复有惠政,吏民图其像,立碑颂美焉。普通三年,入为散骑常侍,领右骁骑将军。转太府卿,常侍如故。以公事免,未几,优诏复职。五年,迁中护军"。六年,大举北伐,"以亶为使持节、都督豫州缘淮南豫霍义定五州诸军事、云麾将军、豫南豫二州刺史。寿春久罹兵荒,百姓多流散,亶轻刑薄赋,务农省役,顷之民户充复"。大通三年(529),卒于州镇。"州民夏侯简等五百人表请为亶立碑置祠,诏许之。"⑤衡州刺史兰钦,"在州有惠政,吏民诣阙请立碑颂德,诏许焉。征为散骑常侍、左卫将军,寻改授散骑常侍、安南将军、广州刺史"⑥。谢举,普通六年(525),"出为仁威将军、晋陵太守。在郡清静,百姓化其德,境内肃然"。"罢郡还,吏民诣阙请立碑,诏许之。"⑦雍州刺史萧恭,"至州,政

---

①《北史》卷八六《循吏·张华原传》,第2873页。
②《晋书》卷九十《良吏·曹摅传》,第2335页。
③《魏书》卷八八《良吏·羊敦传》,第1912页。
④《梁书》卷二七《陆襄传》,第410页。
⑤《梁书》卷二八《夏侯亶传》,第419—420页。
⑥《梁书》卷三二《兰钦传》,第467页。
⑦《梁书》卷三七《谢举传》,第530页。

绩有声,百姓请于城南立碑颂德,诏许焉,名为政德碑"①。

南朝陈晋陵太守王劢,"在郡甚有威惠,郡人表请立碑,颂勋政绩,诏许之"②。南朝陈丰州刺史郑万顷,"在州甚有惠政,吏民表请立碑,诏许焉"③。

北魏济阴太守魏悦,在任关心民之疾苦,"吏民立碑颂德"④。东魏北齐封隆之,"元象初,除冀州刺史,寻加开府。时初召募勇果,都督宇八、高法雄、封子元等不愿远戍,聚众为乱。隆之率州军破平之。兴和元年,复征为侍中"。史称:"隆之素得乡里人情,频为本州,留心抚字,吏民追思,立碑颂德。"⑤恒农太守刘道斌,"修立学馆,建孔子庙堂,图画形像。去郡之后,民故追思之,乃复画道斌形于孔子像之西而拜谒焉"⑥。平鉴,历牧八州,"所在为吏所思,立碑颂德"⑦。清河太守辛术,"政有能名。追授并州长史。遭父忧去职"。"清河父老数百人诣阙请立碑颂德。"⑧

北齐赫连子悦,本为胡人,任郑州刺史时,逢新经河清大水,民多逃散。赫连子悦"亲加恤隐,户口益增,治为天下之最。入为都官尚书,郑州民八百余请立碑颂德,有诏许焉"⑨。

北周宇文宪,"武成初,除益州总管、益宁巴泸等二十四州诸军事、益州刺史"。"善于抚绥,留心政术,辞讼辐凑,听受不疲。蜀人怀之,共立碑颂德。"⑩权景宣,为南阳郡守。"郡邻敌境,旧制,发民守防三十五处,多废农桑,而奸宄犹作。景宣至,并除之,唯修起城楼,多备器械,寇盗敛迹,民得肆

---

① 《南史》卷五二《梁宗室下·南平元襄王伟附王恭传》,第1293页。
② 《陈书》卷一七《王通附弟劢传》,第239页。
③ 《陈书》卷一四《南康愍王昙朗附郑万顷传》,第214页。
④ 《魏书》卷九二《列女·魏溥妻房氏传》,第1979页。
⑤ 《北齐书》卷二一《封隆之传》,第303页。
⑥ 《魏书》卷七九《刘道斌传》,第1758页。
⑦ 《北齐书》卷二六《平鉴传》,第372页。
⑧ 《北齐书》卷三八《辛术传》,第501页。
⑨ 《北齐书》卷四十《赫连子悦传》,第530页。
⑩ 《周书》卷一二《齐炀王宪传》,第188页。

业。百姓称之,立碑颂德。太祖特赏其粟帛,以旌其能"①。尉迟迥,平蜀之后,任益州刺史。及其离任,"蜀人思之,立碑颂德"②。

隋朝魏州刺史杨文思,甚有惠政。及去职,吏民思之,为立碑颂德。瀛州刺史侯莫陈颖,甚有惠政。"在职数年,坐与秦王俊交通免官。百姓将送者,莫不流涕,因相与立碑,颂颖清德。"③令狐熙,拜沧州刺史。"时山东承齐之弊,户口簿籍类不以实。熙晓谕之,令自归首,至者一万户。在职数年,风教大洽,称为良二千石。开皇四年,上幸洛阳,熙来朝,吏民恐其迁易,悲泣于道。及熙复还,百姓出境迎谒,欢叫盈路……八年,徙为河北道行台度支尚书,吏民追思,相与立碑颂德。及行台废,授并州总管司马。"④周罗睺,为使持节、都督豫章十郡诸军事、豫章内史。"狱讼庭决,不关吏手。民怀其惠,立碑颂德焉。"⑤

唐朝刘德威,贞观初,历大理、太仆二卿,加金紫光禄大夫。"俄出为绵州刺史,以廉平著称,百姓为之立碑。寻检校益州大都督府长史。"⑥王晙,景龙末,累转为桂州都督。因多有善政,"州人立碑以颂其政"⑦。姚崇,任扬州长史、淮南按察使,为政简肃,"人吏立碑纪德"⑧。苗晋卿,宽厚廉谨,为政举大纲,不问小过,曾任魏郡太守,所到有惠化。"魏人思之,为立碑颂德。"⑨令狐绪,唐宣宗时,以荫授官,历随、寿、汝三郡刺史。"在汝州日,有能政,郡人请立碑颂德。"⑩孙成,信州刺史,有惠政,"郡人请立碑颂德,优诏褒美"⑪。

---

① 《周书》卷二八《权景宣传》,第 478 页。
② 《周书》卷二一《尉迟迥传》,第 351 页。
③ 《隋书》卷五五《侯莫陈颖传》,第 1381 页。
④ 《隋书》卷五六《令狐熙传》,第 1385—1386 页。
⑤ 《隋书》卷六五《周罗睺传》,第 1524 页。
⑥ 《旧唐书》卷七七《刘德威传》,第 2676 页。
⑦ 《旧唐书》卷九三《王晙传》,第 2986 页。
⑧ 《旧唐书》卷九六《姚崇传》,第 3023 页。
⑨ 《旧唐书》卷一一三《苗晋卿传》,第 3351 页。
⑩ 《旧唐书》卷一七二《令狐楚附子绪传》,第 4465 页。
⑪ 《旧唐书》卷一九〇中《文苑·孙成附孙逖传》,第 5045 页。

崔纵,蓝田令,在任德化大行,县人立碑颂德。① 韦抗,景云初,为永昌令,"辇
毂繁要,抗不事威刑而治,前令无及者"。"迁右御史台中丞,邑民诣阙留,不
听,乃立碑著其惠。"②高智周,补费县令,与丞、尉均分俸钱,"政化大行,人吏
刊石以颂之"③。后授寿州刺史,政存宽惠,百姓安之。崔隐甫,开元九年
(721)任太原尹,"人吏刊石颂其美政"④。

汉代兴起的立碑纪念风气,在魏晋时期,一度受到政府的严厉干涉。
《宋书·礼志》载:

> 汉以后,天下送死奢靡,多作石室、石兽、碑铭等物。建安十
> 年,魏武帝以天下雕弊,下令不得厚葬,又禁立碑。魏高贵乡公甘
> 露二年,大将军参军太原王伦卒,伦兄俊作《表德论》,以述伦遗美,
> 云"祗畏王典,不得为铭,乃撰录行事,就刊于墓之阴云尔"。此则
> 碑禁尚严也。此后复弛替。⑤

晋武帝咸宁四年(278),下诏曰:"此石兽碑表,既私褒美,兴长虚伪,伤
财害人,莫大于此。一禁断之。其犯者虽会赦令,皆当毁坏。"至元帝大兴元
年(318),有司奏曰:"故骠骑府主簿故恩营葬旧君顾荣,求立碑。"诏特听立。
自是后,禁又渐颓。大臣长吏,人皆私立。东晋义熙初,裴松之为,后吴兴故
鄣令入为尚书祠部郎。以世立私碑,有乖事实,上表要求禁止民间随意立
碑,由是并断。⑥ 看来,民间私立碑文,多有歌颂虚美之语,已严重影响了国
家评价人物的话语之权。因此,政府干涉私人立碑,实际上是对民间私人宣
传美化的否定,它表明政府要控制全国人民的宣传系统,并进而掌控社会评
价体系。南朝梁宗室萧明,梁简文帝萧纲之孙,萧懿之子,封贞阳侯。太清
元年(547),为豫州刺史,百姓诣阙拜表,言其德政,树碑于州门内。史载:

---

① 《新唐书》卷一二〇《崔玄暐附崔纵传》,第4319页。
② 《新唐书》卷一二二《韦安石附韦抗传》,第4360页。
③ 《旧唐书》卷一八五上《良吏·高智周传》,第4792页。
④ 《旧唐书》卷一八五上《良吏·崔隐甫传》,第4821页。
⑤ 《宋书》卷一五《礼志二》,第407页。
⑥ 《宋书》卷六四《裴松之传》,第1699页。

"及碑匠采石出自肥陵,明乃广营厨帐,多召人物,躬自率领牵至州。识者笑之,曰:'王自立碑,非州人也。'"①

因为碑文频现虚美,政府就下令禁止私人立碑。政府禁碑的原因在于,政府要保护其意识形态的传播大权,当然不允许私人制造虚假的个人事迹。不过,经过政府的批准,可以有立碑特例。这就使得有些受到人民爱戴的官员,经所辖之地的基层人民的请求,在皇帝批准后,得以立碑(非墓碑)而彰显功德。

5. 歌谣颂赞,或加美称

歌颂,本义就是用歌声传播事迹。歌谣颂之,是人民对官员的喜爱的表达方式之一。歌谣的形式,有强烈的韵律,易于记诵,因此,歌谣颂之,记忆方便,以表达人民心中的恩爱情感。《诗经》中有不少诗就是对爱民英雄的歌颂。《公刘》一诗,为周民对其祖先公刘爱民行为的歌颂。与歌谣密切相关者,是百姓加其美号,这也是人民对所爱官员的赞扬方式之一。基层人民用这两种方式表达他们对良吏爱戴之情的事例甚多。试举例如下:

西汉京兆尹赵广汉,威制豪强,小民得职。史称:"百姓追思,歌之至今。"②所谓"至今",是指班固撰写《汉书》之时。赵广汉生年不详,卒于公元前65年。班固撰写《汉书》在东汉建初七年(82),可知赵广汉的事迹,已为人民歌颂150年左右了。召信臣,吏民对他亲爱有加,"号之曰召父"③。这是以对待至亲的情分来对待所爱的官员。

东汉顺阳长刘陶,在任除暴安良,大得民心。史载,当时县中恶徒甚多。刘陶宣募吏民有气力勇猛,能以死易生者,"覆案奸轨,所发若神",使所辖县治安甚佳。后因病免职,当地吏民思而歌之曰"邑然不乐,思我刘君。何时复来,安此下民"④。鲍德,累官为南阳太守。"时岁多荒灾,唯南阳丰穰,吏

---

① 《南史》卷五一《梁宗室上·长沙宣武王萧懿附萧明传》,第1271页。
② 《汉书》卷七六《赵广汉传》,第3206页。
③ 《汉书》卷八九《循吏·召信臣传》,第3642页。
④ 《后汉书》卷五七《刘陶传》,第1848页。

人爱悦,号为神父。"①

西晋都督荆州诸军事、假节、散骑常侍,卫将军羊祜,为镇襄阳,有善政。及其卒,逢南州人征市日,莫不号恸罢市,巷哭者声相接,吴守边将士亦为之泣。襄阳百姓于岘山祜平生游憩之所建碑立庙,岁时飨祭。望其碑者,莫不流涕,杜预因名为"坠泪碑"。"荆州人为祜讳名,屋室皆以门为称,改户曹为辞曹焉。"②

东晋邓攸,"时吴郡阙守,人多欲之,帝以授攸。攸载米之郡,俸禄无所受,唯饮吴水而已。时郡中大饥,攸表振贷,未报,乃辄开仓救之"。"攸在郡刑政清明,百姓欢悦,为中兴良守。后称疾去职。郡常有送迎钱数百万,攸去郡,不受一钱。百姓数千人留牵攸船,不得进,攸乃小停,夜中发去。吴人歌之曰:'紞如打五鼓,鸡鸣天欲曙。邓侯挽不留,谢令推不去。'"③隆虑、共二县令乔智明,为政清明,"二县爱之,号为'神君'"④。

南朝梁陆襄,鄱阳内史。"时邻郡豫章、安成等守宰,案治党与,因求贿货,皆不得其实,或有善人尽室离祸,惟襄郡部枉直无滥。民作歌曰:'鲜于平后善恶分,民无枉死,赖有陆君。'又有彭、李二家,先因忿诤,遂相诬告,襄引入内室,不加责诮,但和言解喻之,二人感恩,深自咎悔,乃为设酒食,令其尽欢,酒罢,同载而还,因相亲厚。民又歌曰:'陆君政,无怨家,斗既罢,仇共车。'"⑤

隋朝樊叔略,高祖受禅,加位上大将军,进爵安定郡公。"在州数年,甚有声誉。邺都俗薄,号曰难化,朝廷以叔略所在著称,迁相州刺史,政为当时第一。"百姓为之语曰:"智无穷,清乡公。上下正,樊安定。"征拜司农卿,"吏人莫不流涕,相与立碑,颂其德政"⑥。

---

① 《后汉书》卷二九《鲍永附鲍德传》,第1023页。
② 《晋书》卷三四《羊祜传》,第1022页。
③ 《晋书》卷九十《良吏·邓攸传》,第2339—2340页。
④ 《晋书》卷九十《良吏·乔智明传》,第2337页。
⑤ 《梁书》卷二七《陆襄传》,第410页。
⑥ 《隋书》卷七三《循吏·樊叔略传》,第1677页。

辛公义，任岷州刺史，因改变土俗畏病，"一人有疾，即合家避之，父子夫妻不相看养"，造成病者多死风俗，救活多人，当地风俗遂革，"合境之内呼为慈母"①。刘旷，开皇初，为平乡令，单骑之官。"人有诤讼者，辄丁宁晓以义理，不加绳劾，各自引咎而去。所得俸禄，赈施穷乏。百姓感其德化，更相笃励，曰：'有君如此，何得为非！'在职七年，风教大洽，狱中无系囚，争讼绝息，囹圄尽皆生草，庭可张罗。及去官，吏人无少长，号泣于路，将送数百里不绝。迁为临颍令，清名善政，为天下第一。尚书左仆射高颎言其状，上召之，及引见，劳之曰：'天下县令固多矣，卿能独异于众，良足美也！'顾谓侍臣曰：'若不殊奖，何以为劝！'于是下优诏，擢拜莒州刺史。"②

唐朝李桐客，贞观初，累迁通、巴二州，所在清平流誉，"百姓呼为慈父"③。薛大鼎，贞观中，累转沧州刺史。"州界有无棣河，隋末填废，大鼎奏开之，引鱼盐于海。"百姓歌之曰："新河得通舟楫利，直达沧海盐鱼至。昔日徒行今骋驷，美哉薛公德滂被。"④贾敦颐、敦实兄弟，敦颐为洛州刺史，敦实贞观中为饶阳令，政化清静，老幼怀之。史称"百姓共树碑于大市通衢，及敦实去职，复刻石颂美"⑤。田仁会，永徽二年（651），授平州刺史，劝学务农，称为善政。"转郢州刺史，属时旱，仁会自曝祈祷，竟获甘泽。其年大熟，百姓歌曰：'父母育我田使君，精诚为人上天闻。田中致雨山出云，仓廪既实礼义申。但愿常在不患贫。'"⑥

此外，还有人民爱戴官员，及产子以官员之名命其子以示纪念者。如：《太平御览》卷三六二载《孟宗别传》曰：三国吴"孟宗为豫章太守，民思其惠，路有行歌，故时之生子者，多以孟为名"。《江祚别传》曰："祚为南安太守，民

---

① 《隋书》卷七三《循吏·辛公义传》，第1682页。
② 《隋书》卷七三《循吏·刘旷传》，第1685页。
③ 《旧唐书》卷一八五上《良吏·李桐客传》，第4785页。
④ 《旧唐书》卷一八五上《良吏·薛大鼎传》，第4788页。
⑤ 《旧唐书》卷一八五上《良吏·贾敦颐传》，第4789页。
⑥ 《旧唐书》卷一八五上《良吏·田仁会传》，第4793页。

思其德,生子多以为名字。"①

总之。对于爱民之官,民之报以诚挚之爱,以多种方式,表达出他们的思想感情,体现出普通人民感恩戴德之天然之性,使专制社会下官民关系呈现出一种相对的和谐气氛。

四、官员考核机构与考课标准

显然,官爱民之行为会得到民众更为强烈的爱戴,这是一个统一体。官民互爱,对于政府来说,是令君主高兴的事情。政府对官员爱民的行为,多有奖励政策和措施。

总的看来,各个时期政府对爱民之官的奖励措施,一般不会仅用一种方式,而是采取了综合奖励的办法,或者是物质奖励与精神奖励相配合;或者是职位奖励与精神奖励相配合,以达到最佳的表彰效果。也就是说,让这些爱民与民爱之官既能得到物质的奖励,又可得到精神的快乐。既能让其升迁,也能让其更好地发扬爱民的精神。对官员政务优异者,尤其是受到民众热爱官员的奖励,自汉代开始,各朝政府都有一套较为完善的制度。

1. 主管机构

君主是国家的最高领导人,因此,对官员的奖惩,最后的决定权非君主莫属。但是,并非每位君主都可行使这种权力。原因是,有时君主是未成年人,其权力为太后或顾命大臣所掌握;有时君主能力平庸,权力为君主身边之人所掌握;有时君主的权力为权臣或宦官所掌握。因此,君主对官员惩治权力的使用,要做具体的分析。不过,对官员奖惩的具体操作过程,君主不可能亲自参与,这样的工作,由中央到地方的几个机构共同完成。

总的来说,西汉是以"三公"为政府的首脑。丞相总领百官,无所不管,决定地方官的任免调动等人事大权。御史大夫是副丞相,主管监察,同时辅佐丞相。对地方官员的考课安排和结果,都要汇报到丞相府中。

---

① [宋]李昉:《太平御览》卷三六二《人事部三·姓名》,河北教育出版社,1996年,第25页。

具体来说,汉朝中央对地方官员的考察,主要通过三种手段进行。第一种是上计制度。即地方官每年十月都要派遣上计吏到长安汇报辖区一年的全部工作情况——经济、人口、治安等。第二种是汉武帝时采取的刺史制度。这种制度,主要是对地方官员进行监察,防止地方官员为非作歹。说白了,主要不是搜集地方官员为民做的善事,而是搜集他们是否做了非法的事情。当然,对地方官员的善行,也要进行考察。第三种是皇帝的巡行。皇帝巡行的目的较多,但是对地方官的考察是其巡察中的重要内容。此外,来自民间自下而上的汇报,也是中央搜集地方官员信息的重要渠道。吏民的上书或求见,一般都会得到政府的重视。

东汉时期,"三公"的权力受到严重的削弱,尚书台的权力迅速扩大。丞相虽然还是百官之长,但是,尚书台的事务大量增加,因此,用人权和对官员的奖惩权转移到尚书台中,当然,"三公"的权力并未完全被剥夺,毕竟他们从形式上依然是政府中除了皇帝之外,最高的首脑人物。

三国时期,中国进入分裂状态,魏、蜀、吴三个政权对官员的治理,都相当重视,奖惩较严。从奖励上来说,物质的奖励,因为受国家财富的影响,魏国较蜀汉为多。蜀汉在三国中,经济实力最弱,故物质财富方面的奖励,不能与魏相比。吴国政府,有私兵制度的存在,政府中的地方官员,兼军职者,常有自己的私兵,在官员与民众关系上,少有爱民之官的出现。曹魏的尚书省成为全国的行政机构,其中五曹尚书之一的吏部尚书主管考课。

两晋延续了曹魏考课制度,尚书台主管官员的考课及升降任免。东晋因处于乱世,考课情况并不十分清晰。

南朝一般把考课归于都官尚书而非吏部尚书,具体原因可见王东洋的相关论述。①

北魏到孝文帝改革后,吏部尚书主管考课事项。在孝文帝一朝,对地方官员与基层人民关系考察甚严,有不少官员因为贪污害民而受到严惩。

---

① 王东洋:《魏晋南北朝考课制度研究》,社会科学文献出版社,2009 年,第 108—109 页。

北齐与北周的考课制度继承于北魏,但考课的具体情况有所不同。北齐政治一度十分黑暗,谈不上有好的考课制度;北周经过改革,重视吏治,对官员的素质要求高,因此,从史书所载来看,北周官员贪污受贿者甚少。

隋唐时期,三省六部制度已经全面建立起来,但隋立国时间过于短促,在此不作介绍。隋的官制为唐所继承,唐代对官员的奖惩机构,有这样一些部门联系完成。三省的长官都是宰相,而六部中,吏部是直接管理官员的部门,并成为六部之首,主管官员的考课升降诸务。因此,除了皇帝之外,三省与六部中的吏部,是对官员进行奖励的主管机构。

唐以后各朝对官吏考核的机构,总体方向是趋于严密。此不赘述。

2. 考课标准

对地方官员爱民行为的奖励标准,自汉朝开始,各个朝代都建立了一套较为严密的制度体系。

当然,考绩为最者,未必都能受到下层人民的热爱。但是,受到下层社会人民拥戴的官员,多会受到政府的奖励。说明地方人民的拥戴,是政府奖励官员的重要标准之一。也就是说,官员为民所爱,是政府考课的标准之一,而非唯一标准。显然,政府对官员的考课,涉及官员行政的方方面面。

汉代每年都要对官吏政绩进行一次考核,武帝以前,期限是从上年十月到本年九月,"其考课方式包括下级的汇报和上级的循行,兼以对所汇报簿籍的核验,层层监督,非常严密。每一阶段、每一环节的功过得失,都要及时查明,并记录在案,作为考评的依据,绝非仅仅在年终考查一次,就草草做出评断"[①]。

魏晋南北朝时期,虽然政治多有动荡,但是政府还是注意考课制度的建设。两晋官吏任期为六年,但仍为三载考绩。南朝情况类似两晋,因政治动荡频繁,皇帝心思为政治事件所扰,加之士族把持朝政,故考绩效果不佳。北魏前期考绩制度未能好好建设,到孝文帝改革时,才制定出严格的考绩制度。因此,官员的升迁出现了"平迁"与"超迁"两种,任上获得佳绩时,还有多种奖赏。

---

① 于振波:《汉代官吏的考课时间与方式》,《北京大学学报》1994年第5期。

唐朝规定:"凡考课之法,有四善:一曰德义有闻,二曰清慎明著,三曰公平可称,四曰恪勤匪懈。"①唐朝根据官员考绩,对于考第,进退一等都有相应的奖惩,中中者守本禄,考绩在中上以上,每进一等,加禄一季,中下以下,每退一等,夺禄一季,如果是私罪下中以下,公罪下下,全解见任,夺当年禄,追告身,一年后听依本品叙。也就是说,四年皆考中中,可以进一阶,提高散官品阶,如有中上以上考,可累加进阶。如果"计当进而参有下考者,以一中上覆一中下,以一上下覆二中下。上中以上,虽有下考,从上第。有下下考者,解任"②。规定对官员一年一小考,四年一大考。

总之,各个时期的考课标准,以全部食禄官员为考课对象,由于在考课之时,时严时松,故虽然标准明确,但考课的结论却不尽相同。

五、政府对爱民官员的奖励方式

汉魏隋唐时期,政府对爱民之官的奖励,分为物质奖励、精神奖励、职位或爵位奖励多种形式。当然,政府对爱民之官的奖励,一般为多种奖励方式混用,以显示政府的重视程度,并实现奖励的示范性价值。下面只是为了研究的方便,才对奖励形式进行了分类。

1. 物质奖励

两汉政府对官员身行俭约、轻财重义的行为已多有奖励措施。汉平帝元始中下诏曰:"汉兴以来,股肱在位,身行俭约,轻财重义,未有若公孙弘者也……其赐弘后子孙之次见为适者,爵关内侯,食邑三百户。"③

西汉尹翁归,清洁自守,"元康四年病卒。家无余财"。昭帝诏御史:"其赐翁归子黄金百斤,以奉其祭祠。"④汉政府对这种官员的物质奖励主要是赐钱、赐爵和食邑。

东汉天水太守樊晔,为政严猛,爱申、韩法,善恶立断。"人有犯其禁者,

---

① 《旧唐书》卷四三《职官二》,第1823页。
② 《新唐书》卷四六《百官志》,第1192页。
③ 《汉书》卷五八《公孙弘传》,第2624页。
④ 《汉书》卷七六《尹翁归传》,第3209页。

率不生出狱,吏人及羌胡畏之。道不拾遗。行旅至夜,聚衣装道傍,曰:'以付樊公。'凉州为之歌曰:'游子常苦贫,力子天所富。宁见乳虎穴,不入冀府寺。大笑期必死,忿怒或见置。嗟我樊府君,安可再遭值!'"永平中,显宗追思晔在天水时政能,以为后人莫之及,诏赐家钱百万。①

南朝刘宋始兴太守徐豁,在郡著绩,太祖嘉之,下诏曰:"始兴太守豁,洁己退食,恪居在官,政事修理,惠泽沾被。近岭南荒弊,郡境尤甚,拯恤有方,济厥饥馑,虽古之良守,蔑以尚焉。宜蒙褒贲,以旌清绩,可赐绢二百匹,谷千斛。"元嘉五年(428),以为持节、督广交二州诸军事、宁远将军、平越中郎将、广州刺史。未拜,卒,时年五十一。太祖又下诏曰:"豁廉清勤恪,著称所司,故擢授南服,申其才志。不幸丧殒,朕甚悼之。可赐钱十万,布百匹,以营葬事。"②

又,刘宋元嘉初,宋文帝遣大使巡行四方,"兼散骑常侍孔默之、王歆之等上言:'宣威将军、陈南顿二郡太守李元德,清勤均平,奸盗止息。彭城内史魏恭子,廉恪修慎,在公忘私,安约宁俭,久而弥固。前宋县令成浦,治政宽济,遗咏在民。前鲖阳令李熙国,在事有方,民思其政。山桑令何道,自少清廉,白首弥厉。应加褒贲,以劝于后。'乃进元德号宁朔将军,恭子赐绢五十匹,谷五百斛,浦、熙国、道各赐绢三十匹,谷二百斛"③。

隋朝岐州刺史梁彦光,兼领岐州宫监,甚有惠政。开皇二年(582),"上幸岐州,悦其能,乃下诏曰:'赏以劝善,义兼训物。彦光操履平直,识用凝远,布政岐下,威惠在人,廉慎之誉,闻于天下。三载之后,自当迁陟,恐其匮乏,且宜旌善。可赐粟五百斛,物三百段,御伞一枚,庶使有感朕心,日增其美。四海之内,凡曰官人,慕高山而仰止,闻清风而自励。'未几,又赐钱五万"④。又有齐州别驾赵轨,有能名。在州四年,考绩连最。史载,持节使者

---

① 《后汉书》卷七七《樊晔传》,第2491页。
② 《宋书》卷九二《良吏·徐豁传》,第2267页。
③ 《宋书》卷九二《良吏·江秉之附王歆之传》,第2270页。
④ 《隋书》卷七三《循吏·梁彦光传》,第1675页。

邵阳公梁子恭状上,"高祖嘉之,赐物三百段,米三百石,征轨入朝"①。

自汉以后,物质奖励的内容发生了较大的变化。汉代对爱民之官的物质奖励最重,多有黄金重奖,而随着后代黄金数量减少,物质奖励中已少有黄金了,谷物与绸缎则成为重要的奖励物资。

对于忠清的官员,即使其业已弃世,朝廷的奖励还会追加在其子孙身上,表明政府对良吏的重视,延及后人。曹魏嘉平六年(254),朝廷追思清节之士,齐王芳下诏曰:"夫显贤表德,圣王所重;举善而教,仲尼所美。故司空徐邈、征东将军胡质、卫尉田豫皆服职前朝,历事四世,出统戎马,入赞庶政,忠清在公,忧国忘私,不营产业,身没之后,家无余财,朕甚嘉之。其赐邈等家谷二千斛,钱三十万,布告天下。"②晋武帝在咸宁元年(275),"以故邺令夏谡有清称,赐谷百斛"③。良吏吴隐之,迁晋陵太守后,"在郡清俭,妻自负薪"。"清操不渝,屡被褒饰,致事及于身没,常蒙优锡显赠,廉士以为荣。"④

2. 精神奖励

单纯的精神奖励少有存在,一般都是与物质奖励或职务升迁奖励联合使用。精神的奖励,包括君主下诏进行书面宣传奖励,也包括加以名号。在名号之中,爵位的奖励最为重要——其实是身份提高的象征,与物质待遇的提高密不可分。

对于爱民之官的精神奖励,中央政府选择的方式主要有这样数种:

第一种方式,为下诏进行表彰,并在全国进行宣传。显然,这种方式是最高的精神奖励。

南朝刘宋晋寿太守郭启玄,有清节,卒官。元嘉二十八年(451),宋文帝下诏曰:"故绥远将军、晋寿太守郭启玄,往衔命房庭,秉意不屈,受任白水,尽勤靡懈,公奉私饩,纤毫弗纳,布衣蔬食,饬躬惟俭,故超授显邦,以甄廉绩。而介诚苦节,终始匪贰,身死之日,妻子冻馁,志操殊俗,良可哀悼。可

---

① 《隋书》卷七三《循吏·赵轨传》,第1678页。
② 《三国志》卷二七《魏书·徐邈传》,第740页。
③ 《晋书》卷三《武帝纪》,第64页。
④ 《晋书》卷九十《良吏·吴隐之传》,第2342—2343页。

赐其家谷五百斛。"①

北魏路邕，世宗时，积功劳，除齐州东魏郡太守，有惠政。灵太后诏曰："邕莅政清勤，善绥民俗。比经年俭，郡内饥馑，群庶嗷嗷，将就沟壑，而邕自出家粟，赈赐贫窭，民以获济。虽古之良守，何以尚兹。宜见沾锡，以垂奖劝。可赐龙厩马一区、衣一袭、被褥一具。班宣州镇，咸使闻知。"②

东魏广平太守羊敦，"治有能名。兴和初卒。吏民奔哭，莫不悲恸"③。武定初，齐献武王以敦及中山太守苏淑在官奉法，清约自居，宜见追褒，以厉天下，乃上言请加旌录。诏曰："昔五袴兴谣，两歧致咏，皆由仁覃千里，化洽一邦。故广平太守羊敦、故中山太守苏淑，并器业和隐，干用贞济，善政闻国，清誉在民。方藉良才，遂登高秩，先后凋亡，朝野伤悼。追旌清德，盖惟旧章，可各赏帛一百匹、谷五百斛，班下郡国，咸使闻知。"④

隋朝相州刺史樊叔略，政为当时第一。"上降玺书褒美之，赐物三百段，粟五百石，班示天下。"⑤隋朝的房恭懿，开皇初，吏部尚书苏威荐之，授新丰令，政为三辅之最。上闻而嘉之，赐物四百段，同时又给予其他奖励。史称：

  迁德州司马，在职岁余，卢恺复奏恭懿政为天下之最。上甚异之，复赐百段，因谓诸州朝集使曰："如房恭懿志存体国，爱养我百姓，此乃上天宗庙之所佑助，岂朕寡薄能致之乎！朕即拜为刺史。岂止为一州而已，当令天下模范之，卿等宜师效也。"上又曰："房恭懿所在之处，百姓视之如父母。朕若置之而不赏，上天宗庙其当责我。内外官人宜知我意。"于是下诏曰："德州司马房恭懿出宰百里，毗赞二藩，善政能官，标映伦伍。班条按部，实允金属，委以方岳，声实俱美。可使持节、海州诸军事、海州刺史。"⑥

---

①《宋书》卷九二《良吏·江秉之附郭启玄传》，第2271页。
②《魏书》卷八八《良吏·路邕传》，第1903页。
③《魏书》卷八八《良吏·羊敦传》，第1912页。
④《魏书》卷八八《良吏·羊敦传》，第1913页。
⑤《隋书》卷七三《循吏·樊叔略传》，第1677页。
⑥《隋书》卷七三《循吏·房恭懿传》，第1679页。

第二种方式,为政府同意人民的建碑或祭祀的要求,同时或赐爵,提升其职位。

西汉元始四年(4),"诏书祀百辟卿士有益于民者,蜀郡以文翁、九江以召父应诏书。岁时郡二千石率官属行礼,奉祠信臣冢,而南阳亦为立祠"①。王成为胶东相,治甚有声。宣帝褒之,"其赐成爵关内侯,秩中二千石"②。颍川太守黄霸,因治为天下第一,"征守京兆尹,秩二千石"。后因事贬职,"有诏归颍川太守官,以八百石居治如其前。前后八年,郡中愈治"。皇帝下诏表彰,"赐爵关内侯,黄金百斤,秩中二千石"③。

三国曹魏豫州刺史贾逵,在任期间,对二千石以下阿纵不如法者,皆举奏免之。因此,深得人民所爱。贾充死后,豫州人民怀念他的行为,而皇帝也不时对他加以褒扬。《三国志》本传载:

> 豫州吏民追思之,为刻石立祠。青龙中,帝东征,乘辇入逵祠,诏曰:"昨过项,见贾逵碑像,念之怆然。古人有言,患名之不立,不患年之不长。逵存有忠勋,没而见思,可谓死而不朽者矣。其布告天下,以劝将来。"④

《三国志》本传注引《魏略》曰:

> 甘露二年,车驾东征,屯项,复入逵祠下,诏曰:"逵没有遗爱,历世见祠。追闻风烈,朕甚嘉之。昔先帝东征,亦幸于此,亲发德音,褒扬逵美,徘徊之心,益有慨然! 夫礼贤之义,或扫其坟墓,或修其门闾,所以崇敬也。其扫除祠堂,有穿漏者补治之。"⑤

对于建祠或立碑,魏晋南北朝采取了严格控制的政策,甚至下令禁止。但对于人民集体上书请求为所爱之官建立碑文,皇帝多通过下诏书的形式给予支持。南朝刘宋时,宋武帝永初二年(421)诏曰:"淫祠惑民费财,前典

---

①《汉书》卷八九《循吏·召信臣传》,第3643页。
②《汉书》卷八九《循吏·王成传》,第3627页。
③《汉书》卷八九《循吏·黄霸传》,第3631—3632页。
④《三国志》卷一五《魏书·贾逵传》,第484页。
⑤《三国志》卷一五《魏书·贾逵传》注引《魏略》,第484页。

所绝,可并下在所,除诸房庙。其先贤及以勋德立祠者,不在此例。"①从制度上确定了民众纪念先贤及以勋德立祠者的合法性。在先贤及以勋德立祠者中,不乏人民爱戴的良吏。

3. 职位奖励(附爵位奖励)

擢升其职。除了物质、精神奖励之外,政府也会调任或擢升受民爱戴的官员的职务。调任,主要是把该官调到更需要治理的地区;擢升,主要指政府提高其官职。从各朝政府对官员的管理而言,其宗旨都要求官员爱民如子。因此,官员受到人民爱戴,是其晋升职务的标准之一。而不同时期管理官员的考课、监察,多有一套制度,考课制度侧重于对官员理政行为的奖励或批评,而监察制度侧重于对官员违法犯罪行为的惩治。虽然这些制度在操作过程中,总要掺杂人治的成分,时时受到人为因素的影响而成为具文,但是,这些制度毕竟是衡量官员素养的最佳尺度。

西汉北地太守杜延年,在任时选用良吏,捕击豪强,郡中清静。居岁余,"上使谒者赐延年玺书,黄金二十斤,徙为西河太守,治甚有名"②。颍川太守黄霸,因治名在外,"征守京兆尹,秩二千石",后又征为"太子太傅,迁御史大夫"③。召信臣因治理业绩甚佳,"赐黄金四十斤。迁河南太守,治行常为第一,复数增秩赐金"④。

东汉宋均,永平元年(58)任东海相。"在郡五年,坐法免官,客授颍川。而东海吏民思均恩化,为之作歌,诣阙乞还者数千人。"汉明帝以其有治理能力,于永平七年(64)征拜尚书令,后迁为司隶校尉。⑤

南齐永嘉太守范述曾,在郡励志清白,齐明帝闻下诏褒美,征为游击将军。⑥

---

① 《宋书》卷三《武帝纪下》,第 57 页。
② 《汉书》卷六十《杜周附子延年传》,第 2666 页。
③ 《汉书》卷八九《循吏·黄霸传》,第 3631—3632 页。
④ 《汉书》卷八九《循吏·召信臣传》,第 5642 页。
⑤ 《后汉书》卷四一《宋均传》,第 1413 页。
⑥ 《梁书》卷五三《良吏·范述曾传》,第 770 页。

君主对于地方官吏的擢升,在考课方面,多有具体的制度。《梁书》载梁武帝令:"小县有能,迁为大县;大县有能,迁为二千石。于是山阴令丘仲孚治有异绩,以为长沙内史;武康令何远清公,以为宣城太守。"①山阴令丘仲孚,因治为天下第一,迁豫章内史,在郡更励清节。及卒,梁武帝下诏曰:"豫章内史丘仲孚,重试大邦,责以后效,非直悔吝云亡,实亦政绩克举。不幸殒丧,良以伤恻。可赠给事黄门侍郎。"②

北魏广平太守张恂,治为当时第一,"太祖闻而嘉欢。太宗即位,赐帛三百匹,征拜太中大夫"③。汾州刺史穆罴,因"威化大行,百姓安之。州民李轨、郭及祖等七百余人,诣阙颂罴恩德"。孝文帝以其"政和民悦,增秩延限"④。

隋朝新丰令房恭懿,因政为三辅之最,受到隋文帝嘉奖,赐物四百段。未几,复赐米三百石。"时雍州诸县令每朔朝谒,上见恭懿,必呼至榻前,访以理人之术。苏威重荐之,超授泽州司马,有异绩,赐物百段,良马一匹。"⑤长葛令房彦谦,也因治为天下第一,"超授都州司马"⑥。

4. 奖励民爱之官的特点

汉魏隋唐中央政府对良吏爱民的行为,主要从考课和民意中得到,考课是自上而下的行为,而民意则是自下而上的行为。民意的作用,有时远比考课更显得重要。因为民意常表现为群体性的行为,群体的行为影响巨大,所以皇帝一般都会特加重视。

汉朝的爱民之官,深受皇帝与政府高官的重视,常能从地方调往中央,在中央担任更高的职务。到了魏晋南北朝时期,爱民之官的行为,虽然有助于人民对政府的支持,但是,从政府表彰爱民之官的职务上看,这些官员总

---

① 《梁书》卷五三《良吏传序》,第766页。
② 《梁书》卷五三《良吏·丘仲孚传》,第771—772页。
③ 《魏书》卷八八《良吏·张恂传》,第1900页。
④ 《魏书》卷二七《穆崇附穆罴传》,第666页。
⑤ 《隋书》卷七三《循吏·房恭懿传》,第1649页。
⑥ 《隋书》卷六六《房彦谦传》,第1562页。

体上官位不高,没有在政府中担任重要职务。与汉代地方官员治民有方、得到人民拥护、受到皇帝重用明显不同。由此可见,魏晋南北朝时期的士族制度,不但祸及中央政府,还祸及吏治。

从任期上看,汉代地方官员如太守的任期,并没有固定的期限,一般是越长越好。因此,官员便完全有能力有一个长期的计划,来治理其辖区。而到了魏晋南北朝,官员的任期有了较为明显的限定。官员在一个地方待不了几年就要离开,何来长期的计划?

概言之,汉魏隋唐各朝政府对爱民之官的奖励,显示出以下的特点:

第一,各代对官员爱民行为的奖励,多采取混合式的奖励,在给予物质奖励的同时,也会给予精神的奖励,还可能给予职位或爵位的奖励。因此,单项的奖励几乎并不存在。

第二,汉代最为重视官民的互爱。官员爱民是官员升迁的极为重要的标准。

第三,魏晋南北朝时期虽然在形式上也重视官民互爱的问题,但国家高官位置一般少有地方官员的涉足。因此,爱民之官仅仅依靠其治绩,难以进入中央高官行列。

第四,唐朝时期,政府采取了科举取士的制度,官员的来源与科举密切结合,而爱民之官的治绩虽然也作为重要的升迁条件,但是,其他条件也非常重要,京官的地位远比外放官员优越,因此,唐朝的爱民之官,进入中央为官远非两汉爱民之官容易。

5. 爱民之官的违法受惩与继续为官

汉朝政府对于爱民之官的表彰,并不能代表其政治生涯已有了固定的结局。爱民之官,在得到皇帝的表彰之后,如果违法了国家的法律制度,同样还是会受到国家法律的惩治。而在惩治之后,政府会根据他的才能,在适当的时候,继续任用之。这说明汉朝政府,不会因官员违法犯罪而弃之不用,也不会因官员受到人民的热爱,在违法时就不给予其处罚。可见,政府对民爱之官的表彰与对他们的处罚,泾渭分明。也说明汉朝政府在用人上相当灵活,不会因为官员有过过失而不再使用。如西汉京兆尹赵广汉,因得罪丞相,汉宣帝恶之,下其廷尉狱,"又坐贼杀不辜,鞫狱故不以实,擅斥除骑士乏军兴数罪。天子可其奏"。虽然吏民守阙号泣者数万人,或言:"臣生无益县官,愿代赵京兆死,使得牧养小民。"①但是,皇帝并未听从民意,广汉竟坐腰斩。闻名匈奴的飞将军李广,也有过数次的免官处罚,但是,皇帝在处罚之后,照样起用他带兵。可见,汉朝政府对官员的管理政策,具备了严肃性和灵活性的统一。

从理论上讲,政府采取这种处理问题的方式,源于人无完人的理论。不刻意任用完美之人是古代各朝政府用人的一大特点。这也是儒家思想在政治中的反映。孔子对学生的教育,是因材施教;孔子对人才的评价,是各言其长,各论其短。因此,在汉代,官员爱民,做官做得好,就可受奖;而受奖之后,如果有违法行为,同样还要受罚。不过,官员在执政中如果涉及重罪,政府的惩治会相当严重,也就不存在再起用他们的可能了。

六、官民互爱的意义

官民互爱,并不是一个封闭的系统,而是一个具有多方成员参与的集体性的行为。因此,官民互爱的意义,就不能将其作为不同的独立事件看待之,而应该以联系的方式看待之。我们认为,中国古代的官民互爱,至少具有以下两方面的意义:

1. 构建了官民互爱体系

官民互爱与官民结仇是一个问题的两个方面。

官民互爱是政治管理高度和谐的重要标志。官民互爱的确立,是一对关系的两个方面。在这一对关系中,官员处于主导地位,只有官员爱民,方有人民爱官。因此,官员对民众行为的好坏,决定了人民是否热爱官员。有官员的爱,方有人民的爱。与此同时,政府对官民互爱给予了足够的重视,对官员爱民行为时有奖励,最终形成了三位一体的和谐关系。

汉代官民互爱体系的构建,达到了国家治理人民高度和谐的程度,为后

---

① 《汉书》卷七六《赵广汉传》,第 3205 页。

来各朝树立了光辉典范,成为中国传统政治文化的精华。此后各代官员之爱民与政府对人民所爱之官的奖励,多仿效汉代并有所发展。如三国时期,曹魏的鲁芝曾任天水太守,因多有善政,受到魏明帝的奖励,并迁升其职。

魏晋南北朝时期,随着国家政治的败坏,以及儒家思想的衰落,官民互爱的和谐体系,并未完全建立起来。但是,把爱民作为为官本分的观念,到底还是保留在部分官僚的心中,并延续下去。到了唐朝,官民互爱的体系,因为出现了伟大的君主与众多的杰出人才,而得到了重构和进一步的巩固,从而构建成起中国历史上占有重要地位的官民互爱体系——汉唐官民互爱体系。

具体说来,汉唐官民互爱体系,包括如下的内容:

第一,君主重视民生,关心民生,成为官民互爱的最高表率。君主是政权的最高代表,也是全体国民的代表。汉代皇帝是中国古代官民互爱建构的奠基者和主力军。汉代多位皇帝因为民生艰难而进行自谴,并采取积极的措施改变民生的环境,为汉朝官民互爱体系的建立立下了不朽的功勋。

第二,官员爱民,是其职责所在。官员爱民得到中央政府的高度重视,并受到奖励,表明政府重视吏治,更表明政府代表了人民的利益。

第三,人民感谢爱民之官,是因为爱民之官重视人民的利益,而做了他本来应该做的事。人民爱官,也就是爱这个政府、爱君主的具体体现。

第四,官民互爱,凝聚了国家的向心力,社会出现了真正的和谐。

这四项标准,有时不能完全达到。原因在于:第一,君主爱民如子者,不会太多。第二,官员爱民,虽为本分,但是,要爱民,就意味着必须舍弃许多利益。因此,多数官员难以做到。第三,政治动乱频繁,政府不可能总是把政治的重心放在吏治之上。

2. 实现了政府、人民与官员的"三赢",有利于社会的和谐

在官民互爱体系构建的过程中,两汉政府最为重视,因此,体系的构建完整有效,而魏晋南朝各朝政府对官民互爱体系的构建,总体而言,重视程度不够,官民互爱体系并未完整地构建起来。仅有部分时段内,国家对官员的治理较为严格,如北魏孝文帝在位时,南朝宋武帝刘裕在位时,北周武帝在位时。隋朝文帝杨坚在位期间,建立起短暂而卓有成效的官民互爱体系,但随着他的死、随着其子杨广的即位而烟消云散。到了唐朝,国家强大起来,政府构建官民互爱体系一度大有超越汉代的气魄,但毕竟时代不同,官民互爱虽然得到发展,却并未超越汉代的制度。唐代的爱民之官,其事迹总是为汉代爱民之官的光辉事迹所笼罩。

总体而言,汉唐时期的官民互爱,实在是中国历史上官民关系史上的瑰丽珠宝,达到了皇帝—官员—下层民众"三赢"的效果:

一赢,是政府即君主得到了人民的拥护,维护了君主的利益。显然,国家最为基本的构件有三:主权、人民、领土。在这三大构件中,人民是最有活力的一大构件。人民对主权的支持与否决定了主权的稳固程度与时间的持续度。

二赢,是官员本身做到了三不朽之"立功"不朽。虽然官员本身享受到的物质利益少了额外的收入,但是,却也规避了因贪污而受到政府惩治的风险。与此同时,又可得到政府即君主的表彰,更能得到人民的热爱。这种收获,是一种高级的精神快乐与人格享受。

三赢,是底层人民的利益得到了维护,让底层人民享受到一定程度和一定时期的幸福生活。

附:正史《循吏传》《良吏传》传主事迹表征述略

中国古代正史即传统所说的二十四史,加上《清史稿》,称为二十五史。二十五史所载的循吏(良吏),并不完全体现在《循吏传》《良吏传》《良政传》或《能吏传》之中。基本的原因在于,一些重要人物需要单独成传,或者与他人合传。因为他们的事迹要比《循吏传》《良吏传》《良政传》或《能吏传》传主事迹重要得多,也丰富得多。不过,《循吏传》《良吏传》《良政传》或《能吏传》的众多传主,毕竟是中国古代良吏的代表性人物,他们的出身与事迹,可以代表中国古代良吏的主体形象。而通过良吏的生平事迹比较,可以看到,良吏之所以成为良吏,其核心的原因,在于他们具有共同的价值观念。

包括《清史稿》在内的二十五史中,有十二史设立了《循吏传》,即《史记》《汉书》《后汉书》《北齐书》《隋书》《南史》《北史》《新唐书》《宋史》《金史》《明史》《清史稿》；六史设立了《良吏传》，即《晋书》《宋书》《梁书》《魏书》《旧唐书》《元史》；一史设立了《良政传》，即《南齐书》；一史设立了《能吏传》，即《辽史》。

以上20部正史所载良吏人数可列表如下：

序号	书名	人数	序号	书名	人数
1	《史记·循吏列传》	5人	11	《南史·循吏传》	《宋书》《南齐书》《梁书》未载者6人
2	《汉书·循吏传》	6人	12	《北史·循吏传》	《北齐书》《隋书》未载者1人
3	《后汉书·循吏传》	12人	13	《旧唐书·良吏传》	42人
4	《晋书·良吏传》	12人	14	《新唐书·循吏传》	《旧唐书》未载者6人
5	《宋书·良吏传》	6人	15	《宋史·循吏传》	12人
6	《南齐书·良政传》	7人	16	《辽史·能吏传》	6人
7	《梁书·良吏传》	7人	17	《金史·循吏传》	21人
8	《魏书·良吏传》	12人	18	《元史·良吏传》	18人
9	《北齐书·循吏传》	9人	19	《明史·循吏传》	正传30人，附传10人以上
10	《隋书·循吏传》	12人	20	《清史稿·循吏传》	正传58人，附传58人

二十五史未设《循吏传》或《良吏传》者，仅《三国志》《陈书》《周书》《旧五代史》《新五代史》5部。《三国志》在《魏书》中设有类传，但因《三国志》以国而分《魏书》《吴书》《蜀书》，设立《循吏传》不合体例。新旧《五代史》不设《循吏传》，原因大抵也是如此。《陈书》《周书》不设《循吏传》，大约因为立国时间较短，实在无循吏可立。

循吏的称号，起于司马迁，至沈约修《宋书》，改为良吏。其后，有史家依然以循吏为名，也有史家以良吏为名，以循吏为名者多于以良吏为名者。如果说司马迁撰写《循吏列传》时,对循吏的标准还有一个比较清晰的界定的话,那么,后代正吏所谓的循吏,已突破了司马迁所规定的标准。而且,后代史家以良吏名代循吏名,更是扩展了所指立传官的范围。不过,后人对循吏或良吏的理解,多半一视同仁,均以民爱之良官看待,循吏与良吏,几可对等。另有良政,与良吏差异不大,而能吏之名,大约只强调了"能",而淡化了"良"之内涵。为了论述的方便,本书以下多用良吏称之。

历代循吏或良吏的生平事迹特点,尽管具有相同之处,但也会随着历史的发展有所变化。二十五史《循吏传》《良吏传》《良政传》及《能吏传》所载良吏数量,粗略统计,在400人上下,而未纳入以上类传者,有不少人的政治地位与政治业绩,比上述类传中人物的地位与业绩更高更大。但无论如何,若从历史长时段考察,可知良吏人数与历史上各朝官员总数量相比,实在太少。不过,正史所载循吏或良吏人数,与真实历史中存在的人数,肯定存在差异。那些有爱民事迹而未能被编纂进入正史者,肯定存在。但是历史重在证据,因此,我们也只能根据正史所载,来讨论中国古代的循吏或良吏了。

下面主要从四个方面进行考察:其一,良吏出身之特点与变化。其二,良吏入仕方式之特点与变化。其三,良吏事迹之特点与变化。其四,民众对良吏态度之特点与变化。

《史记》卷一一九《循吏列传》所载5人,均为先秦时期重要官员,其出身有处士、有大夫、有博士,另二人不清。其事迹特点都是奉法循理,主要表现为在执法上爱护百姓,而百姓对他们的报答方式,突出表现为:及其死,民人哭泣不已。

《汉书》卷八九《循吏传》所载6人,其出身有少年好学者,有明经者,有少为乡吏者,也有出身不清者。由此可见,西汉正吏所载良吏,其喜爱儒家思想已现端倪。而他们爱民的主要方式,或为建立学校,教化人民;或为劝课农桑,兴修水利;或为廉洁奉公。因此,民众爱之,以歌谣等形式赞颂其事迹。

《后汉书》卷七六《循吏传》所载12人,其出身或为贫民,或为郡吏;或为明经被举孝廉,或为官宦后人,或为少年轻侠之徒。从出身看,东汉时期的良吏,其出身具有多种,即使出身为贵族,或者少年轻侠者,都能成为良吏。

这说明,出身并不能决定其为官行为的好坏。而决定其从政行为者,当是其为官的指导思想。他们的事迹主要表现有三:一是经济上富民,二是道德上化民,三是法律上惠民。而百姓对他们的感恩方式主要有三:一是歌谣传颂;二是立庙树碑;三是及其离任,攀车请之。

《晋书》卷九十《良吏传》所载12人,其出身,或为官宦子弟,或为豪族,或为贫寒人士,或为少数民族人,但以官宦子弟居多。他们在年少时,多受到儒家思想的教育。他们爱民的行为,主要表现有四:一是经济上发展农业生产,苏民之困;二是法律上惩治恶人,苏民之苦;三是自律上廉洁奉公;四是道德上进行教化。因此,他们得到了百姓的喜爱。而百姓感恩他们的主要方式,与汉代并无大的差异,主要表现有三:一是歌谣赞颂;二是立碑纪念;三是及其离任,哭泣相送。

《宋书》卷九四《良吏传》所载6人,另有7人记述的文字甚简。需要注意的是,《晋书》是唐人重写的正史,而《宋书》却是宋亡齐立后很快完成的史书。《宋书》改《循吏传》为《良吏传》,应该是沈约的创造。沈约感到《史记》《汉书》所言循吏诞生的环境,在宋代已经不复存在了,像汉代那样的循吏,也不会产生了,但与之相似的好官还是存在的,可称为良吏。当然,班固笔下的循吏,已与司马迁笔下的循吏,已经存在些许不同了。不过,即使是改变了名称,沈约与后代的正史编撰者,都非常看重那些能够保护百姓利益的官员,故而,在选择谁可入《良吏传》之时,还是强调了官员品德与能力双优的标准。其后,多部正史依然沿用了《史记》《汉书》循吏的名称作传,仅有少数正史采用了良吏的名称作传。《宋书·良吏传》所载事迹文字较多者6人,其父祖辈都有过"光辉的历史"。在重视血缘的时代,这6人的出身都不能算差。由此可以说明,出身士族之家的官员,并非不能修身与爱民。6人中,3人以清廉著称,1人以止盗著称,1人建议减轻人民负担,另一人(阮长之)事迹不显。总体来看,与前史循吏形象相比,6人的事迹都不突出,或可说明刘宋一朝真正爱民的官员的确不多,也可以想见沈约在选择何人可入《良吏传》时,非常困难。

《南齐书》立《良政传》,对良吏的名称又有所创新。以良政为名,可见《南齐书》编撰者萧子显已看到当时的良吏类人物形象与前代相比,已有所不同,当是不如前代爱民形象之突出。《南齐书》卷五三《良政传》所载7人,其皆为官宦后人,可见他们年少时均受过较好的儒家教育。而本传中全是权贵子弟,这与两晋以来兴盛的九品中正制度有关。不过,九品中正制度虽然存在严重的任人唯亲唯贵的毛病,却也不能说所选之人,全为劣质,毕竟出身贵胄之家者,也有才德俱优者。以上7人的爱民事迹,主要表现有二:一是断案如神,二是清廉不贪。但他们的爱民行为中,缺少劝耕农桑的事迹。而民众对他们的爱戴,史录也不详细。大约与他们的事迹并不突出有关。

《梁书》卷五三《良吏传》所载7人,其中5人为官宦子弟,另2人出身不清。他们的爱民事迹,主要表现有四:一是清廉洁身,二是劝民农桑,三是断案惩恶,四是减轻赋役。因此,他们受到了下层人民的爱戴。而民众爱戴他们的主要表现,与前代差异不大,主要表现为歌谣颂之,泣望留任。

《魏书》卷八八《良吏传》所载12人,其出身,有代人,有北方士族子弟,有寒士,另有部分良吏出身不清。其中的代人,当是鲜卑人。可见,爱民与否,与出身的民族并无必然关系。《魏书》中良吏为政爱民的主要特点有五:一是清廉为政,不营产业;二是惩治地方豪强,安抚百姓;三是赈恤贫穷,苏民之困;四是劝督家农桑,以解民贫;五是镇服叛乱,以安民命。而百姓爱戴他们的方式,除了前史所载的歌谣颂之、泣而留之等,还有"生为立祠"的现象。

《北齐书》卷四六《循吏传》所载9人,其出身有豪族,有士族,有寒士,有代人。其爱民事迹主要表现有三:一是断案神明,审理冤案;二是惩治盗贼,还民平安;三是赈济贷粟,给付饥者。以上9人的爱民行为,以惩治盗贼、审理案件为突出特点。可见北齐政治领域中,社会治安问题严重。而百姓因为盗贼和冤狱的广泛存在,生存问题受到严重威胁。故而,这些良吏的治盗和平冤狱的行为,受到了民众的拥戴和喜爱。其感恩的主要方式有二:歌谣颂之,哭泣送之。

《南史》卷七十《循吏传》有6人为《宋书》《梁书》《南齐书》未载者,他们的出身,有士族,有寒人。他们爱民的事迹特点有四:一是惩治恶吏,二是清廉洁身,三是劝课农桑,四是断案神明。其中惩治恶吏是突出的特点。百姓爱戴他们的主要表现,与前述无异。尤其是断案神明者,及任期结束,受到百姓出境拜送、号哭闻数十里的待遇。是为少有的现象。

《隋书》卷七三《循吏传》所载12人,其出身官宦者有7人,另有寒人和出身不明者。出身不明者为寒门的可能性极大。由此可见,出身的高低与否,不是决定他们成为良吏的最为重要的因素。出身官宦之家者,同样也能够在政治上洁身爱己,践行儒家爱民的理念。他们爱民的主要表现有六:一是化育风俗,二是公清若水,三是救济贫病,四是治疗时疫,五是断狱平恕,六是兴修水利。而百姓爱戴他们的主要表现,除了前代的歌谣赞颂等之外,出现了及其死,赴丧者数千人,离职时,将送数百里不绝的现象。

《北史》卷八六《循吏传》,仅1人为《魏书》《北齐书》《隋书》未载者,即张膺,其事迹记载简约,以"履行贞素,妻女樵采以自供"为特点,可见其人以清廉著称。

《旧唐书》卷一八五《良吏传》所载本传、附传传主共54人,这是一个巨大的变化。此前正史所载良吏人数,最多为12人。良吏数量陡升的原因有三:一方面,这与唐朝享国时间较长有关;另一方面,也与越到后代,文化越是发达,正史编撰卷数与人数会越多有关;再一方面,也与唐朝对官员的选拔与治理较有成效有关。《旧唐书》卷一八五《良吏传》传主,其出身与隋朝良吏的出身相似,前朝官宦后人有16人之多,说明前朝权贵子弟入仕较易;以科举而入仕者达9人,这是前代少有的现象,说明唐朝科举制度选举的人才具有合理性。此外,有出身地方豪强或小吏者等。这也说明,唐朝的良吏,虽然与出身存在关系,但是,决定其是否能成为良吏的根本原因,不是出身。这54名良吏爱民行为的特点有六:一是断狱公正,二是安抚蛮夷,三是兴修水利,四是劝学务农,五是击杀寇贼,六是清简为政。以上特点,与前代多有相似处,而安抚蛮夷,在前代虽然也存在,但是,到了唐朝,表现更为突出。这是因为唐朝国土面积广袤,管理区域中不乏少数民族。因此,如何处理汉夷关系,便成为一个重要的问题。良吏们对蛮夷的治理,采用的手段,无外乎儒家的仁爱理念,而这种理念施之于蛮夷,同样会得到蛮夷的拥戴。

《新唐书》卷一九七《循吏传》除《旧唐书》所载外,另有6人。这6人中,有1人系自荐而被授官,2人为官宦后人,1人为进士及第,另2人出身不明。他们的爱民事迹特点,与其他官员并无大别,有兴修水利、教化民众、教民耕种、惩治恶少等行为。当然,《旧唐书·循吏传》中的一部分官爵较高的成员如崔知温等未入其中,而另传处理了。

《宋史》卷四二六《循吏传》载有12人。《宋史》卷帙浩繁,但是,所载良吏人数却不多。究其原因有三:一是《宋史》众多良吏,即"必有绝异之绩者"①,或单独成传,或与他人合传,并未纳入《循吏传》。二是元朝史官编修原则是崇道德而黜功利,②对传主求全责备,能入循吏传者当然不多。三是《宋史》编纂时间短促,传主安排有失当之处。《宋史·循吏传》12人中,有4人出身官宦,3人进士,1人好学,另1人出身于大学者之家。可见,《宋史》所载良吏,其文化素质普遍较高,这是前代所不具备的新特点。他们爱民的主要事迹表现,有以下三个特点:一是兴修水利,修复农田;二是审察冤狱;三是救济灾民。其中兴修水利,以济民困,成为他们治理地方的重要举措。这也说明,到了宋代,水旱灾害问题已相当严重,而官员也清楚爱护百姓之基在于发展经济。当然,冤狱问题在宋朝时期也非常突出,故而,《宋史》所载良吏,多有审察刑事案件之举。宋代百姓对爱民之官的感恩方式,与前代并无太大差异,其中生为立祠现象比较突出。

《辽史》卷一〇五《能吏传》载有6人,《辽史》改良吏为能吏,在于感受到辽的能吏与前代良吏有所区别:"考其德政,虽未足以与诸循、良之列,抑亦可谓能吏矣。"③辽为契丹人所建立的政权,契丹建辽后积极向汉人学习,故其政权中存在良吏是其治国理念儒家化的必然反映。上述6人中,有4人似全是契丹人,另2人是北方士人。其事迹有省徭役、务农桑、救灾民、兴教化、惩盗贼等。《辽史》记载百姓对他们的反应并不突出。大约在契丹人统治时期,官员的政治行为,能爱民者,少之又少。元人撰《辽史·能吏传》,实为勉为其难,改良吏为能吏。《辽史》编撰者大约也清楚辽朝缺乏前代那样爱民的良吏。因此,用能吏代良吏,"消解了对官吏'仁德''化治'的要求,转

---

①《宋史》卷四二六《循吏传》,第12691页。
②燕永成:《〈宋史·循吏传〉研究》,《西北师大学报》2010年第4期。
③《辽史》卷一〇五《能吏传序》,第1459页。

而强调完成既定本职工作的能力"①。

《金史》卷一二八《循吏传》所载 21 人,这个数量仅次于前朝《旧唐书》所载良吏人数。这 21 人中,有 4 人是典型的女真人,即猛安人。其他均为汉姓,为北方汉人。由此可见,即使是女真部落中的猛安人,也具有爱民之思想和行为。他们的这种行为,一方面,源于其部落文化中已存爱民的因素;另一方面,也与他们接受汉文化大有关联。金人统治中国,具有残暴性,但是,他们同时也在不断汉化,其政治具有以德治国的成分。金世宗在位时期,励精图治,有"小尧舜"之称。上述 21 人爱民事迹的主要表现在以下六个方面:一是审察冤狱,二是安抚化为群盗的饥民,三是以赈贫乏,四是修城保民,五是兴修水利,六是惩治盗贼。其中修城保民,是前代良吏少有的行为,可见当时政治之动荡。他们的这些行为受到小民的爱戴,如有官员离职时,小民卧其车前,以强留之。

《元史》卷一九一、一九二《良吏传》载有 18 人。18 人中,属于蒙古族或其他少数民族者 3 人,其他均为汉人;以进士及第者 4 人,官宦子弟 1 人。其爱民事迹主要表现为:一是安抚反叛百姓,二是毁势家水硙以水灌溉农田以利民,三是出粟赈济无产者,四是惩治地方恶人,五是平反冤狱,六是革除运户弊病。以上爱民事迹,以免除被诬运户之罪为前朝所无。元朝爱民之官,其事迹表现与前朝尤其是汉唐有较大区别,即以平反冤狱、安抚无法生活化为盗贼的百姓为主要特点,而不是劝课农桑、兴修水利、发展教育以教化民众等。这也可见,当时的政治远未达到汉唐时期社会安定的程度。这是元朝统治中原地区的一个重要特点。元朝治理中国,以蒙古族官员为主要的管理者,而他们汉化程度甚浅,因此,他们治理汉人聚居区,缺乏儒家的仁爱理念,故而《元史》所载的良吏,与汉唐所载良吏的事迹,虽然有相通之处,但是差异却较为明显。

《明史》卷二八一《循吏传》正传所载 30 人,附传所载 10 人以上。以附传形式记述类同人之人,并非《明史》的创造,而《明史·循吏传》中加入大量

---

① 牛子晗:《正史〈循吏传〉传名变化及循、良、能义释》,《史学理论与史学史学刊》2022 年第 2 期。

附传者,足见《明史》编撰者具有较高的编撰能力。《明史·循吏传》所载人数,超过良吏人数记载较多的《旧唐书·良吏传》所载人数。这不能说明明朝良吏数量超过唐朝,明朝吏治比唐朝要好,而只能说明清初编撰《明史》的历史环境,已与五代和宋朝编撰《旧唐书》《新唐书》的历史环境有了巨大的不同。由于文化的发展,越到近代,正史著述内容越是详细,因此,正史能够书写事迹的人数也会越多。以上众人中,进士出身者有12人,而由乡试入国学者1人,由国子生直接为官者1人,由举人入太学者1人,举乡试者3人,以上共计18人。另有举贤良方正者1人。由此可知,明朝良吏中,通过科举为官而又进入《良吏传》者,占有较大比例。这也是宋朝以来,科举制度发展迅速的必然结果。这也说明,通过学校教育,可以选择出一批德才兼备的人才。《明史·循吏传》中循吏爱民的主要事迹,较前代正史所载循吏事迹要丰富得多,这与当时文化发达有密切的关系。根据《明史》所载,这些循吏的事迹表现在以下诸多方面:一是禁止豪门,保护弱民;二是兴修水利,劝课农桑;三是平定冤狱,减轻惩罚;四是兴建学校,教化人民;五是抓捕强盗,安定社会;六是节俭克己,注重修身。大凡前代良吏所为,《明史》所载良吏均有建树,而尤重于兴建学校,教化小民。百姓对这些良吏的爱戴表现,与前代大致相同。

《清史稿》(关外本)卷四七六至四七九《循吏传》载有116人,正传附传各58人。此人数远超此前任何朝代《循吏传》所载循吏人数。这与清朝统治时期较长有关,又与《清史稿》编撰所处时代有关。清朝灭亡后,中华民国建立,文化事业远较以前发达,故而对清史的编修,也具有了以前不曾具有的优势,这是《清史稿》卷帙浩繁的重要原因。以上良吏中,举人与进士出身者高达71人,这充分说明清朝科举制度已成为良吏生成的重要途径。以上良吏的事迹,记载较明朝更为细致、更为丰富,主要表现为以下特点:一是良吏们普通重视水利事业,重视农业生产;二是普遍重视教育事业,兴建学校以利教化;三是普遍重视吏治,以保护小民的利益;四是普遍重视惩治地方恶霸,防止匪患;五是普遍重视修身,做到廉洁奉公;六是普遍重视审理狱案,以解民冤。其中,防止匪患是前朝少有的现象。而清朝民众爱戴良吏的表现,与前代相较,有一不同特点是,喜欢把良吏画像放在先贤祠中进行合祭。这种合祭的方式,一则不用建造新祠,二则可以保持长久,三则也提升了当代良吏的历史地位。

　　综合中国古代正史所载良吏及其爱民事迹的总体发展来看,有变也有不变。所谓变,大体指良吏出身及其爱民行为有所侧重。即两汉时期的良吏,其血统不存在尊贵与低贱之说。而魏晋隋唐时期的良吏,出身士族者不在少数,两宋时期的良吏,以读书起家者不少。及至明清,通过科举入仕成为良吏者数量骤增。所谓不变,大体一指中国古代的良吏之思想,多奉行儒家仁爱思想,多重视修身清廉,而其爱民行为,或重视农业水利建设,以养贫民;或重视法律之公平施用,以伸民冤;或重视惩治恶霸,以安社会。二指良吏之职位,以地方郡县两级职务为其从事政治活动之身份。三指民众对良吏的爱戴表达行为,千百年来,并无本质的改变,最简易的感谢,是通过口口相传的歌谣歌颂他们;较现实的行为是当面相迎相送;而需要花费物资的感谢方式,是立碑或建祠。总之,作为良吏治下的小民,他们对良吏的感谢方式,虽然各有侧重,但是,其感恩心理,却是充斥着儒家的恩仇观念,亘古未变。

第三章 官民互爱关系的破坏者

——中国古代恶官恶行及其治理

恶官或称恶吏①,与良吏相对。恶吏之恶,一方面,危害人民的财产利益或生命;另一方面,则又危害国家政治生态,破坏国家政治根基。他们既殃民又祸国。他们殃民的手段,当是借助其职权,对所辖之民或其他地区人民生命财产的侵夺。或假公济私,或贪赃枉法。而祸国,则指他们的种种行为,在破坏人民的生命财产的同时,也危害到国家政权的稳定。

事实上,恶官的害民行为,有制度性的害民与恶官本身的害民两种。制度性的害民行为,表现为国家制度存在严重的问题。如国家税收的增加,劳役时间的延长、监察制度的混乱等。这种制度性对普通民众的危害,有时远远大于个别官员的害民。制度性的害民,往往也与王朝最高统治者的昏庸,朝官无德作恶、迫害正直的官员,选用地方官员德行卑劣有关。

官员害民的直接后果,是导致官民结仇。而官民的结仇,主要指地方官与其所辖之民之间产生仇恨,并因此造成各种行政治理中的民众反抗事件。

---

① 中国古代的官多指由中央政府任命者,即《说文》释官所说:"吏,事君也。"中国古代的吏有狭义与广义之分。狭义的吏指政府中直接处理政务的低级行政人员,即《说文》所释"治人者也"。广义的吏,也包括官。如秦朝"以吏为师"中的"吏",正史《循吏传》《良吏传》《良政传》的传主,均为官。本书所论官吏,涉及姓名者,均为由中央政府任命的官,但所论内容也包括狭义的吏。狭义的吏,和属于中央政府任命的官员一样,也可粗分为良、中、恶三类。大体而言,狭义的吏阶层形成于秦汉时期,与官分途于隋唐时期。

官员与民众的结仇,其主要原因在官而不在民。在官民这一对关系体中,官多处于主动地位,而民多处于被动地位。官民的结仇,其主要原因在于官员行为的失职。

需要说明的是,有些官员不用直接害民,但照样为非作歹:一边贪污受贿,一边贩官鬻爵,一边迫害忠贞之官员。这可称之为祸国。他们是国家最大的蛀虫。但因为这些官员多居高位,多在中央任职,他们与地方官员和基层小民频繁接触不同,是完全可以不与基层平民产生交集。故而,他们的害民行为,并不会直接危害到小民的切身利益,也不会为小民直接痛恨。因此,他们与普通民众的关系,表现并不明显。但本质上依然会造成严重的害民后果。

位居中央的高官与身居地方的贪官,共同为非作歹,就形成破坏国家社会和谐的主力军。在这些官员中,有些人身为中央高官,与基层人民直接接触甚少,但是,因其位高权重,可掌控的社会资源和社会财富甚多,其贪污腐败的程度可能远比地方官员更为严重;而有的官员,也正因为掌握了政府中央的大权,从而为其子弟在地方上横行霸道提供了稳固的后台。

一、正史对"恶官"(恶吏)的立传

此处的"恶官",也可称为"恶吏",或可统称为反面人物。中国古代的正史,并不局限于为"正面人物"立传,也会对那些对社会产生较大影响的反面人物立传,即扬善彰恶。当然,在记述这两方面人物的过程中,史书作者会通过不同的形式把对他们的评价串连进去,体现出史书作者的价值观念。而如果这些反面人物有后人,那么传播这些反面人物的恶绩,则会给其后人造成名声的损失,同时也可安抚受反面人物之害的广大民众后代之心,更可为后人立下引以为戒的界碑。可见,给这些反面人物立传,是中国古代正史编撰者的职责所在。

为反面人物立传,在正史中主要表现为三种形式:一是未给予特别的限定,仅放在列传中,通过记叙其事迹,以凸显作者的褒贬态度;二是给一些重量级的反面人物单独立传,以凸显其恶绩及影响;三是以类传的形式,给具有相似恶绩的反面人物群体立传,在传名上加以识别,这些传名主要有《酷吏传》《佞幸传》《宦者传》《奸臣传》《叛臣传》等。

作为正史之首的《史记》，司马迁对传主的评价相当客观，因此，他并未把他特别厌恶的人物，在编纂顺序和文本书写时完全地否定。司马迁对李斯甚为厌恶，但所撰《李斯列传》，却放在《刺客列传》之后、《蒙恬列传》之前，只是表明李斯的恶行与蒙恬的被杀及秦的灭亡存在因果关系，而未在传名上加上强烈的褒贬之词。他即便创设了《酷吏传》，也并未把《酷吏传》直接排在《循吏传》之后。而其所载酷吏，也并非一无是处。司马迁所创设的《佞幸列传》，特别指出这些人："事人君能说主耳目，和主颜色，而获亲近，非独色爱，能亦各有所长。"①也说明司马迁并未完全否定佞幸。

《汉书》仿《史记》，对于一般性的未入类传中的反面人物，也未刻意排列先后顺序，但同样设有《酷吏传》，所列酷吏与《史记》相同，并非全是百姓眼中的恶吏，但从卷目顺序上看，已直接放在《循吏传》之后，体现出强烈的对比色彩。《汉书》设《佞幸传》，与《史记》意旨相同。不过，《汉书》对重要反面人物在书中目次的安排，已开始体现其褒贬的用意，即把《王莽传》放在所有传主之后、《序传》之前。在正史列传排列顺序上，把反面人物之传尽量后置的做法，源于《汉书》。

《后汉书》在卷目顺序上照抄《汉书》，也是先列《循吏传》，再列《酷吏传》。《后汉书》在编纂反面人物列传的内容上，又有创新，即创设《宦者传》，排在《酷吏传》后。可见《后汉书》作者已把宦者看成了与酷吏类似的反面人物。

《三国志》对反面人物，未有刻意安排。董卓是破坏汉朝政治安定的大恶人，陈寿评价说："董卓狼戾贼忍，暴虐不仁，自《书》《契》已来，殆未之有也。"②但是，陈寿只是把董卓与袁绍、袁术、刘表放在一卷之中，从传序安排看不出任何的褒贬意图。其后各朝修史，大体都依《史记》《汉书》为标杆，给反面人物立传。仅在类传的类型上，有所创新而已。

唐人重修的《晋书》，未列《酷吏传》，但把王敦、桓温、桓玄、卞范之、殷仲

---

① 《史记》卷一三〇《太史公自序》，第3318页。
② 《三国志》卷六《董卓传》，第216页。

文、王弥、张昌、陈敏、王如、杜曾、杜弢、王机、祖约、苏峻、孙恩、卢循、谯纵等这些本为晋臣却具有反心反行的人物排在《列传》最后三卷,表明唐人编撰《晋书》已具有强烈的褒贬意识。不过,这些人的政治恶行,主要表现在政治权力的侵夺之上,他们对底层民众的危害,不像一般的地方恶官那样贪婪残暴,而是在政治权力争夺中,依靠军队,破坏地方的安定,同时也祸害普通民众。

《宋书》设《恩幸传》,排位仅在《索虏传》等周边蛮夷列传前,又设《二凶传》,且置于书末《自序》前,通过列传排序体现出沈约强烈的褒贬观。

《南齐书》设《幸臣传》,与前史《佞幸传》同。

《梁书》最后二卷,记豫章王综、武陵王纪、临贺王正德、河东王誉,以及来自北朝的降臣侯景等两类反面人物,彰显出作者强烈的褒贬观念。

《陈书》最后二卷,与《梁书》相似,先后记述了地方反叛诸侯熊昙朗、周迪、留异、陈宝应,皇族反叛成员始兴王叔陵、新安王伯固。

《魏书》《北齐书》《隋书》《北史》把《良吏传》《酷吏传》先后并列。《魏书》设《恩幸传》,对传主的事迹并非完全否定。又设《阉官传》,对阉官的政治行为也非完全否定。《北齐书》设《恩倖传》,并放在全书最后一卷,对传主的记述完全以批判为宗旨,《传序》称他们:"非直独守弄臣,且复多干朝政。赐予之费,帑藏以虚;杼轴之资,剥掠将尽。纵龟鼎之祚,卜世灵长,属此淫昏,无不亡之理,齐运短促,固其宜哉。"①可见《北齐书》所设《恩倖传》与前代正史所设《佞幸传》已有较大区别。《隋书》最后一卷记宇文化及、司马德戡、王世充等人,显然是以贬斥的态度为这些反面人物立传。

《南史》《北史》是对南朝、北朝历代正史的重塑。《南史》设《恩幸传》,并设《贼臣传》,置于全书最后。《北史》《循吏传》《酷吏传》前后顺列,又设《恩幸传》。

《旧唐书》把《良吏传》《酷吏传》前后顺列,而《酷吏传》中的传主,与《史记》《汉书》《酷吏传》具有本质区别,所记酷吏可谓恶贯满盈。在全书最后两卷记载安禄山、史思明、黄巢、秦宗权、董昌等劣迹,系对前史同类人物入传

---

①《北齐书》卷五十《恩倖传》,第685页。

的沿袭,表现出编撰者强烈的褒贬态度。

《新唐书》系欧阳修主撰的正史,欧阳修具有强烈的儒家正义观,他不满于《旧唐书》的编撰体例和内容,因此,在编撰《新唐书》过程中,重视史论,以体现其儒家的历史观和正义观。《新唐书》沿袭旧例,设《酷吏传》,却未排在《循吏传》后,但创设了《奸臣传》《叛臣传》《逆臣传》,放在全书最后三卷,尤以《奸臣传》影响最大。《奸臣传》所列者有许敬宗、李义府、傅游艺、李林甫、陈希烈、卢杞、崔胤、崔昭纬、柳璨凡9人,附以蒋玄晖、张廷范、氏叔琮、朱友恭4人。奸臣之奸,重在祸害同僚,并因此祸害到国家和普通民众。《叛臣传》《逆臣传》是对前史政治领域反面人物传的改造,仅是起了新名,算不得质的创新。

《宋史》无《酷吏传》,但设有《佞幸传》,同时也设《奸臣传》,《奸臣传》共载蔡确、吴处厚、邢恕、吕惠卿、章惇、曾布、安惇、蔡京、蔡卞、蔡攸、蔡翛、蔡崈、赵良嗣、张觉、郭药师、黄潜善、汪伯彦、秦桧、万俟卨、韩侂胄、丁大全、贾似道凡22人。这些人中,蔡确、吕惠卿、章惇、曾布是王安石变法的骨干,把他们纳入《奸臣传》中,似失当。此外,《宋史》还设有《叛臣传》。《宋史》为元朝宰相脱脱主修,仍以儒家的价值观念作为编撰的指导思想,可见其汉化程度甚高。

《辽史》也设《奸臣传》《逆臣传》。主持编撰者也是脱脱。

《金史》设《酷吏佞幸传》,又设《逆臣传》《叛臣传》。主持编撰者还是脱脱。把酷吏与佞幸放在一卷之中,这是《金史》的创新。

《元史》也设《奸臣传》,载有阿合马、卢世荣、桑哥、铁木迭儿、哈麻、搠思监等。

《明史》设《宦官传》,又设《阉党传》,再设《佞幸传》《奸臣传》,其后设《流贼传》记李自成、张献忠。设立《阉党传》是《明史》的创新。依照《明史》卷目顺序,《宦官传》在前,其后为《阉党传》,阉党因宦官而生,故《阉党传》放在《宦官传》之后,逻辑甚为合理。《阉党传》传主与一般官员之别,在于是否与宦官结"党"。《阉党传》所记传主事迹,在于通过结交宦官,为非作歹。《明史·阉党传》序云:

> 明代阉宦之祸酷矣,然非诸党人附丽之,羽翼之,张其势而助

之攻,虐焰不若是其烈也。中叶以前,士大夫知重名节,虽以王振、汪直之横,党与未盛。至刘瑾窃权,焦芳以阁臣首与之比,于是列卿争先献媚。而司礼之权居内阁上。迨神宗末年,讹言朋兴,群相敌仇,门户之争固结而不可解。凶竖乘其沸溃,盗弄太阿,黜桀渠憸,窜身妇寺。淫刑痛毒,快其恶正丑直之私。衣冠填于狴犴,善类殒于刀锯。迨乎恶贯满盈,亟伸宪典,刑书所丽,迹秽简编,而遗孽余烬终以覆国。庄烈帝之定逆案也,以其事付大学士韩爌等,因慨然太息曰:"忠贤不过一人耳,外廷诸臣附之,遂至于此,其罪何可胜诛。"①

不过,有些结党于宦官者,因为建立了功名,或者保有晚节,并未归入此传之中。

《明史·佞幸传》与《汉书·佞幸传》有别,传主劣迹斑斑,超越前代。《明史·佞幸传》载:

汉史所载佞幸,如籍孺、闳孺、郑通、韩嫣、李延年、董贤、张放之属,皆以宦寺弄臣贻讥千古,未闻以武夫、健儿、贪人、酷吏、方技、杂流任亲昵,承宠渥于不衰者也。明兴,创设锦衣卫,典亲军,昵居肘腋。成祖即位,知人不附己,欲以威詟天下,特任纪纲为锦衣,寄耳目。纲刺廷臣阴事,以希上指,帝以为忠,被残杀者不可胜数。英宗时,门达、逯杲之徒,并见亲信。至其后,厂卫遂相表里,清流之祸酷焉。宪宗之世,李孜省、僧继晓以祈祷被宠任,万安、尹直、彭华等至因之以得高位。武宗日事般游,不恤国事,一时宵人并起,钱宁以锦衣幸,臧贤以伶人幸,江彬、许泰以边将幸,马昂以女弟幸。祸流中外,宗社几墟。世宗入继大统,宜矫前轨,乃任陆炳于从龙,宠郭勋于议礼,而一时方士如陶仲文、邵元节、蓝道行之辈,纷然并进,玉杯牛罽,诈妄滋兴。凡此诸人,口衔天宪,威福在手,天下士大夫靡然从风。虽以成祖、世宗之英武聪察,而嬖幸酿乱,几与昏庸失道之主同其蒙蔽。彼弟以亲己为可信,而孰知其害

---

① 《明史》卷三〇六《阉党传》,第7833页。

之至于此也。①

《明史》同样也设《奸臣传》,把胡惟庸、陈宁、陈瑛、马麟、严嵩、赵文华、鄢懋卿、周延儒、温体仁、士英、阮大铖纳入其中,似不全面。《明史》把《奸臣传》安排在《佞幸传》之后,《流贼传》之前,可见,《明史》编撰者认为,奸臣罪恶之严重,远大于《宦官传》《阉党传》《佞幸传》传主。

《清史稿》未设酷吏、佞幸等传,这并不能说明清朝没有酷吏、佞幸。《清史稿》把洪秀全、吴三桂安排在类传之前,表明编撰者已超越了旧史反面人物安排在全书最后的观念。《清史稿》编撰后受到学者诟病,故以"稿"名之。不过,《清史稿》虽无正史之名,但有正史之实。

总之,以上各类恶官恶吏,在正史单独成传或列入类传,书中排列位置虽然不同,但其恶行无不对社会或国家造成了危害。此外,未纳入以上类传的不少历史"恶官",其罪恶并不亚于上述类传中的恶官恶绩,尤其是直接危害百姓利益的贪官,他们因为从底层小民口中直接夺食,因而受到社会底层小民的极度痛恨。

二、正史所载危害严重恶官例举

恶官作恶,有多种行为表现,大体来说,主要有贪污受贿、强占民财、迫害百姓、随意杀人、陷害忠良等。但凡具备上述中的一条,就可断定为恶官了。不过,属于"中性官吏"者,可能会做过一些"坏事",但其过不大,故,对这种官员,当与恶官有别。因此,笔者仅从部分正史中选取部分"恶官",列举其主要恶行如下。

1. 西汉田蚡

景帝王皇后同母异父弟,贪暴、受贿,陷害同僚。事见《史记·魏其武安侯列传》。

2. 东汉王吉

中常侍王甫之养子。年二十余,为沛相。晓达政事,能断察疑狱,发起奸伏,多出众议。"课使郡内各举奸吏豪人诸常有微过酒肉为臧者,虽数十

---

① 《明史》卷三〇七《佞幸传》,第 7875—7876 页。

年犹加贬弃,注其名籍。专选剽悍吏,击断非法。若有生子不养,即斩其父母,合土棘埋之。凡杀人皆磔死车上,随其罪目,宣示属县。夏月腐烂,则以绳连其骨,周遍一郡乃止,见者骇惧。视事五年,凡杀万余人。其余惨毒刺刻,不可胜数。郡中惴恐,莫敢自保。"①

3. 东汉梁冀

安定乌氏人。外戚,父为大将军。性嗜酒,好臂鹰走狗,骋马斗鸡。初为黄门侍郎,后任大将军之职,专断朝政近二十年,敛财三十亿。敛财手段,一为豪夺,二为收贿,三为攫取异国珍宝。其培养的党羽也多是贪婪之人。史载,梁冀当权,"冒名而为侍中、卿、校尉、郡守、长吏者十余人,皆贪叨凶淫,各遣私客籍属县富人,被以它罪,闭狱掠拷,使出钱自赎,货物少者至于死徙。扶风人士孙奋居富而性吝,冀因以马乘遗之,从贷钱五千万,奋以三千万与之,冀大怒,乃告郡县,认奋母为其守臧婢,云盗白珠十斛、紫金千斤以叛,遂收考奋兄弟,死于狱中,悉没赀财亿七千余万"②。梁冀又"起别第于城西,以纳奸亡。或取良人,悉为奴婢,至数千人,名曰'自卖人'"③。

4. 东汉单匡

宦者单超之弟。济阴太守纠发其赃五六千万。事见《汉书·第五伦附曾孙种传》。

5. 东汉张忠

董太后姊子,为南阳太守。因势放滥,赃罪数亿。事见《后汉书·徐璆传》。

6. 东汉侯览

山阳防东人。桓帝初为中常侍,受纳货遗以巨万计,夺人宅三百八十一所,掠良,诬陷富人。事见《后汉书·宦者传》。

7. 东汉张让、赵忠及夏恽、郭胜、孙璋、毕岚、栗嵩、段圭、高望、张恭、韩悝、宋典

"皆为中常侍,封侯贵宠,父兄子弟布列州郡,所在贪残,为人蠹害。黄

---

①《后汉书》卷七七《酷吏·王吉传》,第2501页。
②《后汉书》卷三四《梁统附玄孙冀传》,第1181页。
③《后汉书》卷三四《梁统附玄孙冀传》,第1182页。

巾既作,盗贼麋沸,郎中中山张钧上书曰:'窃惟张角所以能兴兵作乱,万人所以乐附之者,其源皆由十常侍多放父兄、子弟、婚亲、宾客典据州郡,辜榷财利,侵掠百姓,百姓之冤无所告诉,故谋议不轨,聚为盗贼。'"①

8. 西晋石崇

其父石苞,在晋武帝时曾官至大司马,因遭晋武帝怀疑,被削夺实权。石苞有六子,石崇最小。石苞临死前将自己的财物分给诸子,可恰恰不给这最小的儿子石崇,说:"此儿虽小,后自能得。"石崇后官至城阳太守,伐吴有功,封安阳乡侯。此后石崇大肆掠夺财富。惠帝时,崇出为南中郎将、荆州刺史,并领南蛮校尉,加鹰扬将军。史称石崇"在荆州,劫远使商客,致富不赀"②,可见其财富来源极度不正,但并未受到任何惩罚。石崇曾在洛阳建造了盛极一时的金谷园,生活极度豪奢。

9. 南朝梁萧宏

梁武帝的六弟,封临川王。官至侍中、太尉。担任扬州刺史二十年。天监五年(506),他统率兵马征北魏,兵器精良,士气高昂,在洛口,因内部不和,夜间又遇暴雨,就临阵脱逃,导致钟离之战,梁朝大败。萧宏为人怯懦贪鄙,家中库房百间,藏钱三亿余。梁武帝开始以为萧宏私藏兵器,亲自探访。萧宏很害怕,梁武帝更加怀疑。后来,梁武帝一看是钱,大喜,对萧宏开玩笑说:"阿六,你很会过日子啊。"于是兄弟和睦。萧宏为了敛财,还进行抵押贷款,放高利贷,让借主立下文书。等期限一到,若还未还钱,就立即去侵占借主的房产,百姓中许多人因此失业,无家可归。

10. 南朝梁朱异

吴郡钱唐人。父巽,以义烈知名,官至齐江夏王参军、吴平令。居权要三十余年,善窥人主意曲,能阿谀以承上旨,故特被宠任。历官自员外常侍至侍中,四职并驱卤簿。朱异及诸子自潮沟列宅至青溪,其中有台池玩好,每暇日与宾客游焉。四方所馈,财货充积。事见《梁书·朱异传》。

---

① 《后汉书》卷七八《宦者·张让传》,第2535页。
② 《晋书》卷三三《石苞附石崇传》,第1006页。

11. 北齐高遵

勃海蓨人。父济,沧水太守。涉历文史,颇有笔札。"性不廉清。在中书时,每假归山东,必借备骡马,将从百余。屯逼民家求丝缣,不满意则诟骂不去,强相征求。旬月之间,缣布千数。邦邑苦之。遵既临州,本意未弭,迁召僚吏,多所取纳。又其妻明氏家在齐州,母弟舅甥共相凭属,争求货利,严暴非理,杀害甚多。"事见《魏书·酷吏传》。

12. 隋朝郑译

荥阳开封人。祖琼,魏太常。父道邕,魏司空。译颇有学识,兼知钟律,善骑射。性轻险,不亲职务,而赃贷狼藉。(文帝)下诏曰:"译嘉谋良策,寂尔无闻,鬻狱卖官,沸腾盈耳。若留之于世,在人为不道之臣,戮之于朝,入地为不孝之鬼。有累幽显,无以置之,宜赐以《孝经》,令其熟读。"事见《隋书·郑译传》。

13. 隋朝宇文述

本姓破野头,代郡武川人,北周末年奉韦孝宽之命击破尉迟迥,以军功拜上柱国,封褒国公,赐缣三千匹。杨坚建隋,宇文述拜右卫大将军。此后,宇文述又助杨坚得皇位,被封左翊卫大将军,其长子宇文化及为太仆少卿。宇文述善于供奉,甚得炀帝杨广欢心,言听计从。但性贪鄙,常接受各方馈赠,财金堆积,僮仆千人。后来宇文化及在江都弑炀帝立秦王浩,化及自称大丞相,引兵十余万西归。又称帝,终被杀。事见《隋书·宇文述传》。

14. 唐朝李义府

瀛州饶阳人。生于隋炀帝大业十年(614),自小聪慧,刘洎、马周等极力荐举他,唐太宗召见时,以"乌"为题,令其作诗。李义府吟道:"日里飏朝彩,琴中闻夜啼。上林如许树,不借一枝栖。"唐太宗很是高兴:"我当全林借汝,岂独一枝耶?"让他预撰《晋书》。唐高宗李治在位时,李义府两度为相,"貌状温恭,与人语必嬉怡微笑",但表面温和、笑里藏刀,人号"李猫"。"有洛州妇人淳于氏,坐奸系于大理,义府闻其姿色,嘱大理丞毕正义求为别宅妇,特为雪其罪。"①后来见事败露,就逼毕正义自杀。御史王义方上书弹劾,皇帝

---

① 《旧唐书》卷八二《李义府传》,第 2767 页。

竟然"原义府罪不问",反而把王义方贬逐出京。李义府后升中书令,进封河间郡公,后有人告其"窥觇灾眚,阴怀异图",被判决长流嶲州,痛恨李义府者,大为高兴,写出《河间道行军元帅刘祥道破铜山大贼李义府露布》张贴。唐高宗乾封元年(666),大赦天下,李义府写《在嶲州遥叙封禅》献上,但限于赦令规定"长流人不许还",未果。后忧愤而死。

15. 唐朝李林甫

皇室。擅长音律。起初为千牛直长。开元初,迁太子中允。开元十四年(726)迁为御史中丞,隶管刑部、吏部侍郎。其时武惠妃专宠,李林甫极尽逢迎谄媚之能事。惠妃之子寿王,极得玄宗钟爱,李林甫托宦官禀告惠妃,"愿护寿王(李瑁)为万岁计"。即是说,他将拥护寿王登上皇帝宝座。惠妃闻禀感激涕零,在玄宗面前经常称颂李林甫之"德政"。开元二十二年(734)拜礼部尚书、同中书门下三品。他收买嫔妃宦官,探查玄宗的想法,迎合意旨,因而获得信任,掌握大权。他忌刻人才,阴险狡猾,对于才名高和受到玄宗重视的官员,表面上甜言蜜语,背后里阴加暗害,因此人称他"口有蜜,腹有剑"。同时为相的张九龄、裴耀卿、李适之等皆被他排挤罢相。李林甫为巩固其位,竭力阻塞言路,他对朝臣说:"君等独不见立仗马乎,终日无声而饫三品刍豆,一鸣则黜之矣。"①朝臣受到威胁,从此不再谏诤。他因怕太子即位后对己不利,屡兴大狱,以动摇太子。又促使杨国忠推究,诛杀太子亲戚和不附己的臣僚,株连数百家。天宝八载(749),咸宁太守赵奉璋拟揭发林甫罪状二十余条,被他指使御史台以妖言逮捕杖杀。天宝十一年(752),林甫死。杨国忠唆使安禄山诬告林甫与蕃将阿布思谋反,玄宗追削其官爵,籍没其家产,子婿流配。李林甫在相位凡十九年,极尽恶行。

16. 唐朝杨国忠

太真妃之从祖兄,嗜饮博,数丐贷于人,无行检,不为姻族齿。自新都尉、侍御史至宰相,"凡领四十余使,而度支、吏部事自丛脞,第署一字不能尽,故吏得轻重,显贿公谒无所忌"。事见《旧唐书·杨国忠传》《新唐书·外戚传》。

---

① 《新唐书》卷二二三上《奸臣·李林甫传》,第 6348 页。

17. 唐朝元载

凤翔岐山人,冒姓元氏。家本寒微,自幼嗜学,好属文,性敏惠,博览子史,尤学道书。父升,本景氏,任员外官。天宝初,下诏求明庄、老、文、列四子之学者。载策入高科,授邠州新平尉在相位多年,纵诸子关通货贿。挤遣忠良,进贪猥。城中开南北二第,膏腴别墅,疆畛相望,且数十区。事见《新唐书·元载传》。

18. 唐朝王缙

河中人,"少好学,与兄维早以文翰著名,连应草泽及文辞清丽举"。"纵弟妹女尼等广纳财贿,贪猥之迹如市贾焉。"事见《旧唐书·王缙传》。

19. 宋朝蔡京

兴化仙游人。登熙宁三年(1070)进士第。后为相。罪恶多端,如假公济私,侵吞公物;巧夺豪取,占有田地五十余万亩。事见《宋史·奸臣传》。

20. 元朝阿合马

回纥人,不知其所由进。后为相,掌财政。其罪甚多:增加赋税,横征暴敛;官办矿冶,实施钞法盐法,搜刮财富;搜罗亲信,陷害异己。事见《元史·奸臣传》。

21. 明朝严嵩

分宜人。举弘治十八年(1505)进士,改庶吉士,授编修,被奉为文坛领袖。后为首辅。嵩无他才略,唯一意媚上,窃权罔利。帝英察自信,果刑戮,颇护己短,嵩以故得因事激帝怒,戕害人以成其私。张经、李天宠、王忬之死,嵩皆有力。前后劾嵩、世蕃者,谢瑜、叶经、童汉臣、赵锦、王宗茂、何维柏、王晔、陈垲、厉汝进、沈炼、徐学诗、杨继盛、周铁、吴时来、张翀、董传策皆被谴。事见《明史·奸臣传》。

以上所选21例中,有20例为单人,仅1例牵涉多人。这些恶吏的出身,或贵族、或文士,或宦官,或胡族。他们多系在中央任职的高官,或者受到君主的信任,职轻而权重;少数为地方州郡长官。因此,他们对国家的破坏作用甚大,进而殃及基层百姓利益。他们中的部分人,虽然不能左右国家政治局势,却能左右地方郡县民生好坏。需要注意的是,他们中的一部分人,文才甚高,也因此受到君主的偏爱。这也是他们能够为非作歹的资本。而恶官作恶的共性,不外乎贪财受贿,霸占田亩,欺凌百姓,陷害忠良,导致政治腐败,甚至致使国家走向衰落。

三、民众对恶官的反抗与政府处理群体性事件的方略

恶官的害民行为,主要表现在三个方面:其一是贪占人民的财富;其二是加派人民赋役,并借机侵占;其三是残酷迫害民众。在这三点之中,加派赋役有可能是源于中央政府的政策,而贪占民众财富和迫害民众均源于官员本身的政治素养。恶官的种种害民行为,总会引起民众以各种形式的反抗。概言之,主要有四:上告其恶、逃亡他方、驱逐出境、武力反抗。

上告其恶——有两种上告的形式:一是政府派遣使节,收听民意,民众在当地告状;二是民众直接上书中央,或者直接到中央上告地方官员。北魏政府曾经下令,地方官员有害民行为者,人民可以直接上告到君主处,任何人不得阻拦。北魏太和十九年(495),齐州刺史高遵,受到地方人孟僧振的上告,孝文帝派人严查,发现所告之事完全属实。高遵因此被处死刑。

逃亡他方——是一种消极的反抗方式。逃亡的地方,多是政府所不能管辖的荒野之地,或者逃亡到清廉爱民官员任职的郡县。

驱逐出境——把在任官员驱逐出去。这是地方人民武力反抗的变种,是一种群体性的反抗行为。史载,东晋元帝时,牂柯郡太守建宁孟才,"以骄暴无恩,郡民王清、范朗逐出之"①。南朝刘宋永嘉末,阴平太守王鉴粗暴,"郡民毛深、左腾等逐出之,相率降李雄"②。

武力反抗——本质上是造反,影响最大。武力反抗在历史上被称为民变或农民起义,也可被称为群体性事件。在中国古代,产生社会群体性事件的原因非常复杂,其中以政治原因引发者居多。而由政治引发的群体性事件,多数又与官员个人的政治行为有关,尤以恶官的贪污枉法害民行为较多,最易引发群体性事件。

小型的民变,即小型的群体性事件,影响的区域有限;而大型的民变,即

---

① [东晋]常璩:《华阳国志》卷四《南中志》,齐鲁书社,2010年,第52页。
② [东晋]常璩:《华阳国志》卷二《汉中志》,齐鲁书社,2010年,第25页。

大型的群体性事件,则会演化为农民起义,影响的区域广大,有时会波及多个郡县,甚至涉及大半个天下。对于基层民众的武力反抗,政府除了采取武力镇压的手段,还会采取安抚的手段。毕竟单纯的镇压手段,效果欠佳。因此,合理的办法是选派良吏实行安抚。史载,南朝刘宋元嘉九年(432),益州刺史刘道济,任长史费谦等聚敛,"伤政害民,民皆怨毒"①。引起人民的武装反抗,造成一场大乱。到元嘉二十一年(444),兵寇之余,政荒民扰。元嘉二十三年(446),刘宋政府选派陆徽为持节、督益宁二州诸军事、宁朔将军、益州刺史,前去管理这地区。陆徽"隐恤有方,威惠兼著,寇盗静息,民物殷阜,蜀土安说"②。

《太平广记》卷一六九《英公》载唐高宗时期徐敬业安抚蛮人的经过:

> 高宗时,蛮群聚为寇,讨之辄不利,乃以徐敬业为刺史。彼州发卒郊迎,敬业尽放令还,单骑至府。贼闻新刺史至。皆缮理以待,敬业一无所问。处分他事毕,方曰:"贼皆安在?"曰:"在南岸。"乃从一二佐吏而往。观者莫不骇愕。贼初持兵觇望,及见舡中无所有,乃更闭营藏隐,敬业直入其营内,告云:"国家知汝等为贪吏所苦,非有他恶,可悉归田,后去者为贼。"唯召其魁首,责以不早降,各杖数十而遣之。境内肃然。

徐敬业把蛮人叛乱的原因,归于地方政府官员的腐败,也就化解了蛮人武力造反当受重惩的恐惧之心,为和平解决这一事件奠定了基础。用这种和平的方式,安抚了反叛的蛮人,而取得了人民心悦诚服的效果。还如前文所述唐人裴怀古,对边地少数民族人民造反者,也是采取了以诚待人的安抚措施,轻易解决了边民武力反抗的群体性事件。

宋代的民变事件——群体性事件甚多,而宋朝政府也常实行"招安"政策以解决之,对变民实施安抚政策相当成功。李纲曾说:"世之危乱、民之失业与夫兵之溃散者,多聚而为盗贼,诛之则不可胜诛,而力有所不给。惟因

---

① 《宋书》卷四五《刘粹传》,第1380页。
② 《宋书》卷九二《良吏·陆徽传》,第2268页。

而招纳之以为我用。"①李纲说,这样做的第一个好处,就是可以消弭内乱。实际上,强盗集团的主体,除了李纲所说的失业者与溃兵外,还有受到官府盘剥而逃亡的农民。

群体性事件具有突发性,因此,需要政府迅速采取措施以应对之。故而,政府要安抚人民,除了赦免社会群体性的武力反抗者之罪外,有时候要重惩违法官员,以达到迅速安定社会之目的。

史载北魏时,王斤镇长安,假节、镇西将军。王斤骄矜,"不顺法度,信用左右,调役百姓,民不堪之,南奔汉川者数千家"。出现这样的大事后,王斤委罪于雍州刺史阳文祖、秦州刺史任延明。世祖"知为斤所诬,遣宜阳公伏树覆按虚实,得数十事。遂斩斤以徇"②。又,代人于洛侯,"以劳旧为秦州刺史,而贪酷安忍。州人富炽夺民吕胜胫缠一具,洛侯辄鞭富炽一百,截其右腕。百姓王陇客刺杀民王羌奴、王愈二人,依律罪死而已,洛侯生拔陇客舌,刺其本,并刺胸腹二十余疮。陇客不堪苦痛,随刀战动。乃立四柱磔其手足,命将绝,始斩其首,支解四体,分悬道路。见之者无不伤楚,阖州惊震,人怀怨愤。百姓王元寿等一时反叛。有司纠劾。高祖诏使者于州刑人处宣告兵民,然后斩洛侯以谢百姓"③。

隋朝王文同在炀帝征辽东时,被派遣巡察河北诸郡。王文同"见沙门斋戒菜食者,以为妖妄,皆收系之。北至河间,召诸郡官人,小有迟违者,辄覆面于地而捶杀之。求沙门相聚讲论及长老共为佛会者数百人,文同以为聚结惑众,尽斩之。又悉裸僧尼,验有淫状非童男女者数千人,复将杀之。郡中士女,号哭于路,诸郡惊骇,各奏其事。帝闻大怒,遣使者达奚善意驰锁之,斩于河间,以谢百姓"④。

总之,政府在处理群体性事件时,一般会根据事态的变化,采取较为灵

---

①[宋]李纲:《梁溪先生文集》卷一五〇《论盗》,载《无锡文库》第四辑,凤凰出版社,2011年,第334页。
②《魏书》卷三十《王建附王斤传》,第711页。
③《魏书》卷八九《酷吏·于洛侯传》,第1917—1918页。
④《北史》卷八七《酷吏·王文同传》,第2903页。

活的解决方式：如果是政治性的反叛，就以武力镇压为主，而以安抚为辅；如果是非政治性的民变，就以安抚为主，以武力镇压为辅。无论采取哪种方式，都以尽快解决方略为指导，这是由群体性事件的特性决定的。

四、官民关系恶化对政府的影响

官民关系的恶化，对政府而言，至少存在两大消极影响：

其一，破坏了官民之间的正常关系，削弱了民众对政府政权的认同。

地方官员对人民的治理，始于君主的授权。说白了，地方官的行政权，其实就是代表君主的行政权。因此，官民之间的关系，近于一种契约的关系。这种契约关系，是君主与民众共同建立起来的。从理论上说，取得天下的君主，应当是人民利益的最高代表。因此，人民拥护君主，也就拥护君主所派遣的来管理他们的官员。这当然只是一种理想的设计。而事实上，这种近似的契约关系，多数是君主通过军事手段，取得了天下，掌握了话语权，进而向天下宣告，其政权顺乎天而应乎人。因此，这种契约，是由"上天"决定的。但是，这种契约，却会随着时间的流逝，不断被弱化。这与各朝建立之后的发展阶段相对应。中国古代各个王朝（皇朝），大体都经历了这样几个阶段：

第一阶段：王朝（皇朝）建立，开国君主重视民生，给人民以种种福利，以争取民心。人民因为获得种种好处，开始拥护新政权，认同新政权。

第二阶段：经过一段时间的清明政治，中央政府重视官员行为的管理，爱民之官多，而害民之官少，社会安定，人民和乐。当此之时，人民对新政府产生了高度的认同感，社会便有了高度的稳定性，新政权也随之稳固了。

第三阶段：随着帝国食利阶层人口的增长，以及新立君主政治道德水准的降低，或者执政能力的下降，政治腐败也就随之加重，即各级官员对人民的剥削与压迫也随之日益加重。当此之时，爱民之官减少，而害民之官增多。人们对官员贪污与压榨行为开始仇视，并渴望中央政府果断处理贪官污吏。但是，继立的君主，或本身腐化堕落，或大权已经旁落，根本无法对那些人民仇恨的官员进行惩治。其结果只能导致地方基层人民对中央政府信任力的下降，并因此削弱了他们对此政权的认同感，也就削弱了当朝政治权力的合法性。

第四阶段:政治腐败达到极点,当朝的君主已失去了人心,人民对其认同感骤然下降,开始渴望新的君主出现,或者渴望改朝换代。

政治权力的合法性,是"政治权力符合政治共同体普遍约定的一种正当性",无论如何,合法性最终要归为"政治权力是否获得被统治者无条件的普遍认可和支持的问题"①。因此,民众对官员一旦产生了仇恨,便意味着被统治阶级对统治阶级已产生不予认可的情感与心理。

在中国古代,影响中原王朝兴衰的主要原因,大约有三:一是政治从清明转为腐败,二是经济利益分配从相对公平转为极度不公,三是中原王朝与北方少数民族实力对比发生变化,北方少数民族出现新兴势力。政治从清明到腐败,主要表现为代表国家政权的君主,随着贤能者的离世,代之者治国能力逐代弱化、愚化或者暴化,并因此形成全国官员普遍性的腐败。经济利益分配从公平到不公平,主要表现为社会资源尤其是社会财富为社会上层所攫取的绝对数量越来越多,从事物质生产的社会下层广大民众,能够分配到的物质财富的总体数量越来越少,而赋役却越来越重,其维持生活的基本物资已难以获得。中原王朝与北方少数民族实力对比的变化,主要指北方胡族出现新型的民族或部落集团,随着他们的崛起与强大,他们南下侵略中原的可能性也加大。但此时的中原王朝,其政治日趋腐败,经济日趋萧条,社会矛盾日趋激化。北方胡族一旦兴兵南下,这时的南方汉族政权,已缺乏有效抵御胡人兵锋的实力了。

其二,成为社会暴乱的动力之源。

官民的结仇,是人民对官员个人仇恨的开始,当这种仇恨不能得到上级政府的有效处理之时,这种仇恨就开始转嫁,进而形成了人民对整个政府的仇恨,包括对君主的仇恨。东汉灵帝在位时,张角在中原地区宣传太平道十多年,加入太平道者动辄上万,说明天下民众对汉朝政府的合法性问题已经产生了严重怀疑。史称,当时张让等十二人,"皆为中常侍,封侯贵宠,父兄子弟布列州郡,所在贪残,为人蠹害。黄巾既作,盗贼糜沸,郎中中山张钧上

---

①孙关宏主编:《政治学概论》,复旦大学出版社,2008年,第47页。

书曰'窃惟张角所以能兴兵作乱,万人所以乐附之者,其源皆由十常侍多放父兄、子弟、婚亲、宾客典据州郡,辜榷财利,侵掠百姓,百姓之冤无所告诉,故谋议不轨,聚为盗贼。宜斩十常侍,县头南郊,以谢百姓,又遣使者布告天下,可不须师旅,而大寇自消'"①。也诚如欧阳修所说:"今天下生民获安乐,则皆须上感陛下圣德。若其父子杀戮,离散不安,则亦必归怨陛下。今大臣不肯澄汰,盖避百十人官吏怨其身,宁使百万苍生涂炭而怨国家。今盗贼一年多如一年,一火强如一火,天下祸患,岂可不忧!"②

当然,如若只是少数的官员贪污受贿,对国家政治的影响并不严重。正如著名学者王亚南所说:"单是某些官,甚至单是整个官僚阶层依贪污或其他方式剥削农民,农民尚不致被逼到求生不得的程度。"③不过,若是整个官僚系统全部腐败透顶,那么,对小民的剥削压榨的程度,又比前者要严重得多,直能把小民逼上绝路。官民矛盾激化的结果,只能引发民众对政府的极度反感,在寻找不到有效的和平解决办法之时,只有造反一条路可走,进而引发王(皇)朝的灭亡。著名文化史家冯天瑜说:"如果说周制时代王权的竞争方是诸侯,那么秦汉以降对皇权最严重的威则来自各类民变。"④而民变的根源,在于朝廷的腐败,压榨民众达到极限所引发。因此,明人郭正域总结历史教训称:"自古乱亡之祸,不起于四夷,而起于小民。"⑤

可见,社会发生的群体性事件(民变),源于政府的暴政。道理很简单:官员爱民,民亦爱官;官员害民,民亦仇官。

五、恶官生成的原因

害民祸国恶官的不断出现,最本质的原因在于国家专制制度。具体说

---

①《后汉书》卷七八《宦者传》,第2535页。
②[宋]欧阳修:《欧阳修集·奏议集卷第四·再论置兵御贼札子》,中国书店,1986年,第798—799页。
③王亚南:《中国官僚政治研究》,中国社会科学出版社,2012年,第133页。
④冯天瑜:《百代皆行汉政法》,《华中师范大学学报》2022年第2期。
⑤[明]陈子龙辑:《明经世文编》卷四五四郭正域《法祖停税赋》,中华书局,1962年,第4992页。

来，与君主专制制度有着密切的关系。君主专制制度建立在权力私有化的基础之上，而权力的私有化，就不能保障君主的素质一定能够满足其有效治理国家的需要。

害民恶官的滋生，从哲学根源上讲，是人性使然。而人性理论，有性善与性恶之分，也有不善不恶之说。但总体上持性善或持性恶者较多。春秋战国时期，人性理论已得到了巨大的发展。一般而言，法家是性恶论的创立者和坚定的支持者，儒家代表人物孟子坚持性善说，而与之同时代的儒家代表荀子却坚持性恶说。当然，荀子的性恶论与法家的性恶论有本质的不同。法家认为人性不可改变，故而必须通过法律的手段，来控制人性。但是荀子却认为，可以通过教化，化性起伪，使人性得到改变，不再为恶。因此，利用儒家思想治国，就需要通过心灵的净化，使之能够心甘情愿地为民谋福。这种思想在现实中实施起来，当然效果不会太好。而利用性恶的法家理论治国，却又因为过于依赖法制手段，虽然可以取得暂时的管理效果，但是，却因为被法律所绳人数太多，造成社会关系的高度紧张，反而会引发天下大乱。

害民恶官的滋生，从政治根源上讲，是制度使然。政治制度的不合理，必然引发官员利用公共权力为非作歹。而作为国家权力顶峰代表的君主，他们的德行与能力，在很大程度上影响着甚至决定着国家政治治理环境的好坏。显然，君主德行高低、治国能力的高低与害民祸国恶官存在"正比例"的关系。君主德行好、治国能力强，害民祸国之官危害人民与国家的程度就会大大降低，反之君主德行低或者治国能力弱（或者君主年龄小、没有实权），害民祸国之官危害人民与国家的程度就会大大加深。

如西汉高祖时期、文景时期、昭宣时期，东汉光武、明帝时期，唐朝太宗时期，玄宗开元时期，都是有名的治世，这一时期，史载少见官员严重危害社会与国家的罪行。反之，如东汉中后期，尤其是桓、灵二帝在位期间，官场极度黑暗，害民祸国之官横行，造成了东汉帝国的瓦解。唐朝玄宗天宝年间，唐玄宗信用奸人，造成唐朝政治的高度腐败，最终引发安史之乱。而明朝宦官乱政，引发了严重的后果，最终导致了明末农民大起义的爆发，并导致了明帝国的灭亡。

恶官中的不少人，在他们生前，并未受到惩治，甚至在他们死后的一段时间内,也未受到应有的追究。这就说明,作为国家权力最高代表的君主,他们可能未认识到恶官对国家的严重危害;或者认识到了危害,但是,却为了维护君权,故意不予惩治。如南宋的秦桧,权势熏天,绍兴二十五年(1155),桧死,还获赠申王,谥忠献。开禧二年(1206)四月,宋宁宗积极北伐,秦桧才被追夺王爵,改谥谬丑。但是到了嘉定元年(1208),史弥远奏复王爵、赠谥。由此可见,秦桧流毒虽然危害久远,但长期以来,宋朝皇帝并没有感觉到他的卑劣无耻。即便是后来秦桧受到了清算,但很快又被权臣"平反昭雪"。可见,君主专制是恶官产生之根。

总之,君主的爱民,是官员爱民之表率;君主对害民恶官的惩治,是约束官员行为的最后一道屏障。不过,中国历史上能够成为爱民的贤能君主者,其数量有限。相反,昏庸之君或者暴虐之君的数量,却远远多于贤能之君的数量。因此,渴望明君时常出世,来促进官民关系的和谐,在历史的长河里,只是芸芸众生无奈的幻想。

需要注意的是,中国古代有少数民族入主中原甚至统治整个中国疆域的历史。在少数民族入主中原或统治整个中国时期,其吏治的问题,远比汉族人统治中国的吏治更为复杂,更为混乱。这是因为,少数民族入主中原,面临着一个巨大的难题,即他们必须以少量的人口、落后的文化,来管理多数的人口、先进的文化。因此,他们文化的落后并由此引发的自卑心理,使得他们不可能迅速接受儒家的治国思想,而其自身所拥有的原始性的以掠夺为荣的政治思想,则充斥在他们的政治行为之中。故而,他们控制中原地区后,对社会基层人民的统治,残暴而贪婪。他们多数不仅缺乏儒家爱民思想的底蕴,更缺乏儒家的治国理念。这就是少数民族统治中原地区乃至全国后,在一段时期内,政府容易滋生大量恶官的一个重要原因。

六、政府惩治恶官的制度建设

惩罚制度建设,是中国古代政府管理官员的核心问题。当然,惩罚制度是针对官员所有违法和犯罪行为而制定出来的,其中当然也就包括如何惩治恶员害民法律制度的建设。

先秦国家的形态,相对原始,因此政府对官员的治理较为粗放。秦朝虽然建立了统一的中央集权制国家,以法家思想为治国的指导思想,法律相当严苛,但维持统一的时间过于短促,因此,对官员犯罪的管理,效果也不明显。汉朝建立后,统一的中央集权制度得到了长期的维护,中央政府也有能力对官员违法犯罪的行为进行有效的管理。汉朝对官员的管理,从法律上来说,多有依据,《汉律》的内容,针对官员职务的条例甚多。汉武帝时推行的"六条问事",其本质是惩治地方官员和地方豪强勾结损害编户齐民的制度,一方面维护了地方小民的利益,另一方面也就维护了皇权的利益。《汉书》卷一九《百官公卿表上》载"六条问事",唐人颜师古注曰:

> 一条,强宗豪右田宅逾制,以强凌弱,以众暴寡。二条,二千石不奉诏书遵承典制,倍公向私,旁诏守利,侵渔百姓,聚敛为奸。三条,二千石不恤疑狱,风厉杀人,怒则任刑,喜则淫赏,烦扰刻暴,剥截黎元,为百姓所疾,出崩石裂,袄祥讹言。四条,二千石选署不平,苟阿所爱,蔽贤宠顽。五条,二千石子弟恃怙荣势,请托所监。六条,二千(石)违公下比,阿附豪强,通行货赂,割损正令也。①

这六条的中心内容,旨在保护小民的利益,维护基层社会广大人民生活的和谐稳定。

魏晋南北朝时期,各朝都有自己的法律,其法律分为两个层次,一是"通用法",即所有人违法犯罪都要受惩的法律,二是"专门法",即专门针对各个阶层而定的法律。如为官员职务行为而定的不允许贪污受贿等法律。作为官员,他要遵守的法律,既有"通法"的内容,也有"专法"的内容。

这一时期国家制定的法律,曹魏时有《甲子科》《新律》等,蜀汉有《蜀科》,晋有《泰始律》《晋故事》等,南齐有《南齐律》等,梁有《梁律》等,陈有《陈律》等,北魏有《后魏律》等,东魏北齐有《麟趾新格》《北齐律》等,北周有《周律》等。以上都是各朝政府惩治官员的基本法律依据。这些法律,有一些对官员惩治的规定是十分明确的。南朝宋、齐均沿用《晋律》。刘宋立国60年,但并未创立新法。萧齐在永明七年(489)由王植、宋躬据《晋律》张斐、杜预二注,抄撰同异,结成新律,史称《永明律》,但终因意见不一,未果。

---

① 《汉书》卷一九《百官公卿表上》,第742页。

曹魏《新律》十八篇,其中,"系讯""断狱""警事""偿赃""请赇",多是司法审判及受贿等职务犯罪的内容。

晋《泰始律》十篇,其中"请赇""系讯""断狱""擅兴""卫宫""违制"等,基本上是以官员职务为主要内容的篇目。

梁朝有关法律对惩治官员做出了专门规定:"有八等之差:一曰免官,加杖督一百;二曰免官;三曰夺劳百日,杖督一百;四曰杖督一百;五曰杖督五十;六曰杖督三十;七曰仗督二十;八曰杖督一十。论加者上就次,当减者下就次。"①

各朝还有许多对官员思想和行为的准则规定或要求。这一时期,汉代的"六条问事"制度,到了曹魏,就发展成为"六条察吏"②。曹魏的"六条察吏"与汉代的"六条问事"有较大不同,其中有两条是针对地方人民的。

晋代有《刺史六条》:"一曰,忠恪匪躬;二曰,孝敬尽礼;三曰,友于兄弟;四曰,洁身劳谦;五曰,信义可复;六曰,学以为己。"③又有泰始四年(268)的《五条诏》:"一曰正身,二曰勤百姓,三曰抚孤寡,四曰敦本息末,五曰去人事。"④

到了西魏北周,又发展为《六条诏书》,即先治心、敦教化、尽地利、擢贤良、恤狱讼、均赋役。⑤ 以及《诏制九条》:"一曰,决狱科罪,皆准律文;二曰,母族绝服外者,听婚;三曰,以杖决罚,悉令依法;四曰,郡县当境贼盗不擒获者,并仰录奏;五曰,孝子顺孙义夫节妇,表其门闾,才堪任用者,即宜申荐;六曰,或昔经驱使,名位未达,或沉沦蓬荜,文武可施,宜并采访,具以名奏;七曰,伪齐七品以上,已敕收用,八品以下,爰及流外,若欲入仕,皆听预选,降二等授官;八曰,州举高才博学者为秀才,郡举经明行修者为孝廉,上州、

---

①《隋书》卷二五《刑法志》,第698—699页。
②程树德《九朝律考·魏律考》引《文选·齐故安陆昭王碑文》"六条察吏":"察民疾苦冤失职者,察墨绶长吏以上居官政状,察盗贼为民之害及大奸猾者,察犯田律四时禁者,察民有孝悌廉洁行修正茂才异等者,察吏不簿入钱谷放散者。"
③《晋书》卷三《武帝纪》,第50页。
④《晋书》卷三《武帝纪》,第58页。
⑤《周书》卷二三《苏绰传》,第382—390页。

上郡岁一人,下州、下郡三岁一人;九曰,年七十以上,依式授官,鳏寡困乏不能自存者,并加禀恤。"①

晋代的《刺史六条》《五条诏》,西魏北周的《六条诏书》《诏制九条》,皆从官员的道德修养与行为准则方面作了明确的规定,实际上是官员行为儒家化的法律规定。尤其是《六条诏书》,"绝不是徒具他律外形的道德心,而是一种作为道德根源的内在世界"②。

从刑罚制度而言,魏晋南北朝的刑罚制度较汉代则有了长足的发展:

曹魏的《新律》将法定刑分为死、髡、完、作、赎、罚金、杂抵罪等:"改汉旧律不行于魏者皆除之,更依古义制为五刑。"③

《晋律》定刑为五种:死、髡、赎、杂抵罪、罚金。

《北魏律》定刑为六种:死、流、宫、徒、鞭、杖。

《北齐律》最终确定了死、流、徒、杖、笞的五刑惩罚体系。

隋唐是中国法律成熟的时期,对于官员犯罪的惩治规定十分严格。

隋开皇十六年令规定:"有司奏合川仓粟少七千石,命斛律孝卿鞫问其事,以为主典所窃。复令孝卿驰驿斩之,没其家为奴婢,鬻粟以填之。是后盗边粮者,一升已上皆死,家口没官。"④

唐朝的《唐律疏议》是第一部迄今保存完整的律书,它整合了南朝与北朝的法律,并经过全面的修订,从而成为一部里程碑式的法律文本。它对官员违法犯罪的惩治的法条相当完备。如对赃罪的规定:

诸坐赃致罪者,一尺笞二十,一匹加一等;十匹徒一年,十匹加一等,罪止徒三年。与者,减五等。

【疏】议曰:赃罪正名,其数有六,谓:受财枉法、不枉法、受所监临、强盗、窃盗并坐赃。然坐赃者,谓非监临主司,因事受财,而罪

---

①《周书》卷七《宣帝纪》,第116页。
②〔日〕谷川道雄:《中国中世纪世界与共同体》,马彪译,中华书局,2008年,第229页。
③《晋书》卷三十《刑法志》,第925页。
④《隋书》卷二五《刑法志》,第714页。

由此赃,故名"坐赃致罪"。犯者,一尺笞二十,一匹加一等;十匹徒一年,十匹加一等,罪止徒三年。假如被人侵损,备偿之外,因而受财之类,两和取与,于法并违,故与者减取人五等,即是"彼此俱罪",其赃没官。①

《唐律》中把赃罪分为六种,称为"六赃",一是强盗赃,二是枉法赃,三是不枉法赃,四是窃盗赃,五是受所监临赃,六是坐赃。惩罚从绞、役、流、徒不等。总之,《六赃》中对官员的职务犯罪惩治有严格的规定。不过,从惩治官员的实践来说,法律虽然是基本的依据,但不用或滥用法律的现象也很突出。

唐以后各朝,除了元朝以外,其他各朝法律建设多有进步,对官员犯罪尤其是损害小民利益的行为管理,在法律文本制定方面,多严格有序。如《宋刑统》《大明律》《大清律》文本中,涉及官员违法犯罪,尤其是侵犯小民利益者,条文都非常之严。

关于考绩制度,各朝执行不一。其根本原因就在于政治局势稳定时间过短,多数的时候,或外有战争,或内有权争。依汉代之制,官员三年一考。而到了南北朝时期,多有不考的情况。北魏太和十八年(494)记考绩之制:"各令当曹考其优劣为三等","上上者迁之,下下者黜之,中中者守其本任"②。但这三年一考的制度,也未能长期执行。

宋朝对官员的考课制度建设取得了长足的进步,除了《宋刑统》对官员犯罪的惩罚条例外,其最为重要的成绩就是制定了考核官员的磨勘制度与历纸制度。③ 磨勘在唐朝已形成,及宋,其制度已非常完备。磨勘指政府通过勘察官员政绩功过,任命和使用官员的考核方式。历纸指各院院长平时记录所属政绩优劣的考状。庆历八年(1048),翰林学士张方平言:

---

① [唐]长孙无忌等撰,刘俊文点校:《唐律疏议》卷二六《杂律》,中华书局,1983年,第479页。

② 《魏书》卷七下《高祖纪》,第175页。

③ 张晋藩、郭成伟主编:《中国法制通史》第五卷《宋》,法律出版社,1999年,第110页。

第三章 官民互爱关系的破坏者

祖宗之时,文武官不立磨勘年岁,不为升迁次序。有才实者,从下位立见超擢,无才实者,守一官十余年不转。其任监当或知县、通判、知州,至数任不迁。当时人皆自勉,非有劳效,知不得进。祥符之后,朝廷益循宽大,自监当入知县,知县入通判,通判入知州,皆以两任为限;守官及三年,例得磨勘。先朝始行,未见有弊。及今年深,习以为常,皆谓分所宜得,无贤不肖,莫知所劝。愿陛下稍革此制,其应磨勘叙迁,必有劳绩;或特敕择官保任者,即与转迁;如无劳绩又不因保任者,更增展年。其保任之法,须选择清望有才识之人,命之举官。如此,则是执政之臣举清望官,委清望官举亲民官。凡官有阙,惟随员数举之,庶见急才爱民之意。①

可见,宋朝政府对官员执政行为考核制度的建设,已较前代有巨大的进步。而其考核的重要宗旨在于爱民。《宋刑统》的制定,也是宋朝法制建设的重要成就,其中对官员犯罪的惩治条文,较前代也有进步。

元朝是蒙古人建立的统一的多民族王朝。元朝建立后,虽然其法律制度的建设承袭了唐宋法律的精神,但是,"元朝的法律处处都反映出蒙古人中心主义,带有十分浓厚的民族压迫的色彩"②。因此,在元朝统治时期,官员残暴虐民的行为非常普遍,而受到严格惩治者并不多见。

到了元朝末期,政治走向全面腐败,地方官吏贪污行为十分普遍,公开向社会民众索取钱财,习以为常。《草木子》载:

元朝末年,官贪吏污。始因蒙古色目人茫然不知廉耻之为何物。其问人讨钱,各有名目:所属始参曰"拜见钱";无事白要曰"撒花钱";逢节曰"追节钱";生辰曰"生日钱";管事而索曰"常例钱";送迎曰"人情钱";句追曰"赍发钱";论诉曰"公事钱";觅得钱多曰"得手";除得州美曰"好地分";补得职近曰"好窠窟"。漫不知忠君爱民之为何事也。③

---

① 《宋史》卷一六〇《选举志六》,第3760页。
② 韩玉林主编:《中国法制通史》第六卷《元》,法律出版社,1999年,第21页。
③ [明]叶子奇:《草木子》卷四下《杂俎篇》,中华书局,1997年,第81—82页。

135

中央官员与地方官员并无两样。《草木子》又载：

> 元初法度犹明，尚有所惮。未至于泛滥。自秦王伯颜专政，台宪官皆谐价而得，往往至数千缗。及其分巡，竟以事势相渔猎，而偿其直，如唐债帅之比。于是有司承风，上下贿赂，公行如市，荡然无复纪纲矣。肃政廉访司官，所至州县，各带库子检钞秤银，殆同市道矣。①

总的来看，元朝虽然也粗粗地建立了一套官员考课的制度，但与宋朝相比，要落后得多，也未能对官员违法犯罪进行严格的管理，尤其是对官员侵害基层民众利益的行为，管理甚为粗放，这就大大削弱了元朝统治的民心基础。

明朝是汉人建立的政权。在被蒙古人统治近百年后，占人口数量绝对多数的汉人重新夺取了天下，这无疑有利于国家政治的稳定，同时也有利于国家对官员政治行为的严格管理。明朝在建立之初，便开启了重振儒家纲常礼教的治国方略。明朝的立法，一改元朝的积弊，倾向保护小民的利益，以除暴安良、为民造福为宗旨，可以看到其背后存在的厚重的"儒家的民本主义的政治哲学观"②。明朝除暴安良的立法宗旨，重在除官之暴恶，故而明朝开国皇帝朱元璋对贪官的惩治严重程度，超越历史上任何一个朝代。朱元璋对贪官实行的剥皮实草、悬挂贪官皮囊于官衙之前的举措，尽管失之于刑罚的酷滥，但也足以看出，贫民出身的朱元璋，对于官员害民行为的极度憎恶。为了有效地管理天下，朱元璋亲自撰写了《大诰》。《大诰》体现了朱元璋重典治乱世的思想。《大诰》中有案情的条目201条，其中专讲或主要讲官吏犯罪的条目150余条，占总数的十分之七。③ 这足以说明，朱元璋对官员违法犯罪管控之严厉。朱元璋甚至规定，天下每户均须持有一册《大诰》，各家各户须时时学习，以便知法守法。《大诰》之外，朱元璋还主持编订

---

① [明]叶子奇：《草木子》卷四下《杂俎篇》，中华书局，1997年，第82页。
② 张晋藩、怀效锋主编：《中国法制通史》第七卷《明》，法律出版社，1999年，第7页。
③ 张晋藩、怀效锋主编：《中国法制通史》第七卷《明》，法律出版社，1999年，第416页。

了《大明律》。《大明律》与《大诰》并行,对官员犯罪的惩治条例较前代更为完备。如《大明律》对官吏受财进行了严格的规定:"凡官吏受财者,计赃科断。无禄人各减一等,官追夺除名。"①对在官求索、借贷人财物、家人求索、因公擅科敛、克留盗赃等行为,都有严格的惩罚条文。

清朝是继蒙古人统一中国之后,又一个由少数民族统一中国的政权。清朝统一中国后,尽管坚持其民族压迫的政策,但是,清朝满族社会上层不得不接受汉人文化,从而在防范汉人知识阶层的同时,也被迫采取汉人的政治制度,在法律上也积极吸收了明朝法律的条文,制定了有利于巩固其统治的法律制度。"清朝在总结历史法制建设经验的基础上,进行了多种形式立法建制。其立法之严密,制度之完备,程序之齐全,调整对象分工之细密,均达到了中国法制史上的高峰。"②在治理官员违法犯罪方面,法律条文较前代更为细致。

中国古代各朝对恶吏害民的处理方式,主要表现有三:其一,行政处罚,如对官员的撤职。其二,刑事处罚,即对官员加以徒刑或死刑。其三,对造成集体性事件的官员的处理尤其严厉,可能要处以死刑。

必须指明,在专制时代,法律的条文虽然较为清晰,但是,法律的运作,与法律条文本身不会时时吻合,甚至于完全不相吻合。如果当权者要对某个人或某些人进行惩罚,就得先找出惩罚的理由。这个理由从何而来?当然还是从法律条文而来。由此而强加在一些人身上的罪名,都与法律所定制的罪名完全吻合。专制时代法律的执行,必定会时时出现人治而非法治的现象。法律的制定是一回事,运行则是另一回事。专制时代的人治,总体上总是大于法治。因此,惩治的标准,尤其是在政治型的惩治事件中,对官员的惩治,与其说是依法律制定出来的标准进行的惩罚,毋宁说是掌权者自己编造出来标准进行惩罚。

因此,我们在研究这一时期官员惩治制度的时候,不能把制度简单地当作历史运行的真实过程对待。

---

① 怀效锋点校:《大明律》,法律出版社,1999年,第183页。
② 张晋藩主编:《中国法制通史》第八卷《清》"前言",法律出版社,1999年,第7页。

中国古代各朝掌控法律者,是君主与官员(权贵)。因此,君主是法外之人,不受法律的任何限制。而官员(权贵)虽然会受到法律的限制,但是,当君权不能有效管控他们时,他们当然也成了逍遥法外之人。《史记·酷吏列传》云:"汉兴,破觚而为圜,斫雕而为朴,网漏吞舟之鱼。"①《汉书·刑法志》云:"汉兴之初,虽有约法三章,网漏吞舟之鱼。"②其后各代,网漏吞舟的现象依旧盛行。如《魏书》卷八八《良吏传》序称:"有魏初拓中州,兼并疆域,河南、关右,遗黎未纯,拥节分符,多出丰沛。政术治风,未能咸允,虽勋贻大戮,而贪虐未悛,亦由网漏吞舟,时挂一目。高祖肃明纲纪,赏罚必行,肇革旧轨,时多奉法。世宗优游而治,宽政遂往,太和之风,颇以陵替。肃宗驭运,天下涽然,其于移风革俗之美,浮虎还珠之政,九州百郡,无所闻焉。"③

当然,中国古代尽管黑暗政治不时存在,尽管官员贪污受贿、残害民众的现象时时存在,而官员并没有受到应有的惩罚,但这并不能表明,官员胡作非为,就总能逍遥法外。

---

① 《史记》卷一二二《酷吏列传》,第3131页。
② 《汉书》卷二三《刑法志》,第1104页。
③ 《魏书》卷八八《良吏传》,第1899页。

第四章 中国古代爱民之官生成的基石

爱民之官与害民之官,在正史记载甚多,其中《循吏传》《良吏传》《良政传》等,是专门记载良吏的类传;而《酷吏传》《奸臣传》等则是专门记载害民之官乃至害官之官的类传。这两种不同的类传,在一定程度上,具有鲜明的对比性,对二者进行比较研究,也就具有重要的意义。

一、爱民之官(良吏)与害民之官(恶吏)的比较

笔者在此书中,难以把正史所载全部的爱民之官(良吏)拿出来一一进行分析,也难以把全部的恶吏拿出来一一进行分析。尽管如此,但笔者认为选择典型性的个案,就应该具备了较强的代表性。依照逻辑归纳的原理,完全归纳推理最为可靠,但是,事实上,能够做到完全归纳推理,是十分困难的事情,因此,用典型作为代表,选择不完全性的归纳推理,也就成为研究问题的首选方法。对良吏和恶吏两种典型的官员进行比较,其比较的结论应该具备一定的可信度。

选择良吏作为比较的标准,在于这些良吏是正史所公认的好官。不过,这些良吏,正史也没有全部记载人民对他们的感恩情况。但是,良吏不贪财,不酷虐人民,应该说,是会受到基层广大人民欢迎的。因此,我们可以认定,上面所列良吏是可以被认定为爱民与民爱之官的。上面所列的害民祸国之官,有些只是在中央为非作歹,与基层人民接触甚少,基层人民谈不上对他有恨,但是这些官员,在基层人民心中,也是恶官,本章也就把这些官员划入民恶之官的队伍之中了。

以下是笔者对这两种官员比较的结论:

结论一:出身不是官吏为良或作恶的决定因素。

出身富贵照样可以爱民,出身贫寒照样可以害民。此处所言出身,主要表现在三个方面:一是出生的地域,二是出生的家庭经济条件,三是出生家族的贵贱身份。对正史所载循吏(良吏、良政)生平简况,以及所载害民祸国官员生平简况进行比较分析,至少可以得出以下几点认识:

第一,无论是爱民的良吏,或者害民祸国的恶吏,与其出生的地域籍贯即其出生的郡县没有必然的关系。因此,生存的地理环境,与良吏和恶吏生成的关系不大。

第二,家庭的贫富,与官员是否爱民、是否清正廉洁也没有必然的关系。不能认为官员少年时代体验过下层人民所受之苦,就认为他们为官之后就可能同情下层人民的痛苦。这与汉朝文帝、昭帝等来自民间,深刻了解社会下层人民的苦痛,继位后而采取一系列的爱民政策不可等同。毕竟来自民间的君主,在即位之后,再不会为生计发愁。而出自贫穷家庭的官员,在做了官员之后,可能还在担忧日后没钱的痛苦生活。

第三,家庭出身的贵贱与官员是否爱民、是否清正廉洁也没有必然的关系。西汉的循吏,多没有什么可资炫耀的贵族资本,但是他们照样成为人民爱戴之人;东汉以降的良吏,他们多有可资炫耀的贵族资本,但是他们同样为民所爱。这说明,贵族出身的官员也不是一味地重视物质的享受,而不会关心广大下层人民的疾苦。而出身低贱者,也同样会成为令民所恨的恶吏。

结论二:接受儒家(或道家)思想教育并形成儒家官德人格,是官员爱民的内在动因。

接受儒家思想教育,只是官员领会爱民思想的开始,内心服膺儒家思想,才算初步形成了儒家思想的人格,任官时践行儒家思想,才算真正地形成了儒家爱民的官德。

因此,爱民之官的成长经历,至少要包括三个步骤:一是接受儒家思想教育,二是内心服膺儒家思想,三是为政时践行儒家思想。这是爱民之官爱民思想的必经之路。一个人在接受儒家思想的教育时,未必会内心服从其思想;内心即使服从儒家思想,但还要受到外界种种因素的影响,做官时也未必就能践行儒家思想。因此,爱民之官人格的伟大,就在于他们能够保持儒家高尚的政治人格。是故,官员对儒家思想的真正接受是极为重要的爱民条件。一般来说,循吏,多数是喜爱儒家之书的人物。[①] 思想决定行为,有什么样的思想就有什么样的行为。因此,官员是否接受儒家的思想极为重要。

当然,官员爱民,不会单独接受儒家思想,还有接受道家思想或法家思想的可能。因为道家无为而治的思想,是官员以静治民的法宝;而法家惩治地方恶人的手段,是官员除暴安良的法宝。故而汉代以后的爱民之官,多以儒家思想为爱民之基,而混用道家思想或法家思想,去治理地方。

结论三:学习儒家经典但未接受其思想者为官可能会祸国害民。

从上面所列祸国害民之官的少年经历可知,其中多数人,或多或少接受过儒家思想的教育,但是,他们却并未真心服从了儒家的思想。因此,熟读儒家经典的部分官员,未必就能成为良吏。如南朝时许多士族出身的官员,没有不饱读诗书者,但为政贪婪者却大有人在。像刘宋的颜师伯,年轻时饱读诗书,孝武帝临死,受遗诏辅政,贵为国家重臣,但是却贪婪异常,"居权日久,天下辐辏,游其门者,爵位莫不逾分。多纳货贿,家产丰积,伎妾声乐,尽天下之选,园池第宅,冠绝当时,骄奢淫恣,为衣冠所嫉"[②]。

杨廷祥先生在其《中国古代官德研究》一书第七章《历代正史中的循吏考辨》中,特别强调了官员少年时代学习儒家经典对其成为循吏的重要作用。可惜,他只看到了事物的一个方面,而没有看到更深的另一个方面。事实上,自从汉武帝实施"独尊儒术"的文化专制政策以来,儒家学说就成了世人入仕的敲门砖,因此,对儒家经典的学习也就成为世人做官的重要途径。这就造成了一种接受教育的畸态:一方面,一部分人学习儒家经典,是出于对儒家思想的信仰,而积极地研习,因此,他们对儒家学说的研习,可以做到知行合一。另一方面,还有一部分的学生,虽然也积极学习儒家的学说,也会做出官样的疏章,但是,他们却没有从内心真正地接受这种思想,因此也

[①]参杨廷祥:《中国古代官德研究》第七章《历代正史中的循吏考辨》,上海古籍出版社,2004年。

[②]《宋书》卷七七《颜师伯传》,第1995页。

就不可能做到知行合一。因为,在他们眼中,儒家经典只不过是能让他们成为国家官员的工具,而非一种真正修养身心的学说。我们可以从南朝萧梁朱异,唐朝许敬宗、李义府等人的儒家学术研修与其行为的严重悖谬上清楚地看出这一点。因此,如果再从另一角度讨论,可知学问与官德是两回事。教育不是万能的,儒家的教育成材论,并不可能对每个人都起到作用。像许敬宗那样具有很高的撰写各类文体者,其官德却非常卑劣,这足以说明,学问与官德之间并没有必然的因果关系。无论是《大学》的修身理论,还是后来阳明心学的知行合一理论,都不可能把天下读书人的心理全部净化或复归本真。

结论四:害民祸国之官为恶的原因相当复杂,根源在于权力过大且难受控制。

第一,从身份上看,害民祸国官员中,外戚与宦官占有相当的比例。外戚入仕的方式,与正常的选官并不相同。他们凭借的,主要是家族中的女色,即以君主所幸的女性为依靠,而成为官员,故此,他们有强硬的后台,即使害民祸国,也无所畏惧。加之位高权重,更可为所欲为。宦官的入仕,也非正常的渠道,他们为非作歹,与其正常生理器官被破坏密切相关。儒家认为,不孝有三,无后为大。因为缺乏正常的生殖器官,他们没有了"孝"之最大资格,这使他们成为社会所轻视的对象。因此,经过这种社会的歧视,他们正常的人格受到了扭曲,对于社会的正义与儒家的爱民思想,多不会接受,反而会以极端的形式报复社会,以求得其个人扭曲的社会价值的实现。

第二,从职位上看,位高权重是害民祸国的又一重要原因。从上面所列之表可以看出,祸国害民之官,其行政权力越高,对人民和国家的危害就越大。如果说一般的地方官员,其祸害只限于其所辖之地的话,中央的高官,其危害则要大得多。像李林甫、秦桧、严嵩等人之恶,远不只是对小民的危害,而直接造成了帝国的衰落。

第三,从制度运行上看,权力难受控制是另一重要原因。中国古代一些时期,从制度层面上看,对管理官员的制度建设成就斐然。但是,制度是由人制定出来的,要人执行才有效果。而国家最高权力却是专制的,这就导致了制度会出现因人而变的弹性。这也是中国古代制度建设遇到的一个大问题。制度弹性表现为制度处于英明君主专制时期,会产生正常的弹力,起到奖善惩恶的有力效果;而在处于非英明君主统治时期,则会松弛无力,根本起不到奖善惩恶的效果,反而形同虚设。

第四,从君主方面看,害民祸国官员的频繁出现多源于君主的无能昏庸或滥用君权。君主年幼、君主昏庸或君主的胡作非为,都可造成害民祸国官员的频繁出现。这种官员的频繁出现,其最后的政治根源,都可以从君权处找到解答。贤明的君主,总能注意吏治的问题,重视民生;而非贤明的君主,却重用奸佞之人,正直之人反而会受到迫害。如东汉后期的党锢之祸,就是皇帝与宦官相互勾结,以打击代表社会正义的士人阶层。君主的劣质化,实为官员劣质化的终极根源,也是国家走向衰亡的终极原因。

二、爱民之官(良吏)生成的基石——从儒家的自爱与爱人角度考察

同样是人,为何有人做官会成为良吏,而有人做官则成了恶吏呢?针对这一问题,儒家给予了较完备的解释。如孔子创立了仁与礼的理论,孟子创立了义和性善理论,《大学》篇创立修齐治平的理论,《中庸》则从哲学根源上论述了人的善良之性,以及修身的方式。其中,儒家对其最为核心的仁概念的范畴简洁化的解释,就是爱。而对爱的解释,强调了自爱和爱人的统一性关系。也就是说,如果人能够做到自爱与爱人的统一,那么,他在参与国家政治建设之时,就一定能够成为良吏,而不可能成为恶吏。

1. 儒家的自爱思想

在人为何会自爱这一问题上,儒家强调仁者自爱,即儒家认为仁者才具有自爱的主观能动性,即本能。西汉的扬雄说:"自爱,仁之至也。"[1]这大概是对仁者具有自爱本能特性的较早解释。儒家自爱的概念与一般人爱护自己有着不同,儒家把自爱放在伦理范畴和政治范畴内进行考察,而不是放在生物的自生属性上考察。在伦理学的意义上,"仁者自爱"所关注的则是"应

---

[1] [汉]扬雄撰,韩敬译注:《法言》,中华书局,2012年,第376页。

该成为一个什么样的人(What I ought to be?)的问题"①。《论语》《孟子》中都没有直接讨论自爱的话题,但是,二人对修身的论述,其本质都是自爱。荀子对孔门弟子们的谈话涉及自爱的问题。《荀子》一书说:

> 子路入,子曰:"由!知者若何?仁者若何?"子路对曰:"知者使人知己,仁者使人爱己。"子曰:"可谓士矣。"子贡入,子曰:"赐!知者若何?仁者若何?"子贡对曰:"知者知人,仁者爱人。"子曰:"可谓士君子矣。"颜渊入,子曰:"回!知者若何?仁者若何?"颜渊对曰:"知者自知,仁者自爱。"子曰:"可谓明君子矣。"②

据以上对话,孔子虽然把自爱当成人生之本,但似乎把"非仁者"排除在自爱境界之外了。这是否对全体民众不公?事实上,孔子强调仁者自爱,其意在于渴望社会上每个人,都要提高自我修养,都能成为仁人。孟子在这一点上比孔子有进步,他认为:"人皆可以为尧舜。"(《孟子·告子下》)孟子的意思不是说人人都要去做天子,而是说,人人都有成为尧、舜的潜质,只要进行自我修炼,就能达到尧、舜的精神境界。既然人人都具有成为尧舜的潜质,人人也都有成为仁者的可能,当然也就具有自爱的本能了。

儒家的自爱不是自私。法家认为人是自私自利的,君与臣、父与子、夫与妻都是自私自利的关系,人与人之间也就不存在爱,有的只是利益诉求。因此,也就无所谓自爱,只有自利。在法家看来,人的一切行为都是为了自己,而非为了他人。儒家自爱的目的,与法家完全不同,下文有论,此不赘述。

儒家的自爱,首先表现在对自己身体的爱护上。在儒家看来,人的生命是行为的主体,如果没有了生命,就不存在自爱和爱人了。因此,儒家在要求人们自爱之时,首先要求爱护好自己的身体。这是自爱和爱人的基础。孔子说:"君子有三戒:少之时,血气未定,戒之在色;及其壮也,血气方刚,戒之在斗;及其老也,血气既衰,戒之在得。"(《论语·季氏》)孔子又说:"危邦

---

① 王楷:《仁者自爱:儒家传统的道德生命观及其哲学基础》,《孔子研究》2012年第5期。

② 梁启雄:《荀子简释》,中华书局,2010年,第396页。

不入,乱邦不居。天下有道则见,无道则隐。邦有道,贫且贱焉,耻也;邦无道,富且贵焉,耻也。"(《论语·泰伯》)《礼记·哀公问》说:"君子无不敬也,敬身为大。"《孝经·开宗明义》说:"身体发肤,受之父母,不敢毁伤,孝之始也。"这些都在说明爱护身体的重要性。身体是生命的根本,没有生命就没有一切。因此,儒家认为重视自己的身体是处理所有社会关系的起点。

儒家的自爱,其次表现在重视心理的健康成长上。孟子说:"天将降大任于是人也,必先苦其心志,劳其筋骨,饿其体肤,空乏其身。"(《孟子·告子下》)苦其心志、劳其筋骨、饿其体肤、空乏其身,重在磨炼心智,增强毅力。儒家尤其重视道德修养与身体的关系,认为提高道德修养,有利于身体的健康。《中庸》说:"富润屋,德润身。"所谓"德润身",即认为心理人格与身体健康是正比的关系。可见,儒家认为心理健康与生理健康是紧密结合的。

儒家自爱,再次表现在重视个人参与社会活动能力的培养上。思想修养的培养是儒家自爱培养的一方面,能力培养则是儒家自爱培养的另一方面。儒家设计了一套人生发展的规划,即修身、齐家、治国、平天下。修身是基础,齐家是修身的初步实践,治国是修身的中期实践,平天下是修身的最高实践。儒家重视人的能力培养,认为通过培养,人的能力可以得到提高。儒家在智力上把人分为三等,其一是上智,其二是下愚,其三是常人。孔子说:"唯上智下愚不移。"(《论语·阳货》)但上智和下愚者人数不多,因此,占有人口绝对多数者,都要经过教育,方可提高自己的道德修养和理事能力。

儒家的自爱,最后还表现在爱护自己的声誉上。儒家的自爱为何要重视自己的名声?这是因为儒家追求精神价值。孔子强调要培养自己的君子人格,有了君子人格,就与小人有了本质区别。孟子强调要培养浩然之气,"将原始生命('体')赋予德性的内容"[1]。儒家爱护名声与爱护生命之间存在矛盾之处。儒家认为,二者发生矛盾时,宁可牺牲生命。这是因为儒家认为人的身体可以死去,但是精神却可以长存。因此,为了正义,可以牺牲宝贵的生命,即如孟子所说:"天下有道,以道殉身;天下无道,以身殉道。"(《孟

---

[1] 黄俊杰:《先秦儒家身体观中的两个功能性概念》,《文史哲》2009年第4期。

子·尽心上》)为道而献身,并非不爱惜生命,而是因为以身殉道,就是在维护自己的名声。

当然,除士之外,儒家还非常重视君主与官员的自爱。尤其要求君主应强化自爱修炼,把自己培育成亲民爱民的明君。君主既然为一国之主,理当成为全民的榜样,并承担着为国民谋求幸福的义务。君主要像父母一样爱护自己的百姓。孟子特别指出,如果君主不去爱民,一旦成为独夫的话,人民完全有理由杀之。孟子讲这样的话,不只是对君主的警告,而且还是对君主自爱标准的定位。儒家对君主自爱的定位,有其历史依据,即用历史上出现过的贤明君主作为标尺。具体来说,有尧、舜、禹、汤、文、武、周公等。当然,也用了反面的典型,即夏桀和商纣。同理,儒家对官员自爱标准的要求也很高,认为官员理当爱民,要选用贤能之人为官。也就是说自爱做得好的人,方有资格做官。

儒家自爱的直接目的,是为爱人储备资质,而终极目的则是积累平天下的资质。儒家要求人人自爱,缘于儒家具有关心社会的情怀,和为天下众人谋幸福的思想。儒家认为,人生要实现平天下的理想,就要一步一个脚印:修身、齐家、治国、平天下。儒家自爱思想,充满了集体主义的精神,认为集体的幸福远大于个人的幸福,与法家自私自利的人生观完全不同。当具有修齐治平的资质时,也就达到了仁人的境界,"无敌于天下"(《孟子·尽心下》)。可见,儒家自爱始于修身,终于平天下。

2. 儒家的爱人思想

儒家的爱人思想,包括爱人的理论基础、爱人的等级区分和爱人的终极目标等内容。儒家的爱人思想,在其核心范畴概念仁的含义中体现出来:"以仁为核心,以同心圆层层扩展的方式向外推衍,形成了由仁、义、礼、智、信、孝、悌、忠、恕、敬、诚、勇、直、廉、耻、温、良、恭、俭、让等众多价值(德目)构成的核心价值体系。"[①]"樊迟问仁。子曰:'爱人。'"(《论语·颜渊》)孟子解释仁说:"仁者爱人。"(《孟子·离娄下》)孔子与孟子的解释,充分体现

---

① 韩星:《儒家核心价值体系——"仁"的构建》,《哲学研究》2016年第10期。

了人与人之间关系的善性特征。故许慎解释仁说:"仁,亲也。"①因此,"仁者爱人"处于道德体系中的核心位置,是儒家"道德的最高原则,也是赖以存在的终极根源"②。

人性善良是从人性上建立儒家爱人的理论基石。孔子对人性的探讨停留在"性相近"的阶段,孔子尽管没有直接说明人性善良,却存在人性善良的思想。孟子直接提出了人性善良的理论,孟子认为,"人皆有不忍人之心",朱熹解释孟子这句话时说:"天地以生物为心,而所生之物因各得夫天地生物之心以为心,所以,人皆有不忍人之心也。"③朱熹的意思,就是认为人之善良,源于天地善良,即人之善良,源于天性。孟子又把他的人性善良理论具化为"四端之心"说:"恻隐之心,仁之端也;羞恶之心,义之端也;辞让之心,礼之端也;是非之心,智之端也。人之有是四端也,犹其有四体也。有是四端而自谓不能者,自贼者也。"(《孟子·公孙丑上》)孟子用人的四体来解释其"四端"说,强调了人性善良的本能特质。人性既然善良,当然会去爱人。

儒家认为,社会上所有人都需要有人去爱。因为无论从人的自然属性,还是从人的社会属性来讲,社会上总有一部分人,属于社会的弱者,需要他人的关爱方能生存下去。当"老有所终、幼有所长、矜寡孤独废疾者皆有所养"(《礼记·礼运》)时,这个社会才算和谐。而社会上的强者,他们是向弱者施爱的主体,但是,他们也需要得到社会的尊重,即得到他人的爱戴和敬重,方可以享受到儒家所倡导的人生意义带来的心理的快乐。

儒家认为爱人不仅是人生的义务,而且也是实现自爱的手段和目的。首先,儒家把爱人当成人生的义务看待。儒家认为血亲之间的爱,完全出于义务。如子女对父母尽孝就是天然的义务:"夫孝,始于事亲。"(《孝经·开宗明义章》)当然,把血亲之爱拓展到社会领域,也就有了主政者对子民的爱和子民对主政者的爱,以及普通民众之间的爱。主政者把子民当成了自己

---

① [东汉]许慎:《说文解字》,中华书局,1992年,第161页。
② 韩美群:《儒家"仁者爱人"思想的人本基础及其现代意蕴》,《江西社会科学》2011年第10期。
③ [南宋]朱熹:《四书章句集注》,中华书局,2012年,第238页。

的子女而施以爱护;同理,子民把主政者当成自己的父母而施以爱戴。如此,就完成了爱从血亲到非血亲的传递过程。其次,儒家之所以主张爱人,在于每个人都具有成为完人的使命,即爱人是其天然的职责。如果不能完成这一神圣的使命,人生便不完满:"不能爱人,不能有其身;不能有其身,不能安土;不能安土,不能乐天;不能乐天,不能成其身。"(《礼记·哀公问》)而修身是儒家自爱的重要内容。因此,儒家的爱人也是自爱的手段和目的。

"在爱人的问题上,墨家强调同等,儒家强调差等。"[1]墨家提出的兼相爱思想,是一种社会的大爱。远古时期,人们只知母而不知父,天下一家,"不独亲其亲,不独子其子"(《礼记·礼运》),兼爱当然可以大行其道。但是,到了家天下的时代,兼爱便与血亲关系相悖起来。如所周知,血亲之间建立了互相帮助而得以维系家庭成员生存和延续的关系,因此,在家庭内部,血亲之间的关系必然比非血亲之间的关系紧密。人为地要求非血亲之间做到兼爱,很难取得社会的广泛认同。孟子批评墨家说:"墨氏兼爱,是无父也。无父无君,是禽兽也。"(《孟子·滕文公下》)因此,儒家要求"立爱自亲始"(《礼记·祭义》),强调爱分等差。一个人最爱者,是生养自己的父母。孔子说:"仁者人也,亲亲为大。义者宜也,尊贤为大;亲亲之杀,尊贤之等,礼所生也。"(《中庸》)孟子也说:"仁者无不爱也,急亲贤之为务。""亲亲,仁也。"(《孟子·尽心上》)可见儒家认为把最多的爱首先奉献给父母,属于天经地义。亲属和乡邻,以及其他人,都没有父母重要。这就是儒家的爱有差等观,也是"儒家的伟大发现"[2]。事实上,儒家并没有直接提出爱有差等,但"其'仁爱'伦理精神强调的'爱由亲始'到'泛爱众'的实质就是差等之爱"[3]。儒家的等差之爱,包括所爱程度的等差和施爱时间的等差。

在家庭内,儒家的爱表现为孝悌。孝是子女对父母之爱,悌是弟对兄之爱。不过,孝的前提是因为有父母之爱在先,悌的前提是有兄之爱在先。故

---

[1] 冯友兰:《中国哲学简史》,北京大学出版社,1985年,第82页。
[2] 王海明:《爱有差等:儒家伟大的发现》,《武陵学刊》2016年第3期。
[3] 杨学海:《论"爱有差等"与"爱无差等"——儒家"仁爱"与墨家"兼爱"思想比较研究》,河南科技大学硕士学位论文,2014年,第10页。

而孝悌是双向的互动。因为孝的前提是父母给予了子女之爱,故而子女对父母之爱,就是孝,也就是爱人的体现。同理,兄弟之间的悌,也是具有爱与受人之爱的对等关系存在。

在家庭外,儒家又强调了泛爱的意义。孔子说:"弟子入则孝,出则弟,谨而信,泛爱众,而亲仁。"(《论语·学而》)又曾对"老吾老以及人之老,幼吾幼以及人之幼"很是赞赏(《礼记·礼运》)。儒家又有"四海之内,皆兄弟也"的观念(《论语·颜渊》),也说明儒家认为对亲人的爱,完全可以推及到异姓非血亲者身上。当然,儒家的爱人以孝悌对内,以信义对外。儒家的信义观念,实为孝悌的延伸。对于没有血缘关系者,因为存在交往,故而也当有交往的规则,这就是信义。信的本质,是说到做到,言行一致。义的本质,是公平合理,是不贪占对方的经济利益。儒家要求在生活实践中爱人,做到言行一致。这也是儒家的"诚"。诚是言行一致的体现,又是实事求是的体现。

儒家尽管承认爱有差等,强调把血亲之爱放在前头,但是,这不能说明儒家的爱具有完全的自私性,因为爱具有空间的距离性和社会成员关系远近的不同,其必然的结果是给予亲人的爱最多,给予他人的爱较少;给予亲人的爱在先,给予他人的爱在后。同理,报答的爱也因此而多少有别,先后有别。可见,儒家爱人的等差性,是"合乎正义原则的不平等"[1],是"以孝亲为普爱之基"[2],由内而外有所不同,即"门内之治,恩掩义;门外之治,义掩恩"(《礼记·本命》)。

儒家认为要去爱人,尤其是要把亲亲之仁扩大到泛爱的程度,就要从自身做起,以礼规范自己的行为,即"克己复礼为仁"(《论语·颜渊》)。克己,当然要克制自己和战胜自己。克制自己和战胜自己的是不当的欲望,而克制自己和战胜自己的尺度是礼。因此,克己复礼便具有积极进取的精神和

---

[1] 谢红星:《在不平等中追求正义——儒家"礼治"的另一种解读》,《华中科技大学学报》2011年第3期。

[2] 李幼蒸:《〈论语〉解释学与新仁学》,中国人民大学出版社,2018年,第222页。

意志表现在其中。朱熹称赞说:"克己复礼,乾道也。"①所谓乾道,即《易传》所说:"天行健,君子以自强不息。"强调克己复礼在爱人中的重要地位。因此孔子说:"一日克己复礼,天下归仁焉。为仁由己,而由人乎哉?"(《论语·颜渊》)对于践行仁的具体方法,《论语》曾有这样的记载:"子张问仁于孔子。孔子曰:'能行五者于天下,为仁矣。'请问之。曰:'恭、宽、信、敏、惠。恭则不侮,宽则得众,信则人任焉,敏则有功,惠则足以使人。'"(《论语·阳货》)其内涵都在礼中。孔子还认为,爱人需要具有君子人格:"君子学道则爱人,小人学道则易使也。"(《论语·阳货》)

　　儒家认为爱人并不只是个人修养之事,更是国家主政者的大事。因此,儒家把爱人的行为政治化了,甚至把爱人的重心放在国家政治核心位置之上,即君主身上。儒家认为国君是能否爱人最为重要人物。国君制定的各项政策和制度,都要以爱人为中心,即实施仁政,方才算是明君。故儒家说,"古之为政,爱人为大。"(《礼记·哀公问》)圣人"重社稷故爱百姓"(《礼记·大传》)。因此,"君民者,子以爱之,则民亲之;信以结之,则民不倍;恭以莅之,则民有孙心"(《礼记·缁衣》)。

　　而官员爱民是君主爱民的延伸。如果君主和官员都具有仁爱思想和爱民行为,上行下效,百姓也就会爱戴其君主和官员了,这个社会就会充满仁爱,国家也就很好治理了。因此,孔子说:"立爱自亲始,教民睦也。立教自长始,教民顺也。教以慈睦,而民贵有亲。教以敬长,而民贵用命。孝以事亲,顺以听命,错诸天下,无所不行。"(《礼记·祭义》)"道千乘之国:敬事而信,节用而爱人,使民以时。"(《论语·学而》)《大学》也说:"上老老而民兴孝,上长长而民兴弟,上恤孤而民不倍。"儒家之所以重视主政者的爱人问题,在于君主和官员们掌握着国家的权力,拥有让人民享受幸福生活的资质,而且他们的政治行为具有社会示范意义。

　　相反,如果君主和官员都对百姓残酷剥削和压榨,老百姓也就不可能爱戴他们,而只会起而造反。为了让君主和官员对百姓多加施爱,儒家重视抑

---

① [南宋]朱熹:《四书章句集注》,中华书局,2012年,第134页。

制"突出于庶民之上的阶层利益"①。可见,儒家把基于个人自爱、爱人以及接受人之爱的理论上升到国家政治的理论境界,这是儒家政治理论家国一体化的特点,也是儒家思想政治情感化的特点。

3. 儒家自爱与爱人的关系

儒家认为,自爱是爱人的基础。这是因为,有了自爱,方可使自己的身心健康发展,方才有了爱人的主体、爱人的身体资本和能力资本。

梁启超说:"仁义二字,为孟子一切学问总宗旨。"梁氏又引用董仲舒的话说:"仁者人也,义者我也。"②可见,儒家的爱人之"仁",与有"我"存在的"义",合为一体。义是处理"我"与他人关系应尽的准则,即处理如何"爱人"关系的准则,而"我"是主宰身体的主导,"身体只是拿来表现我们生命的一项工具"。"我们凭借了身体这项工具,来表现行为,完成我们的生命。"③

儒家认为爱人是自爱的手段和目的。孔子说:"夫仁者,己欲立而立人,己欲达而达人。"(《论语·雍也》)可见,儒家认为人应该把爱人和自爱当作一件事情来对待的。二者不可截然分开,只有通过不断地爱人的实践,方可成为完人,方才具备了平天下的资质。因此,爱人就成为自爱的手段和目的,正如北宋张载所说:"以爱己之心爱人则尽仁。"④事实上,儒家的爱人,也是"变相之爱己心"的体现,⑤因为自己能够爱人,才会得到他人之爱。这是爱的互相传递的必然结果。

儒家自爱的直接目的是为爱人奠定基础,爱人是自爱的必然结果。就国家来说,这种自爱、爱人的过程主要通过君主的主导行为表现出来。儒家特别重视国家层面君主的自爱和爱人,总希望君主通过自爱的品格修炼,践

---

① 徐复观:《儒家思想与现代社会》,九州出版社,2016年,第194页。

② 梁启超:《读孟子界说》,载氏著《饮冰室合集·饮冰室文集之三》,中华书局,1989年,第18页。

③ 钱穆:《中国历史精神》,九州出版社,2012年,第123页。

④ [宋]张载撰,章锡琛点校:《张载集》,中华书局,1978年,第32页。

⑤ 梁启超:《读孟子界说》,载氏著《饮冰室合集·饮冰室文集之五》,中华书局,1989年,第49页。

行爱人之德,在全国推行仁政,达到君民的共赢和社会的和谐。如果实施了仁政,就会出现"善政民畏之,善教民爱之;善政得民财,善教得民心"(《孟子·尽心上》),"爱人者人恒爱之,敬人者人恒敬之"(《孟子·离娄下》)的和谐局面。百姓接受了来自君主的爱护,便成为支持君主的铁杆拥护者,君主因而也获得了百姓的爱戴和支持。百姓获得了经济的好处,君主获得了政治的好处;百姓因衣食充足而心理平安,君主因政权稳固而心理安泰。如此一来,整个社会上上下下,都可享受到社会和谐带来的福祉。因此,儒家自爱、爱人思想的最大落脚点,在庙堂之上。

第五章　中国古代的"中性官吏"与国家的政治运行

　　以政治行为以及民众的认可程度为标准,可以把中国古代的官吏分为良吏、恶吏和"中性官吏"三个群体。所谓良吏,即正史中所认可的良吏或循吏,以及正史中没有纳入良吏或循吏中的优秀官吏,其政治行为和政治人格符合儒家的政治道德要求,在任职期间深受人民爱戴。因此,正史类传中所立的《循吏传》《良吏传》《良政传》《能吏传》中的人物,均属于良吏范畴。还有一些重要人物,因地位甚高,在正史中独立成传,可谓良吏中的精华。如三国蜀汉丞相诸葛亮、北宋参知政事范仲淹,其事迹都堪称千载典范,影响深远。所谓恶吏,即正史中所说的贪官或奸臣,其政治人格和政治行为完全不符合儒家的政治道德要求,其任职期间劣迹斑斑,深受人民痛恨。正史类传中所立的《奸臣传》,可视为恶吏的典型;正史类传中所立《酷吏传》中的一部分当为恶吏,但另一部分以敢于杀违法的地方官吏、违法的地方豪强为行为准则,有利于社会和谐建设,不应当纳入恶吏队伍之中。所谓"中性官吏",即品行处于良吏和恶吏之间的官吏,他们的政治人格和政治行为没有良吏好,但也没有恶吏差。"中性官吏"是笔者提出的概念,是针对民爱之官与民恨之官而言的。事实上,"中性官吏"才是中国历史上官吏的主体。而恰恰是这一部分官吏,因为比良不足、比恶有余,易为学者所忽略。以上三大群体中的良吏群体人数较少,恶吏群体人数在政治败坏时期大,但是总体上也不会太大。而"中性官吏"人数最多,这从正史所立人物传记可以看出大概。因此,"中性官吏"构成了中国古代官吏的主体。多年以来,学者们对良吏、恶吏的研究甚多,却很少去研究占官吏主体的"中性官吏"。既然"中性官吏"构成了中国古代官吏的主体,那么,"中性官吏"的政治行为就值得研究。这是笔者研究这一问题的起因。

一、"中性官吏"构成中国古代官僚队伍的主体

如上所述,中国古代各朝,除民爱之良吏与民恨之恶吏以外,还有大量"中性官吏"存在于政府各级部门之中。这些"中性官吏"往往为世人所忽视,然而,他们却是官僚队伍中相当重要的一个群体。

良吏在中国历史上是深受社会上下歌颂的官吏群体,但是唯独不受大多数官吏们待见。也就是说,大多数官吏们嘴上也会歌颂良吏,但是却难以身体力行。葛剑雄曾说:"海瑞在南京逝世后,载灵柩的船在江上经过时,两岸满是穿着丧服送灵的人,哭着祭奠的人延续到百里以外。但是海瑞却非常不得官心,从《海瑞传》的记载可以看出,他在官场和朝廷是相当孤立的。"[1]原因正如《明史·海瑞传》赞语所论:海瑞"苦节自厉,诚为人所难能"[2]。可见,依靠政府的表彰和社会的宣传,良吏的行为并不能感动绝对多数的官吏,而只能感动绝对多数的底层民众。多数的官吏依然我行我素,依照自己的价值观行事。而恶吏对社会的危害太大,不仅百姓仇恨之,连君主也担心他们的胡作非为会影响其政权的稳定。因此,政府惩治恶吏也就成了必然的手段。在表彰少之又少的良吏和惩治行为过于贪残的恶吏之时,君主只能依靠大批"中性官吏"为其服务。如此一来,"中性官吏"就成为官吏队伍中的主体。

为什么"中性官吏"会成为官吏中的主体部分?这是因为:

第一,君主世袭制度决定了不一定每位君主都能成圣贤。大体而言,开国之君多经历过社会的风吹雨打,了解社会基层广大人民的甘苦,且在政治生活中得到了磨炼,因此,他们多能够对官吏的行为进行较为严格的管理。不过,政权的私有化性质决定了君主的产生,不可能达到人人贤能,反而容

---

[1]葛剑雄:《重读〈明史·海瑞传〉》,《读书》1993年第12期。
[2]《明史》卷二二六《海瑞传·赞曰》,第5949页。

易产生昏庸无能者为君的现象。这样的君主在位时，也就容易造成中央高官胡作非为。而被中央任命的地方官吏，在这样一个时期，也会有样学样，容易为非作歹。

第二，特权阶层的存在，容易造就一批为非作歹的官吏。由特权阶层进入官场的官吏，敢于藐视法律，而又能轻易逍遥法外。特权阶层可专指皇亲国戚，或国家中上层官员家族。因此，君主对他们是睁一只眼，闭一只眼。历朝历代均有特权阶层。当然，特权阶处于变动状态之中。随着政治形势的变化，特权阶层内部也会发生变化。旧的特权阶层可能因为统治者内部的政治斗争而被牺牲，或者因为为非作歹过度而被除掉。但是，只要君主制度存在，特权阶层就不会消失。

第三，中央政府选拔官员的机制存在问题。夏商西周时期，世卿世禄制成为选官的主体制度，大体不存在选贤举能的问题。春秋战国时期，战争胜败关系到国家的生死存亡，因此谋略军功便成为选用人才的首要标准。汉代以察举征辟为选拔人才的主要制度，已把德与才并列起来，但辅之以重用皇亲国戚及恩荫制度。到了东汉，察举征辟制度已异化为大族控制选举的制度。当时流传的"举秀才，不知书；察孝廉，父别居"①之谣可证。而魏晋南北朝实施的九品中正制度，实为察举制的一种延续。隋朝以降，科举制度成为政府选拔人才最为重要的制度。但是科举制度却存在重才轻德的现象。贞观三年（629），太宗对吏部尚书杜如晦说："比见吏部择人，惟取其言词刀笔，不悉其景行。数年之后，恶迹始彰，虽加刑戮，而百姓已受其弊。如何可获善人？"②更何况，在科举之外，皇亲国戚及其他权贵，依然拥有做官的特权。总之，中国古代历朝的选官制度固然可以网罗一批德才兼备的人才，但是，有才无德或有德无才者，依然可以通过人才选拔制度的漏洞，得以进入政府，成为恶吏的后备军。

第四，中央政府官吏管理的力度存在问题。中央政府对官吏腐败行为

---

① [东晋]葛洪撰，杨明照校笺：《抱朴子外篇校笺》卷一五《审举》，中华书局，1991年，第393页。

② [唐]吴兢撰，谢保成集校：《贞观政要集校》，中华书局，2009年，第160页。

的惩治常常存在或严或宽的现象。在严格管理之时,官吏的腐败会受到严厉的惩治。但在管理不甚严格之时,官吏的腐败则不会受到严厉的惩治,或根本不会受到惩治。如南朝时期官吏贪污受贿现象非常普遍,政府却并没有认真管理。还如少数民族入主中华时,常常放纵其本民族的官员贪污受贿,酷虐小民。

第五,中国古代各朝常允许制度性或合法性腐败的存在。制度性的腐败,拉开了官吏与人民的距离,但却拉近了官吏与君主的距离。让腐败合法,是君主与官吏博弈过程中的必然。君主在给予官吏俸禄、对官吏进行赏赐之外,鉴于政府所掌控的政治资源和物质资源的有限性,只能默许官员对社会基层纳税者进行合法的剥削。如南朝的送故迎新钱、明清时期的"火耗"、清时的"圈地令"都是制度腐败合法化的典型。

第六,官吏和普通民众一样,也存在种种自然需求和社会需求。如果可能规避来自政府惩治的风险,手中的公权谋私,也成为他们获取社会资源的重要手段。因此,官吏们完全有可能通过手中的国家公权获取一定的非法利益。尽管不少王(皇)朝都相当重视培养良吏,并对良吏进行表彰和奖励,但是,要成为良吏,就要努力克制个人的多种欲望,这是多数官吏都难以做到的,因此,良吏的数量不可能太多。而恶吏的恶行也不可能长期持续下去。显然,恶吏的行为必然要引发社会广泛的反对,最终会受到来自君权的惩治,或者来自社会的反抗而走向灭亡。

总之,在中国古代各朝,让所有官吏去做良吏,并不现实;而让多数官吏全为非作歹,又不符合君主的利益。因此,在中国古代历朝历代,政府都会允许一定限度内的腐败,同时,又鼓励官吏忠于职守,为民谋福。在这样的政治背景下,官吏们全部成为良吏的可能性太低,全部成为恶吏的可能性也不存在。因此,大批官吏就成了介于良吏与恶吏之间的"中性官吏"。

二、"中性官吏"与国家政治的运行

以上所述三类官吏,构成了中国古代官吏的整体。三类官吏的政治行为,构成了中国古代各朝政府的政治运行过程。

先论良吏。如上所述,良吏的数量,少之又少。"良吏循吏在历史上之被重视与被崇敬,乃说明这类人物该是如何稀罕。"①从正史所记《循吏传》《良吏传》《良政传》《能吏传》可大致估算各个朝代良吏的数量及政治影响。良吏们通过自己的行为,与百姓建立了官吏互爱的和谐关系。他们深受百姓的爱戴,成为帝国政治运作的榜样。因此,作为帝国最高统治者的君主,对于良吏的行为,总要进行表彰,并企图通过树立榜样而要求天下官吏都向他们看齐。良吏因此成为官民和谐关系的关键人物。但是,良吏的数量毕竟有限,良吏的任职时间毕竟有限,良吏执政的地区也毕竟有限,因此,良吏尽管受到下层民众的爱戴,但是,其政治影响不可能太大。

次论恶吏。依据所任职务可分为地方贪官酷吏和中央奸臣两类。地方上的贪官酷吏直接面对的是基层的百姓。贪官以贪污受贿为害一方,酷吏以屠杀小民祸害一方。总之,这两种恶吏的政治行为,对败坏国家政治影响巨大,往往引起下层人民各种形式的反抗,甚至以暴动的形式进行反抗。恶吏中处于中央政府机关中的权臣,对国家政治盛衰的影响巨大。东汉的梁冀、唐朝的李林甫、南宋的秦桧、明朝的严嵩等,都是执掌国家中枢多年,成为国家政治黑暗化和国力衰退的罪魁祸首。此外,在中国历史上,对国家危害巨大的恶吏,还有通过接近君主而攫取中央大权的宦官。宦官在东汉、唐朝、明朝对国家造成的灾难尤其严重。东汉的宦官利用君主的支持,打击代表社会正义的士人,结果"凡称善士,莫不离被灾毒"②,直接导致了东汉的衰亡。唐朝的君主,甚至要由宦官拥立。明朝的宦官,竟然掌握了特务机构厂卫的大权,随意杀害正直的官员,直接导致明朝的覆亡。

再论"中性官吏"。"中性官吏"构成了中国古代各朝政府官吏的主体。显然,"中性官吏"是帝国政治运行的主体部分,他们的行为介于民爱与民恨之间。在汉代,"中性官吏"存在爱民行为时,会受到政府的表彰,但是,若他们违法,又同时会受到政府的惩治。在惩治后,政府同样还可以任用其为官。这说明汉朝政府在用人上是变通的,不会因为官吏犯法了、受到人民的爱而不加以处罚,更不会因为官吏有过过失而不再使用。

---

① 王亚南:《中国官僚政治研究》,中国社会科学出版社,2012年,第94页。
② 《后汉书》卷七八《宦者传》,第2510页。

"中性官吏"在从政过程中具有两面性,他们有做好事的一面,又有做坏事的一面。刘勰《文心雕龙》对这些"中性官吏"的行为有过一段精深的描述。他在批评了"文士之疵"后,又说:

> 文既有之,武亦宜然。古之将相,疵咎实多:至如管仲之盗窃,吴起之贪淫,陈平之污点,绛、灌之谗嫉,沿兹以下,不可胜数。孔光负衡据鼎,而仄媚董贤,况班、马之贱职,潘岳之下位哉!王戎开国上秩,而鬻官嚣俗,况马、杜之磬悬,丁、路之贫薄哉!①

在政治领域,能成为完人者固然存在,却实在不多。无论文士,还是武士,即使不做贪官,但是在为官从政中,也会表现出不同的缺点来。如西汉的赵广汉,曾任京兆尹,因疾恶如仇,严惩权贵,被下廷尉狱。"坐贼杀不辜,鞠狱故不以实,擅斥除骑士乏军兴数罪",被腰斩。赵广汉临死时,吏民守阙号泣者数万人,或言:"臣生无益县官,愿代赵京兆死,使得牧养小民。"②赵广汉因滥杀而得罪权贵,但却受到人民的爱戴。史称,广汉"为京兆尹廉明,威制豪强,小民得职。百姓追思,歌之至今"③。这里的"至今",指班固撰写《汉书》的时代。

在大批的"中性官吏"中,我们看到他们一方面在为政府做事,另一方面却又在为自己的私利而破坏国家的法令制度。如西汉的酷吏郅都就是这种典型。景帝时,郅都为中郎将,敢直谏,敢面折大臣于朝。他的事迹可从以下两方面表现出来:

> (1)瞯氏宗人三百余家,豪猾,二千石莫能制,于是景帝乃拜都为济南太守。至则族灭瞯氏首恶,余皆股栗。居岁余,郡中不拾遗,旁十余郡守畏都如大府。

> (2)迁为中尉,丞相条侯至贵倨也,而都揖丞相。是时民朴,畏罪自重,而都独先严酷,致行法不避贵戚,列侯宗室见都侧目而视,

---

① [南朝]刘勰撰,王志彬译注:《文心雕龙》,中华书局,2012年,第563—564页。
② 《汉书》卷七六《赵广汉传》,第3205页。
③ 《汉书》卷七六《赵广汉传》,第3206页。

号曰"苍鹰"。①

可以看出,郅都打击的对象,都是社会的恶势力,理当受到人民的支持。与郅都同时代的另一酷吏宁成,也深受君主信任。史载,景帝时,宁成为中尉,"其治效郅都,其廉弗如,然宗室豪杰人皆惴恐"②。可见,宁成的行为,有打击豪强的一面,也有自身不廉的一面。

当然,"中性官吏"的范围甚广,不只有酷吏,而且还有对历史具有重要影响的人物。下面先以东晋的王导为例来论证之。王导是东晋的开国元勋。如果没有王导的策划,能够代表汉族的东晋政权也难以在江东建立起来。但是,王导为政,以"镇之以静,群情自安"③的方式,来处理东晋统治集团和广大民众之间的矛盾。实际上是对大族和官吏压迫百姓的行径不加干涉,牺牲了民众的利益。东晋初年,石头仓米一万斛为豪强所盗,朝廷不去追究,却以处置仓库监守来塞责。时谚称:"廷尉狱,平如砥。有钱生,无钱死。"④是为王导"举贤不出世族,用法不及权贵"方针的体现。王导为扬州刺史,派属官到本州各郡考察政治。考察官回来都向王导报告郡太守得失,只有顾荣的族子顾和不说话。王导追问,顾和说:"明公作辅,宁使网漏吞舟,何缘采听风闻,以察察为政。"⑤

次以隋朝名将史万岁为例证之。史万岁为北周常州刺史史静之子。尉迟迥之乱,史万岁从梁士彦击之,以功拜上大将军。高智慧等作乱江南,史万岁从行军总管杨素击之。万岁率众二千,自东阳别道而进,逾岭越海,攻陷溪洞不可胜数。前后七百余战,转斗千余里。杨坚赐其家钱十万,还拜左领军将军。南宁夷爨玩降,拜昆州刺史,既而复叛。史万岁带兵行千余里,破其三十余部。诸夷大惧,遣使请降,献明珠径寸。于是勒石颂美隋德。万岁请将爨玩入朝,诏许之。爨玩阴有二心,不欲诣阙,因赂万岁金宝,万岁乃

---

① 《史记》卷一二二《酷吏列传》,第3133页。
② 《史记》卷一二二《酷吏列传》,第3134页。
③ 《晋书》卷六五《王导传》,第1751页。
④ [唐]徐坚:《初学记》,中华书局,2004年,第494页。
⑤ 《晋书》卷八三《顾和传》,第2106页。

舍玩而还。蜀王在益州,知其受赂,遣使将索之。史万岁听说后,把所得金宝全部沉入江中,使其索无所获。后来,又北征土厥,再建功绩。史万岁在维护国家统一、保护边疆人民生命方面,功不可埋没。但却贪婪财富,宰相杨素忌之,陷害其入罪,被杨坚处死。"死之日,天下士庶闻者,识与不识,莫不冤惜。"①

再以唐朝杨炎为例证之。杨炎是唐朝名相,史称他乐贤下士,以汲引为己任,士人归之。"德宗即位,议用宰相,崔祐甫荐炎有文学器用,上亦自闻其名,拜银青光禄大夫、门下侍郎、同平章事。炎有风仪,博以文学,早负时称,天下翕然,望为贤相。"②可见时人对他的评价、期望都很高。杨炎也不负国家重望,推行"两税法",保护了贫民的利益,并扭转了国家的财政危机。"救时之弊,颇有嘉声。"③但是,杨炎本身却又有极大的缺点:心胸狭窄,睚眦必报。当初,元载因为贪婪得罪,左仆射刘晏负责讯劾,元载被诛,杨炎为元载余党也坐贬,故深怨刘晏。后来杨炎就寻机构陷刘晏之罪,导致刘晏被杀,时人以为冤。节度使李正己数上书追问刘晏被杀罪名,杨炎推在德宗身上。后为德宗所贬为崖州司马,及到崖州百里之地时,德宗赐死之书到,杨炎只好自杀。可见杨炎一生从政的经历,为国家建立过功勋,却又在官场中为非作恶,导致身败名裂。

复以明朝的张居正和戚继光二人证之。张居正是明朝中叶著名宰相,又是著名改革家。明朝政府经过张居正的改革,重新焕发了活力。但是,张居正又是一个存在严重缺点之人。他的私人生活相当奢华,而奢华生活背后则是大量钱财的支撑。史载张四维家非常富有,为升迁而巴结张居正:"岁时馈问居正不绝。"④可见,张居正乐于收取他人财物。张居正身居重位,"陶醉在阿谀奉承中而不知自拔"⑤,最终导致他死后被抄没家产。戚继光是

---

① 《隋书》卷五三《史万岁传》,第 1356 页。
② 《旧唐书》卷一一八《杨炎传》,第 3419 页。
③ 《旧唐书》卷一一八《杨炎传》,第 3422 页。
④ 《明史》卷二一九《张四维传》,第 5771 页。
⑤ 刘志琴:《张居正评传》,南京大学出版社,2006 年,第 301 页。

明朝著名军事家,在抗倭和抵抗蒙古人的战争中,取得了巨大的胜利。但是,戚继光也非完人,他常常贿赂朝中官吏,以此来保全自己,并达到自己的目的。

以上所述人物,在历史上都起过重要的作用。但他们都不是完人,其从政行为,有优点,又有缺点,或者说集优劣于一身。因此,他们属于典型的"中性官吏"。但恰恰是这些"中性官吏",对帝国的政治运行起到了非常重要的作用。

三、"中性官吏"的官德及其政治信仰

官德的重心是官吏的品德与人格;而品德与人格和行政的能力是两回事。德行好不能证明其能力强,能力强也不能证明其德行好。通过官员的品德、能力与百姓之间,至少可以产生下列五种组合关系:

(一)品德优秀+才能优秀=官民关系和谐+处理政事能力强;

(二)品德优秀+才能一般=民众未必受惠+处理政事能力一般;

(三)品德一般+才能优秀=官民关系一般+处理政事能力强;

(四)品德恶劣+才能优秀=官民关系恶劣+处理政事能力强;

(五)品德恶劣+才能一般=官民关系十分恶劣+处理政事能力一般。

在官吏行政的实际运行过程中,事实上,还可能细分出更多的组合来。毕竟,官吏即使是私心极重,也得注意国家的法律制度,也想得到人民的热爱。因此,品德低劣者,照样可以为人民办实事。汉代的酷吏,会肆无忌惮地杀人,但是,他们所杀的人中,多是豪强之辈。他们对贵族豪强的惩治,无疑有利于小民的生存。

介于爱民良吏与害民恶吏之间的"中性官吏",他们的品行与儒家的官德并不能完全相匹。但是,他们却成为政府成员中的主体。原因在于君主的职位是天定私有化的,君主是国家权力的总代表,因此,全国的一切都是属于君主的。这就造成了多数君主会大量占有财富、女人等。当然,他也就允许其官吏的主体同样如此。君主对清廉的官吏进行表彰,号召学习,但是,多数的官吏并不会向这些清廉的官吏学习,即使是只拿君主分配的俸禄者,也无法做到向这些清廉的官吏学习,他们多多少少会搞一些额外的财

富。对于这些官吏,君主并不可能一一加以惩治,这是因为:第一,君主本身如果不能廉洁,也就不可能要求其官吏做到廉洁。像汉文帝那样节俭的明君,在中国古代屈指可数。第二,多数朝代政府给予官吏的禄赐,供养官吏及其家人足够,但是,一些官吏还要追求奢华的生活,而且还需要利用财物建立社会关系。第三,君主允许部分高官的贪污纳贿,还在于君主对于这些官吏才能的恐惧与猜忌。这当然属于法家"术"的内容。我们可以萧何自污的经历来说明君主对"术"的运用与官吏如何通过自污来保全自己。萧何是刘邦建立汉朝过程中的重要功臣,对刘邦忠心耿耿。但是,对这些为刘家天下立下赫赫功勋的人,刘邦都无法放心。刘邦在外镇压反叛的黥布时,多次派遣使者回朝追问萧何在做什么事。这时的萧何,还一如既往,在地方上安抚百姓,为刘邦筹备战争物资,并不知自己早已身处险境。此时,有位家客向他发出了警告说:"相国不久就要被灭族了!"并告之必须避祸。而避祸的方式就是多买田地,强买民产,以此自污。家客一针见血,令萧何茅塞顿开:"于是相国从其计,上乃大悦。"①

由此可知,"中性官吏"与民众的关系具有多重性,他们一方面有爱民的行为,另一方面,也不忘利用手中掌握的权力为自己"谋福利",侵害小民的利益。他们的官德,有优秀的一面,但也有不良的一面。他们不是道德上的完人,也没有做道德上完人的人格追求。因此,他们与民众的关系,与良吏相比,没有受民爱戴的感人之情。而与恶吏相比,或者只存在一般的违法行为,不至于造成巨大的罪恶;或者他们本身没有违法犯罪的行为,但是对于官吏的违法犯罪,他们却不能检举,或有权也不进行惩治,而放任一些皇亲贵戚多方作恶。

四、儒家思想为何只能培养出大批的"中性官吏"?

如上所述,良吏具有深厚的儒家情结,他们依靠自身的修养与人格而成为民爱之官,并成为帝国政治运行中的榜样。不过,尽管汉朝从武帝时开始用儒家思想为治国的指导思想,其后,儒家思想也成为各朝治国的主要指导

---

① 《史记》卷五三《萧相国世家》,第 2018 页。

思想,但是,此后各朝出现的良吏数量依然屈指可数。儒家思想为何培养不出大批的"良吏"?其因有四:

其一,君主专制的帝国体制决定了多数君主不可能具有浓厚的儒家思想情操,他们拥有的绝对权力只能导致他们走进绝对腐败的渊薮。显然,一个腐败的君主只能成为整个统治集团效仿的恶榜样。因此,官吏为了自身的利益也会腐败。君主本身不能以身作则,也就不可能指望所有的官吏都能清正廉洁。因此,能够做到儒家所要求的为官境界者,只能是少数。

其二,"以学干禄"是儒家思想运行于政治领域的必然结果。儒家讲究入世,因此,儒家把士人参与国家政治视为天然使命。士人参与政治的目的,固然有修齐治平的大理想,但是,众多士人的人格却是参差不齐。"以学干禄"便成为部分士人的直接诉求。像西汉初年叔孙通那样的士人,是"以学干禄"的典型。正如王亚南所说:"长期的官僚政治,给予做官的人,准备做官的人,乃至从官场退出的人,以种种社会经济的实利,或种种虽无明文规定,便却有实在的特权。"①尽管儒家重义轻利的思想有利于限制官吏享受生活的心理渴求,但儒家的重义轻利思想需要人的心理自觉而非外部制度的强制。而享受生活是人性的本然,因此,多数官吏不会完全接受儒家思想,甚至部分士人只是把学习儒家经典作为入仕的敲门砖。故而,清人徐大椿讥讽说:"读书人,最不济,背时文,烂如泥。国家本为求才计,谁知道变作欺人技。"②这样的评语入木三分,道出了儒家文化异化的重要现象。为了本人和家庭,不少官吏会抛弃儒家修身思想,利用国家赋予的公权,以公谋私。而君主为了维护国家机器的运行,也常常允许他们的腐败行为。

其三,各个王朝不可能在每个时期都会对官吏的政治行为进行严格的控制。君主通过表彰良吏和宣传良吏的事迹,以吸引众多官吏以良吏为榜样,向良吏靠近,这在各朝都会存在。但是,大批的官吏却不会付诸行动。而且,在动乱时期或少数民族入主中原时期,政府对官吏的管理一般都相对粗放,尤其是入主中原之初的少数民族权贵,根本不愿意接受儒家仁政思

---

① 王亚南:《中国官僚政治研究》,中国社会科学出版社,2012年,第90页。
② [清]袁枚撰,孙红颖解译:《随园诗话全鉴》,中国纺织出版社,2016年,第257页。

想。因其权力不受限制,贪婪与残暴的人性,在他们身上表现得淋漓尽致。因此,官吏为非作歹常常并未受到政府的严格惩治,网漏吞舟之鱼的现象也时常出现。

其四,不能苛求德才兼备是历代人才选拔过程的一个重要特点。在帝国政治运行正常状态下,为官者处理政务并不复杂,只要秉公办事即可,因此,以德为选取人才的第一标准具有合理性。但是,在非常时期,政府就不能苛求人才必须德才兼备。曹操在《求贤令》中明确指出:"今天下尚未定,此特求贤之急时也。'孟公绰为赵、魏老则优,不可以为滕、薛大夫'。若必廉士而后可用,则齐桓其何以霸世。"①因此,把才放在选拔人才的第一位,就成为中国古代一批政治家们用人的重要理念。曹操并非不重视人才之德,而是感受到仅有德而少才,根本无法治理国家。在缺少德才兼备的人才时,把能力放在选择人才的第一位置,有利于解决现实的政治难题。不过,在《求贤令》中,曹操列举的德行有亏的历史人物有管仲、陈平二人。管仲有贪财的行为,陈平有盗嫂的传闻。二人所亏之德,不是缺乏忠贞的根本大德。因此,只要不缺乏根本大德,就要用人之长。这就成为政治家们选择人才的重要标准。曹操如此,其他的政治家更是如此。

总之,"中性官吏"一方面具有儒家的官德修养,另一方面,却又具有与儒家官德不相符合的缺点甚至污点,他们不追求儒家倡导的人格的完善,他们是具有人格缺陷的官吏,但同时他们又是中国古代国家政治运行的主体力量。中国古代中央政策的下达和政治运行,不可能完全依靠少之又少的良吏,也不可能依靠贪婪残暴的恶吏持久支撑下去,而只能依靠大批"中性官吏"。"中性官吏"的政治行为,实为中国古代国家政治行为的主体性行为。过度强调良吏的政治功能和社会示范效应,以之为国家政治运行的主体形象,并不符合历史实情。

---

① 《三国志》卷一《魏书·武帝纪》,第32页。

第六章　官民关系视野下中国古代皇帝形象的自我建设

——以汉朝为例的考察

汉朝建立之后,多位皇帝都重视其形象的建设,以获得民心,从而巩固其政权。从儒家宣传的五帝形象到汉朝皇帝自我形象的变化,昭示着新型皇帝形象已成为全国人民崇敬的新型偶像。汉朝建立之初,整个社会对秦始皇的暴君形象深恶痛绝,而传说中的五帝形象以及禹、汤、文、武形象又受到儒家士人广泛的宣传,这两类对比鲜明的帝王形象对汉朝皇帝形象的自我建设产生了巨大的影响。

一、汉朝多位皇帝努力建设自己的形象

汉朝多位皇帝对自己的形象都相当重视,从思想上和行动上进行了强力建设。

1. 汉帝形象自我建设的前代标杆

儒家学说中的五帝以及禹、汤、文、武形象,是汉帝自我建设形象的理论依据和效仿的榜样。汉朝人士对上古帝王伟大形象的宣传,具有重要的时代意义,即强调汉皇要以上古帝王伟大形象为行为示范,从而为天下民众服务。

汉朝之前的仁义帝王形象,是五帝的德治形象与禹、汤、文、武的革命形象。在儒家士人看来,五帝、禹、汤、文、武的形象就是君主效仿的榜样形象。五帝、禹、汤、文、武形象尽管难以超越,但是,却是效法的最高榜样。汉朝大

臣和士人对皇帝的上书中,常以五帝、禹、汤、文、武的事迹为说服的示范,让现实的帝王向他们学习。汉朝皇帝形象建设,从五帝、禹、汤、文、武的伟大事迹中找到依据,不只具有儒家的爱民观念,而且还具有神化汉帝自身的目的。

与五帝、禹、汤、文、武形象相反的是秦始皇的暴君形象,这是汉人强烈批判的典型。而汉朝的建立正是在人民普遍反秦的风暴声中建立起来的。汉朝皇帝就是在这种政治背景下开始打造他们的政治形象。汉朝皇帝打造自己的形象,一方面比照五帝、禹、汤、文、武的事迹,另一方面又要比照秦朝始皇帝的恶劣之迹,比照前者是为了效仿,比照后者是为了警戒。

2. 西汉皇帝形象的自我建设

汉高祖是汉朝开国合法性的奠基人,他的形象建设是汉朝皇帝形象建设的开端,也是汉朝夯实皇权合法性地位的开端。高祖对其形象的建设,侧重于合法地位的理论解释和现实政治运行中让百姓的心悦诚服。汉朝建立之后的合法性问题,是汉初的一个重要议题。为什么是刘邦得到了天下而不是项羽或者其他人得到了天下?这是汉初政府和士人必须给予解释的一个重要政治问题。因此,汉高祖对自己的形象建设,是一个系列的政治行为。这些政治行为包括两个方面,一要从上天处找到神性根据,二要从其个人的政治行为中找到现实根据。

汉朝建立后,刘邦对自己形象的神性塑造,主要集中在其出身的神话塑造之上——以斩杀白蛇而起家,表明自己是赤帝之子,而对刘邦这位"皇帝身体的政治想象"[①],即左股有七十二黑子,更是充满了神性。刘邦的斩蛇剑,在汉朝建立后被认定为镇国之宝,并被继位之君当成出行必须携带的一个重要政治信物传承下去。刘邦自我建设的形象,并未完全依据儒家的思想。不过,在看到儒家思想对他称帝有好处时,他就很高兴地接受陆贾"马下治天下"建议,不再受制于"马上治天下"的思维框架之中。但是,他面临着诸侯王分割皇权的严重政治问题,在解决诸侯王方面,他不得不采取了鸟尽弓藏、兔死狗烹的手段,诛杀异姓诸侯王,从而削弱了他个人形象的光彩。

---

①雷戈:《秦汉之际的政治思想与皇权主义》,上海古籍出版社,2006年,第133页。

为了从深刻的理论上论证汉朝建立的合理性,汉高祖对自己取得天下的人为根源表现出浓厚的兴趣,让手下人畅谈他与项羽得失天下的原因,从而寻找到汉朝建立的强大理论依据。不过,手下人的观点都不如他自己总结得好:任用萧何、张良和韩信"三杰",是其得到天下的最为重要的原因。为了巩固其政权,汉高祖当然得给百姓以种种好处。为了安抚百姓,政府制订了以休养生息为核心的诸多政策,以取得百姓的支持。这也是刘邦自我建设形象的重要举措。

大体看来,刘邦称帝前后,其自我形象建设的特点主要有五:一是通过神话宣传,把自己扮成赤帝之子;二是善于用人;三是虚心纳谏;四是重视儒生的政治功能,并"开了孔子圣化和儒术复兴的先河"[1];五是以"积极的退却"的黄老思想为治国的指导思想,[2]与民休息。这种形象让他成为后代开国者效仿的榜样。

汉高祖刘邦的形象,在后汉时已成为汉朝皇帝最高的榜样。因此,班固在《汉书》中对刘邦的歌颂甚为用力:"汉兴,高祖躬神武之材,行宽仁之厚,总揽英雄,以诛秦、项。任萧、曹之文,用良、平之谋,骋陆、郦之辩,明叔孙通之仪,文武相配,大略举焉。"[3]刘邦的神性化形象,在陆贾出使南越时也突出地表现出来。陆贾在向赵佗游说时说:"秦失其政,诸侯豪杰并起,唯汉王先入关,据咸阳。项羽倍约,自立为西楚霸王,诸侯皆属,可谓至强。然汉王起巴蜀,鞭笞天下,劫略诸侯,遂诛项羽灭之。五年之间,海内平定,此非人力,天之所建也。"[4]陆贾对南越王赵佗的政治宣传突出了汉朝建立者刘邦的神化性形象特征,也是从理论上阐明汉朝建立的深层合法性。到了晋代,连羯人石勒也对后下人说:"朕若逢高皇,当北面而事之,与韩彭竞鞭而争先耳。"[5]当然,汉高祖的形象并不完美。不过,其"流氓式"的行为,只是近代

---

[1] 刘刚、李冬君:《中国圣人文化论纲》,山西教育出版社,2014年,第198页。
[2] 金春峰:《汉代思想史》,中国社会科学出版社,1987年,第55页。
[3] 《汉书》卷二三《刑法志》,第1090页。
[4] 《史记》卷九七《陆贾列传》,第2697页。
[5] 《晋书》卷一〇五《石勒载记下》,第2749页。

百年间"污名化"的结果。①

刘邦死后,惠帝继立,在位时间不长,且受到其母吕后的控制,但是,却依然表现出仁惠之德,"内修亲亲,外礼宰相"②。因此,其死后被谥为"惠"。对于吕后的业绩和残忍行为,汉朝后继的皇帝比较明智,不歌颂但也不批判。毕竟吕后具有母仪天下的资格,而且也为汉朝天下立下了汗马功劳。

如前所述,立国合法性问题是开国皇帝的重要任务,而到了文景两位皇帝在任期间,立国的合法性已经深入民心,因此,皇帝形象自我建设的主题,已发生变化,主要表现为努力把自己打造成爱民的仁义之君。在这一点上,文帝与景帝的自我形象建设,显然具有重要的典范意义。文帝与景帝通过自我形象建设,成为节俭爱民型皇帝的代表,这是汉朝皇帝形象建设取得的重要成果。文帝为何如此节俭,这当然与其亲身的经历有关,也与其母亲的平民出身有关。但并非出身贫穷者在富贵之后都能保证继续过着节俭的生活。可以说,文帝所受到的影响,当然还有儒家思想的教育。尤其是文帝,即位后"躬修俭节,思安百姓"③的行为,成为后世臣子劝谏皇帝效仿的仁君典范形象。

文帝与景帝在位时期的政治行为,被称为"文景之治",充分体现了汉朝皇帝与汉朝政府的人民性。其主要表现特征就是宁愿克俭,而不愿让人民承担过多的赋役负担,这种政治也是黄老思想和儒家政治思想结合的体现。文帝勤政廉洁,爱惜钱财,把十五税一的农业税降为三十税一。"即位二十三年,宫室、苑囿、狗马、服御无所增益,有不便辄弛以利民。尝欲作露台,召匠计之,直百金。上曰:'百金,中民十家之产。吾奉先帝宫室,常恐羞之,何以台为!'"④

景帝也相当重视民力,打击豪强。经过文景之治,汉朝政府积累了大量

---

① 王书才、杨雯雯:《百年来中国文学史教材刘邦污名化轨迹概述论》,《宁夏大学学报》2018年第2期。
② 《汉书》卷二《惠帝纪》,第92页。
③ 《汉书》卷二四《食货志上》,第1127页。
④ 《史记》卷十《孝文本纪》,第433页。

的物质财富,迎来了太平盛世。《史记·平准书》说:"汉兴七十余年之间,国家无事,非遇水旱之灾,民则人给家足,都鄙廪庾皆满,而府库余货财。京师之钱累巨万,贯朽而不可校。太仓之粟陈陈相因,充溢露积于外,至腐败不可食。众庶街巷有马,阡陌之间成群,而乘字牝者傧而不得聚会。"①文帝与景帝之所以都建立了他们自己亲民爱民的形象,是因为他们都视儒家的民本思想为政治行为的指南,懂得"推孝为忠"的道理。② 如所周知,儒家把君主视作民之父母,如果让百姓"不免于率兽而食人,恶在其为民父母也"(《孟子·梁惠王上》)。可见,文帝、景帝亲民爱民的政治行为,与孟子"推孝为忠"的思想完全合拍。

不过,文景之治时的汉朝却面临着匈奴人对汉朝无休止侵略的重要问题,文帝和景帝并未有效解决之。因此,汉武帝在位之时,就开始着手彻底解决这一难题。打败匈奴、安定北方边疆并开拓西南领土,是武帝自我形象建设的两大重要举措。武帝通过用兵打败匈奴,彻底解决了匈奴人危害汉朝北方边疆80余年的政治难题。如其所愿的业绩使其帝王形象大放光彩。此外,武帝在文化上也具有超越前代的业绩。其"独尊儒术"国策的实施,是汉朝文化建设的一项重大成就,也是武帝自我形象建设的重要内容。此外,汉武帝建立和启用皇帝年号,也是其自我形象建设的一个重要标志。从此之后,天子在位便有了与众不同的纪年意义,"凸显大汉天子凌驾于诸侯王之上的神圣地位"③。汉武帝善于用人,这也为其帝王形象建设增添了光彩。史称当时:"群士慕向,异人并出。卜式拔于刍牧,弘羊擢于贾竖,卫青奋于奴仆,日䃅出于降虏,斯亦曩时版筑饭牛之明已。汉之得人,于兹为盛。儒雅则公孙弘、董仲舒、儿宽,笃行则石建、石庆,质直则汲黯、卜式,推贤则韩安国、郑当时,定令则赵禹、张汤,文章则司马迁、相如,滑稽则东方朔、枚皋,应对则严助、朱买臣,历数则唐都、洛下闳,协律则李延年,运筹则桑弘羊,奉

---

① 《史记》卷三十《平准书》,第1420页。
② 刘家和:《史学、经学与思想——在世界史背景下对于中国古代历史文化的思索》,北京师范大学出版社,2013年,第330页。
③ 辛德勇:《建元与改元:西汉新莽年号研究》,中华书局,2013年,第41页。

使则张骞、苏武,将率则卫青、霍去病,受遗则霍光、金日䃅,其余不可胜纪。是以兴造功业,制度遗文,后世莫及。"①但是,武帝因为对匈奴进行战争和开疆拓土,把文景时期国家积累的财富消耗殆尽,并引起社会的巨大危机,加之晚年,"穷奢极欲,繁刑重敛内侈宫室,外事四夷,信惑神怪,巡游无度,使百姓疲敝,起为盗贼"。也就是因此,武帝也受到了来自各方面的批评,而武帝本人也在反思之后接受了批评。因为"晚而改过,顾托得人"②,其英明之君的形象并未被历史抹杀。

汉武帝驾崩之后,年幼的昭帝即位,在位13年驾崩,年21岁。昭帝在位期间,国家大权掌握在顾命大臣霍光等人手中。昭帝年纪虽然不大,却能明辨是非,在霍光等诚心辅佐之下,消除了汉武帝后期的弊政。因此史称:"至始元、元凤之间,匈奴和亲,百姓充实。举贤良文学,问民所疾苦,议盐铁而罢榷酤,尊号曰'昭',不亦宜乎!"③昭帝无子,昌邑王继立,后因"缺乏仁义之君形象"而为霍光等人所废。继立者汉宣帝给历史留下一个中兴之君的形象。来自民间的宣帝,对于人民的生活相当关心,具有儒家的仁爱之心,关心小民的生活,其施政甚为清平且重视地方官吏的选用。常称:"庶民所以安其田里而亡叹息愁恨之心者,政平讼理也。与我共此者,其唯良二千石乎!"④班固评价说:"孝宣之治,信赏必罚,综核名实,政事文学法理之士咸精其能,至于技巧工匠器械,自元、成间鲜能及之,亦足以知吏称其职,民安其业也。遭值匈奴乖乱,推亡固存,信威北夷,单于慕义,稽首称藩。功光祖宗,业垂后嗣,可谓中兴,侔德殷宗、周宣矣!"⑤王夫之称:"宣帝重二千石之任,而循吏有余美。"⑥

宣帝驾崩后,太子继立,是为汉元帝。元帝的形象,与宣帝相比,要差不

---

① 《汉书》卷五八《公孙弘卜式兒宽传》"赞曰",第2633—2634页。
② 《资治通鉴》卷二二,汉武帝后元二年"臣光曰"条,第748页。
③ 《汉书》卷七《昭帝纪》,第233页。
④ 《汉书》卷八九《循吏传序》,第3624页。
⑤ 《汉书》卷八《宣帝纪》,第275页。
⑥ [清]王夫之:《读通鉴论》,中华书局,2008年,第86页。

少。但是,元帝以儒家思想为治国的指导思想,"少而好儒,及即位,征用儒生,委之以政"①。不过,却缺少宣帝那样的治绩了。元帝薨,成帝继立。西汉的帝王形象自此发生了恶变。史称成帝:"湛于酒色,赵氏乱内,外家擅朝,言之可为于邑。"②因此,吕思勉说:"汉治陵夷,始于元帝,而其大坏则自成帝。"③但"成帝虽荒淫,亦颇有善政。如减天下赋钱算四十"④。

这里需要注意的是,西汉多位著名皇帝形象的自我建设,除了践行儒家爱民的思想之外,还通过建庙祭祀以强化他们与凡人的不同,借此神化自己。"至西汉末年,祖宗庙在六十八郡国中共一百六十七所。长安自高祖至宣帝以及太上皇悼皇帝(宣帝父)各自居陵立庙旁,与郡国庙合为一百七十六所。"⑤建庙祭祀,实为皇帝神化自己的重要政治举措,全国各地对多位皇帝的祭祀活动,可强化汉朝皇帝的神圣地位,这种措施不只是皇帝在进行自我形象的建设,而且还有现任皇帝对早已亡故皇帝形象进行固化建设之目的。

3. 东汉皇帝形象的自我建设

东汉是在西汉末年皇帝腐败、政权为王莽篡夺后,重新建立起来的政权。东汉建立后,光武帝刘秀对于西汉末年皇帝的荒淫行为有着深刻反思,故而着意于自身明君形象的建设。刘秀本为南阳的豪强地主,但是,在农民大起义的斗争中,他看到了人民力量的强大,而且,其本人饱读诗书,具有深厚的儒家修养。因此,刘秀建国之后颁布的许多政策,都是有利于小民的休养生息,从而迅速稳定了社会。刘秀重用功臣,而不杀功臣,这是刘秀与刘邦不同处。刘秀在平定天下后,"退功臣而进文吏,戢弓矢而散马牛,虽道未方古,斯亦止戈之武焉"⑥。因此,刘秀的皇帝形象,以英明和孔武的双重表

---

① 《汉书》卷九《元帝纪》,第298页。
② 《汉书》卷十《成帝纪》,第330页。
③ 吕思勉:《秦汉史》,商务印书馆,2014年,第186页。
④ 吕思勉:《秦汉史》,商务印书馆,2014年,第189页。
⑤ 雷海宗:《雷海宗史论集》,天津人民出版社,2016年,第15页。
⑥ 《后汉书》卷一下《光武帝纪》,第85页。

现为主要特征。刘秀因此也为后世多所称道。南宋陈亮说:"自古中兴之盛,无出于光武矣。"①清朝王夫之说:"自三代而下,唯光武允冠百王矣。"②

刘秀薨,太子继立,是为汉明帝。明帝的形象,在东汉与其"明"的谥号比较合拍。明帝继承了光武帝的优良政治遗产,同时任用良吏,使得国家政治继续在良性轨道上运行。史称:"明帝善刑理,法令分明。日晏坐朝,幽枉必达。内外无幸曲之私,在上无矜大之色。断狱得情,号居前代十二。"③明帝同时也提倡儒学,但是,他注重刑名文法,为政苛察,总揽权柄,权不借下。他当政时期,命窦固北伐匈奴,取得了巨大的军事胜利。总之,明帝在位期间,社会生产得到全面恢复,民安其业,户口滋殖。

明帝薨,汉章帝继立。史称:"章帝素知人厌明帝苛切,事从宽厚。感陈宠之义,除惨狱之科。深元元之爱,著胎养之令。奉承明德太后,尽心孝道。割裂名都,以崇建周亲。平徭简赋,而人赖其庆。又体之以忠恕,文之以礼乐。故乃蕃辅克谐,群后德让,谓之长者,不亦宜乎!"④可见在史家的眼中,章帝被纳入明君队伍之中。因此,尽管章帝之后,东汉开始走下坡路,但是,"光武、明、章三代所养成的优美世风,却一直持续下去,它维系住此后一百数十年的人心世道"⑤。

章帝薨,汉和帝继立。和帝继位时,外戚当政。和帝利用宦官力量,打击外戚,夺回中枢大权。和帝亲政之后,爱护百姓,宽于刑罚,多次诏令处理冤狱,恤矜孤弱,减轻赋税,安置流民,并通过军事行动,安定边疆。因此,在和帝时期,东汉国力达到极盛,史称"永元之隆"。范晔因此称赞和帝说:"自中兴以后,逮于永元,虽颇有弛张,而俱存不扰,是以齐民岁增,辟土世广。偏师出塞,则漠北地空;都护西指,则通译四万。岂其道远三代,术长前世?

---

① [南宋]陈亮撰,邓广铭点校:《陈亮集》卷五《酌古论·光武》,中华书局,1987年,第51页。

② [清]王夫之:《读通鉴论》卷六《后汉更始》,中华书局,1975年,第137页。

③《后汉书》卷二《明帝纪》,第124页。

④《后汉书》卷三《章帝纪》,第159页。

⑤ 傅乐成:《中国通史》(上册),贵州教育出版社,2010年,第155页。

将服叛去来,自有数也!"①不过,和帝开启了东汉君主重用宦官的先河。此后东汉宦官专权成为常态,严重败坏了东汉的政治。这是和帝形象在历史上受到低评的重要原因。

和帝仅活了27岁,便英年早逝。和帝之后的皇帝,或短命,或无能,或受制于外戚,或宠信宦官,在位期间治绩欠佳,不足为言。到了东汉晚期,汉桓帝与汉灵帝,昏聩至极,重用宦官,根本不重视其自身的帝王形象建设。东汉最后一位皇帝是汉献帝,从即位开始,便受制于人,根本谈不上形象的自我建设。

总之,西汉的皇帝,自刘邦开国之后,文帝、景帝、武帝及昭宣二帝等都非常重视形象的自我建设,东汉的皇帝,自刘秀复兴汉室后,仅有明帝、章帝、和帝数位皇帝重视自身形象建设。当然,这些重视自身形象建设的皇帝,其政治行为都没有做到尽善尽美。如汉高祖建立汉朝后对功臣的屠杀,表现出君主残酷无情的一面;汉景帝对晁错的枉杀,也是其为政的污点。但毕竟是治绩大于不足,优点多于缺点。而两汉后期的皇帝多不再重视其自身形象的建设:或因年幼无能,受控于外戚宦官,不能掌握国家实权;或因本身政治修养太差,荒淫成性,成为昏庸之君。不过,"两汉之衰,但有庸主,而无暴君"②,也是事实。毕竟,与秦朝的暴君形象相比,庸主对国家和社会的破坏力要小得多。

4. 汉朝皇帝形象自我建设的主要特点

两汉的多数皇帝,都能积极进行形象的自我建设,为历史留下了光辉的一页。两汉皇帝的形象,因为离时代甚近,且因文化的发达,他们的事迹,均被当朝史家司马迁和班固等人记载并流传下去。因此,他们的形象远比五帝、禹、汤、文、武的形象丰富。五帝、禹、汤、文、武的形象尽管非常伟岸,但是距离后人过于遥远,而且其事迹记载也过于简单。相反,汉帝的政治行为

---

① 《后汉书》卷四《和帝纪》,第195页。
② [清]赵翼撰,王树民校证:《廿二史札记校证》卷二"汉诏多惧词"条,中华书局,2001年,第42页。

对于世人来说,历历在目,故而更具真实性和生动性。

多位汉帝无论在道德方面,还是在功业方面,都为后世建立了君德的基本标准,尤其是他们的德行建设非常成功,表现出他们的"仁"①。汉朝皇帝形象的自我建设,多依照儒家政治伦理或道家政治伦理建立自己的形象,能够接受社会的批评,以百姓利益为重,担当百姓父母之职责。可见,汉朝皇帝的形象建设,主要以儒家思想为指导,以稳定汉朝江山为目标,以爱民亲民为主旨,多位皇帝都得到人民的爱戴,成为后代皇帝形象建设效仿的榜样。

当然,汉朝皇帝形象的建设,不仅是当政皇帝对自我形象进行建设,而且后代皇帝也会对前任皇帝的形象进行维护。对敢于诋毁前任皇帝形象者,将加以惩罚。史载,东汉孔僖曾与崔骃同游太学,为人所告,称二人"诽谤先帝,刺讥当世"②。收到告状信的部门赶忙把这个案子交给主管的官员去审理。崔骃主动前往办案的官员处接受审查讯问,可孔僖却不去,而是向皇帝上书为自己辩解,最后取得皇帝的谅解。

5. 汉朝皇帝形象由撰写汉史的著作而固化

汉朝皇帝的形象,主要通过汉朝皇帝自己的行为而表现出来。也就是通过"实行帝王的道德"③而建立起自己的形象。当然,汉朝皇帝的行为,最终的固化却是由撰述汉朝历史的学者去完成。对汉朝历史的撰述,有诸多著作,西汉的历史主要由司马迁的《史记》和班固的《汉书》来完成。而东汉的历史有多种,最终流传至今并成为正史者,为南朝刘宋时期范晔所撰的《后汉书》。以上三种史著对汉朝皇帝的记述,在很大程度上反映了汉朝皇帝的真实形象,可称为国史式的定性评价。这些评价,尽管有史书作者个人的好恶成分,但是,总体上还算公允,并为社会普遍接受。

为什么皇帝的形象被记在"正史"中就能固化起来?这是因为,中国上

---

① 雷戈:《秦汉之际的政治思想与皇权主义》,上海古籍出版社,2011年,第145页。
② 《后汉书》卷九七《儒林上·孔僖传》,第2560页。
③ 周良霄:《皇帝与皇权》,上海古籍出版社,1999年,第35页。

古流传下来的史官系统,具有直书的特点。所谓直书,也称直笔。"所谓直笔者,不掩恶,不虚美。"①因此,正史的作者多具备了直书的史德,从而也就建立了撰述信史的社会信誉体系。无论是司马迁、班固,还是范晔,他们在撰写汉帝的事迹之时,都富有儒家的正义精神,无不用儒家的价值观念去撰写历史,并用儒家的价值尺度评价他们笔下的历史人物。因此,后人在阅读汉朝历史之时,多能够接受他们的观点。如刘备临死之际,在给儿子的遗诏中说:"可读《汉书》《礼记》。"②刘备让儿子读《汉书》,一方面因为刘备是汉室之胄,向祖先学习理所应当;另一方面也说明《汉书》中的皇帝形象,具有真实性,值得学习和效仿。汉朝皇帝的形象,就是如此被固化和传播下去的。

二、汉朝皇帝努力建设其形象的原因

天子努力建设形象,并非始于汉朝,三代时期,天子已相当重视自我形象的建设。春秋战国时期,不少国家的君主,都在努力打造自己的贤明形象,以吸引更多的才智之士为其服务。尤其是秦国之君,素以礼贤下士著称天下。秦始皇统一六国,以暴力为后盾,更改名号,把自己打造成千古第一皇帝。秦始皇以法家为治国的根本理论,而汉朝建立后,开始有节制地抛弃法家的治国理论。因此,汉高祖自立国之初便刻意进行形象的自我建设,努力打造有别于秦始皇的皇帝形象。此后的多位皇帝,都努力打造自己的形象。为什么汉朝多位皇帝都刻意于形象的自我建设?其因大致有三:

1. 秦朝暴君形象以及秦的速亡对汉朝皇帝具有严峻的警示效应

不同理论的指导和不同的政治行为,会打造出不同的皇帝形象。这就是秦汉皇帝形象建设差异的根源。秦始皇统一六国后,巡游天下,努力打造着自己千古一帝的形象。但是,秦朝以法家思想为国家的指导思想,其千古

---

① [唐]刘知几撰,姚松、朱恒夫译注:《史通》卷一八《杂说下第九》,贵州人民出版社,1997年,第343页。
② 《三国志》卷三二《先主传》注引《诸葛亮集》,第891页。

一帝的形象却与暴君无别。而其秦朝迅速国破家亡的教训,对汉朝皇帝的印象非常深刻,也给汉朝皇帝提供了血的教训:"倘若国家治理得不好,帝国就会倾覆,他们自己也性命难保。"①汉朝是在举国百姓反抗秦朝暴政的基础上建立起来的新政权。因此,汉朝的开国君臣都相当了解秦朝暴政的恶果,故而对如何做皇帝有着深刻的思考。秦始皇对自我形象的建设,完全以法家的理论为指导,导致了君臣、君民之间严重的猜忌与对抗。史称:"秦,天下之仇雠也。"②为了吸取教训,汉朝皇帝对自我形象的建设,在谨慎对待法家理论的同时,采用道家和儒家的理论来武装自己,从而使君臣、君民之间形成了较为和谐的关系。

2. 汉朝治国指导思想的合理性

要巩固新建立起来的皇朝,显然,用秦朝的暴力理论是不可取的。故而要从法家之外寻找理论依据。道家中的黄老学说,当然适合汉初的政治需要。同理,儒家的仁爱学说也适合社会的心理。对君主行为的规范,除了通过传统的儒家经典文献,汉朝士人也多有新论。如陆贾的《新语》,就是指导帝王行动的重要政治文献。《新语》中讲道:"夫王者之都,南面之君,乃百姓之所取法则者也。"③陆贾劝说刘邦不能"马上治天下"时,要以儒家理论治国时,刘邦起初不以为然,骂之曰:"乃公居马上而得之,安事《诗》《书》!"当陆贾陈述秦亡之因后,刘邦始有惭色,要求陆贾书写出来。"陆生乃粗述存亡之征,凡著十二篇。每奏一篇,高帝未尝不称善,左右呼万岁,号其书曰'新语'。"④可见,刘邦及其重臣对儒家治国思想已经完全接受了。

汉朝先后以黄老思想和儒家思想治国,当朝皇帝也希望成为新型的帝王榜样,以巩固其新建立的皇朝。黄老思想主张与民休息,强调不可以各种政治行为扰民。这有利于百姓安排自己的生活,减轻百姓的徭役负担。而儒家思想有利于百姓与官员之间达到互爱的和谐目标,同时也有利于统治

---

① [法]孟德斯鸠:《论法的精神》(上卷),商务印书馆,2016年,第152页。
② 缪文远:《战国策新校注》卷一四《楚策一》,巴蜀书社,1987年,第498页。
③ [汉]陆贾撰,王利器注:《新语校注》,中华书局,2008年,第76页。
④《史记》卷九七《郦生陆贾列传》,第2699页。

阶层享有等级的特权和积极建设国家的指导思想。汉高祖在其年轻时恐怕对儒家学说并无任何学习。及其称帝之后,对儒家思想也并不重视,但是随着儒士们进入政府,汉高祖发现了儒家思想的诸多好处。此后的皇帝,多重视儒家经典的学习,因此,他们从内心深处吸收了儒家思想的不少精华。汉武帝时,则通过"独尊儒术"的政策,把儒家思想规定为国家政治的指导思想。从此,汉朝治国的政治行为,便被笼罩在儒家思想的大树之下了。尽管汉宣帝声称"汉家自有制度,本以霸王道杂之"①,但是,宣帝应该清楚,只有儒家思想是可以拿到台面上的治国旗帜。

3. 汉朝进谏制度的建立

汉朝皇帝努力建设自我的榜样形象,还源于士人和大臣对皇帝的政治行为的劝谏。汉朝建立之后,皇帝颁布诏书鼓励百姓上书言事,而士人也就形成了上书言事的风气。对于国家政治中出现的问题,敢于直接上书批评。而皇帝也乐于接受批评,说明汉朝皇帝并不认为自己比社会士人贤明,也承认自己存在不足,并未把自己装扮成一个圣人。不过,虚心纳谏,确是走向圣人的必由之路。因此,汉朝皇帝们能够接受天下人的批评与监督。汉朝士人对政治的干预,以董仲舒的言论最为突出。董仲舒以其天人感应理论,起到了控制君主言行的作用。他曾说:"天常以爱利为意,以养长为事,春秋冬夏皆其用也;王者亦常以爱利天下为意,以安乐一世为事,好恶喜怒而备用也。"②"天之生民,非为王也;而天立王,以为民也。故其德足以安乐民者,天予之,其恶足以贼害民者,天夺之。"③至于其他士人的上书,也多以制约皇帝的行为为宗旨。如鲍宣上书称:"天下乃皇天之天下也,陛下上为皇天子,下为黎庶父母,为天牧养元元,视之当如一,合《尸鸠》之诗。"④谷永上书称:"臣闻天生蒸民,不能相治,为立王者以统理之,方制海内非为天子,列土封

---

① 《汉书》卷九《元帝纪》,第277页。
② [汉]董仲舒:《春秋繁露》卷一一《王道通三》,中华书局,1975年,第403页。
③ [汉]董仲舒:《春秋繁露》卷七《尧舜不擅移汤武不专杀》,中华书局,1975年,第273页。
④ 《汉书》卷七二《鲍宣传》,第3089页。

疆非为诸侯,皆以为民也。垂三统,列三正,去无道,开有德,不私一姓,明天下乃天下之天下,非一人之天下也。"①龚禹上书称:"天生圣人,盖为万民,非独使自娱乐而已也。"②

对于士人的上书,西汉前期的皇帝多能虚心接受。如孝文帝曾说:"朕闻之,天生蒸民,为之置君以养治之。人主不德,布政不均,则天示之以灾,以诫不治。乃十一月晦,日有食之,适见于天,菑孰大焉。朕获保宗庙,以微眇之身托于兆民君王之上,天下治乱,在朕一人,唯二三执政犹吾股肱也。朕下不能理育群生,上以累三光之明,其不德大矣。令至,其悉思朕之过失,及知见思之所不及,匄以告朕。及举贤良方正能直言极谏者,以匡朕之不逮。因各饬其任职,务省繇费以便民。朕既不能远德,故憪然念外人之有非。"③

与此同时,汉朝皇帝还常常通过颁布罪己诏,把自然灾害和政治失误造成的损失归于自己,等于向天下人承认自己犯下的政治错误。汉朝皇帝颁布罪己诏之多,可能超过历史上任何一个皇朝。据当代学者统计,汉帝罪己诏多达82份。④ 这是汉朝皇帝的大度之处。这种罪己的政治行为,也是打造自身形象的重要举措。

4. 汉朝多位皇帝怀有儒家"三不朽"的政治心理

用自己的政治行为,为后代树立帝王行为的榜样,并达到"三不朽",是儒家人生目标的最高标准。也是汉朝皇帝重视自我形象建设的重要原因。因此袁宏评论汉朝皇帝说:"当世之主,好为身后之名。"⑤所谓"身后之名",即渴望通过自己的行为,达到死而不朽的人生最高目标。刘邦以平民的身份,建立了汉朝,这成为刘邦极为自豪的人生大事。但是如何保住这份空手套来的"家业",成为刘邦及其子孙经常思考的一大政治问题。汉朝建立之

---

① 《汉书》卷八五《谷永传》,第3467页。
② 《汉书》卷七二《龚禹传》,第3072页。
③ 《史记》卷十《孝文本纪》,第442页。
④ 陈玲玲:《汉代罪己诏研究》,福建师范大学硕士学位论文,2015年,第67页。
⑤ [东晋]袁宏撰,张烈点校:《后汉纪》,中华书局,2017年,第282页。

前的大一统历史,用来作为借鉴的只有秦朝,但秦朝却是一个短命的皇朝。因此,秦朝只是教训,经验只能从五帝和三代中寻找。而五帝三代兴盛的经验,已经过儒家的总结,这就是要对人民具有仁爱之心。要依靠人民,而不能得罪人民。即儒家所宣扬的皇天无亲,唯德是辅。

西汉初期高祖、文帝、景帝、武帝、昭帝、宣帝六人为汉朝后代的皇帝树立了多种类型的君主高大榜样形象。高祖是开国之帝,他的榜样形象特点主要表现为纳谏如流,重用天下才智之士。而文景二帝的形象特征主要表现为生活节俭与爱民如子。这是儒家爱民思想的重要体现。武帝的形象特征主要表现为保护汉朝全国人民的利益,向匈奴开战复仇,拓疆开土,从而建立起强大的国家。这四位皇帝为此后继立的皇帝树立了光辉榜样形象。昭宣二帝在汉朝遭遇困难之际实现了中兴,也成为一代明君。至于东汉的光武、明、章、和四帝,其形象以富有儒家贤能君主的色彩为共同特征。显然,汉朝皇帝与社会普通士人一样,也具有立德、立功与立言的人生追求,也渴望在他们统治时期内,人民会过上幸福的生活。他们通过"立功"的业绩,以实现儒家规定的人生理想目标。因此,汉朝多位皇帝的政治心理,与儒家"三不朽"人生目标,可以大体契合。

三、汉朝皇帝形象自我建设的意义

汉朝皇帝形象的自我建设,是秦朝灭亡之后天下重新统一后的国家政治建设和形象建设的一项重要任命,对于汉朝国家形象建设与其后各朝国家形象建设都具有重要的意义。

1. 构建了汉帝形象的榜样体系,并为汉朝官民互爱树立了典范

在汉朝建立之前,三代时期的天子榜样形象,只有五帝与三代的禹、汤、文、武等。到了春秋战国,无论是春秋五霸,还是战国七雄中的君主,多不具备五帝和禹、汤、文、武可以效仿的形象了。

而汉朝建立之后,多位皇帝以他们自己的政治行为,建立起当代的皇帝新形象,以表明与古史中的五帝和禹、汤、文、武形象堪媲美的帝王,在当代已有了新型的代表。这就是当代皇帝形象榜样体系。汉朝皇帝形象体系包括了开国皇帝高祖神异性的光辉形象,文帝与景帝爱民如子的光辉形象,武帝开疆拓土、扫平匈奴、雪尽前耻、保家卫国的英武形象,昭宣二帝保护民力、重视吏治的光辉形象,以及东汉光武帝中兴汉室的光辉形象,明帝、和帝、章帝以儒家思想治国的光辉形象等。由此可见,汉帝形象建设取得了巨大的成功,形成了一个群体性的国家帝王榜样体系,他们都留下了光辉的事迹,给史家极力赞歌之描述,提供了丰富而真切的历史事实。

如所周知,儒家引证的上古帝王的政治行为,因为时间的久远,其事迹过于简单。而现实的汉帝们却以他们具体的政治行为,为人民留下了口口相传的丰富事迹。汉朝皇帝的高大群体形象,开始挤占五帝、禹、汤、文、武的群体形象所占据的世人心理空间,并因为他们具体化和现实化的事迹,而受到世人的重视。自此,五帝、禹、汤、文、武的群体形象,受到汉帝群体形象的强烈冲击,其闪耀的光彩开始弱化。相反,汉帝的群体形象,开始成为历史传颂的重要角色。也就是说,汉帝高大榜样群体的出现,尽管没有把五帝、禹、汤、文、武的群体形象掩盖下去,却挤占了五帝和汤武群体形象原有的政治舞台的空间。汉代以后,在官员和士人进行历史劝谏的上书中,汉朝皇帝形象便成为官员和士人上书中的榜样人物作为引证的依据。毕竟用近代帝王榜样进行劝谏,远比用上古时代的三皇五帝要有力得多。如诸葛亮劝谏刘禅时就说:"亲贤臣,远小人,此先汉所以兴隆也。"①

汉朝皇帝形象的自我建设,还为汉朝官民互爱树立了典范。显然,皇帝是国家百官之长,因此,皇帝重视自我形象的打造,也就说明他们重视子民的生活好坏。汉朝皇帝接受了儒家治国的理念,因此,他们虽然高高在上,却通过制定各种有利于小民生存与发展的国策,让广大的基层民众能够休养生息,并通过表彰良吏、惩治恶吏等种种制度的建设,获得了民心。因此,汉朝皇帝形象的自我建设,实为汉朝官民互爱体系熠熠生辉的主导力量。

---

① 《三国志》卷三五《诸葛亮传》,第920页。

2. 夯实了汉朝政权合法性的根基，巩固了国家的统一，促进了国家的强盛

汉朝是在秦朝废墟上建立起来的政权。汉朝建立之后，要让普天之下都认可其政权，就需要做好三个方面的工作。其一，要从意识形态上强化汉朝建立是源自天意。这项工作由汉高祖刘邦基本完成。其二，要从历史事实上彻底批判秦朝的暴政，为汉朝建立奠定历史依据。这项工作在西汉前期一直没有中断。第三，汉朝皇帝要建立亲民爱民并巩固国家政权的形象。这项工作最为重要，伴随汉朝的始终，成为天下百姓能否拥护汉朝的决定性因素。汉朝多位皇帝在这方面都做得相当出色。因此，汉朝皇帝形象的自我建设，夯实了汉朝政权的合法性根基。

国家统一的深层基础，是民心的广泛认同。皇帝是国家的象征和最高代表，汉朝多位皇帝以儒家的标准来建设自己的形象，尽管没有达到三皇五帝的道德高度，但是，他们实实在在亲民爱民、巩固统一国家的政治行为，赢得了汉朝人民的普遍爱戴，这使得汉朝民心之基得以逐步夯实，汉朝也因此逐步走向强盛，巩固了国家的统一。在当时的东亚世界政治舞台上，汉朝皇帝也成为域外国家和民族共同关注的对象，其形象远播异域。东汉为曹魏禅代以后，刘备建立的政权，仍以汉为国号。其后，西晋末年又有匈奴人刘渊，五代时期又有沙陀人刘知远、汉人刘龑，元朝末年又有汉人陈友谅，均以汉为号建国，借重的都是汉朝历史高大的形象所带来的强劲的社会心理认同感。而汉朝的高大形象，当然建立在汉朝皇帝高大形象的基石之上。

3. 为后代君主树立了榜样形象

汉朝皇帝形象的自我建设，成为后代各朝皇帝自然我形象建设的示范。

首先，作为开国皇帝，汉高祖刘邦成为后代开国皇帝效仿的最为重要的对象。刘邦对自己的神化，为其巩固汉朝起到了不可替代的作用。因此，后代皇帝多会用刘邦神化出身的手段来神化自己。如在《史记》之后的正史书籍中，后代开国皇帝的出身，也多被赋予神性的光芒，展现出崇高的神性。与此同时，他们也时常效仿刘邦的政治行为，以建立自己的功业。

其次，汉朝皇帝具有的多重正义性的政治行为，也为后代皇帝树立了光辉的榜样形象。如汉高祖虚心纳谏的作风,成为帝王虚心纳谏的典范。汉文帝与汉景帝的节俭形象,成为后世帝王效仿的榜样。而汉武帝的独尊儒术、开疆拓土的文治武功,更成为后世皇帝景仰的偶像。还如光武帝身为东汉开国皇帝,其复兴汉室的业绩,以及其减轻人民负担的政治行为,也成为后世皇帝效法的典范。如贞观二年(628),唐太宗曾拒绝要求为他营建一阁以避暑湿的公卿时说:"昔汉文将起露台,而惜十家之产。朕德不逮于汉帝,而所费过之,岂谓为民父母之道也?"①总之,汉朝的强盛,其重要的原因,在于国家出现了多位杰出的皇帝,没有这些重视其形象建设的皇帝,就没有汉朝的强盛。

四、西汉后期和东汉后期皇帝对汉帝形象的败坏

西汉后期的皇帝,开始损害前朝皇帝建立起来的形象,他们不再顾忌自身形象的建设,反而以为天下早已安定,天下是刘姓的天下,不可更变,因此开始胡作非为,严重损害了社会下层广大民众的利益,从而引发了严重的社会危机。如东汉后期的桓帝与灵帝,严重败坏了汉朝数百年建立起来的皇帝形象。他们继立之后,便与宦官联合,不再相信代表社会正义的士大夫阶层成员,并且对士大夫进行残酷的打击,制造了党锢之祸。党锢之祸表明,汉朝皇帝已与士人成为对头,表明他们已不具备祖上皇帝的形象。这就引发了严重的国家认同危机。社会士人普遍开始对汉朝国家的前途发生怀疑,不少人认为汉朝的火德之运真的要发生转移了,土德即将代替火德。可见,汉朝皇帝形象的建立要依靠多位皇帝多年的经营,但是,要败坏汉朝皇帝的形象,远比建立汉朝皇帝的光辉形象要容易得多。桓、灵二帝为何要败坏前朝汉帝的光辉形象?这源于他们已不再具备前代汉帝具有的政治素养。他们已不在乎他们的帝王形象会对汉朝带来什么恶果,故而敢于胡作非为。这是皇朝后期继位皇帝难以摆脱的规律:不知稼穑之艰难,不知君子

---

① [唐]吴兢撰,谢保成集校:《贞观政要集校》卷六《论俭约》,中华书局,2009年,第319页。

小人之区别。把正直之士的劝谏视为仇人之逆言而惩之,侵犯平民百姓的利益而不知顾忌,为所欲为而不计后果,从而引发了严重的政治危机和社会危机。汉帝的形象自此一落千丈,再无前代汉帝的高大榜样形象了。伴随着五德理论的流行,汉之将亡的社会思潮风生水起。可见,西汉末年和东汉末年皇帝的政治行为,与汉朝皇帝的形象完全不同。因此,汉朝建立起来的社会帝王信用体系,在他们手中受到了严重的破坏。

以业绩和政治行为考察,汉朝皇帝的形象可分为三类:其一是明君的高大光辉形象,其二是功过参半的中性形象,其三是劣君的卑劣形象。汉帝明君形象主要表现在两汉中前期,而劣君形象主要表现在两汉后期。到了东汉后期,汉朝多位明君建立起来的人民心理认同资本,为桓、灵二帝挥霍殆尽。东汉末年天下州郡的迅速私有化,就在于桓、灵二帝的形象过坏,汉朝赖以稳定的社会根基遭受破坏,"汉室不可复兴"①的社会思潮随之而生。

汉朝皇帝的形象,无论是为后代效仿的明君形象,还是为后代批判的昏君的卑劣形象,均通过史家较为客观的笔法记录下来,为后代世人歌颂明君和批判昏君提供了历史依据。通过史书的记载,汉朝明君建立起来的高大榜样形象,尽管为两汉后期的昏君所拖累,但是,他们的榜样形象却成为后代士人和百姓歌颂的典范。如《三国志》载景初二年(238)魏明帝诏书说:"昔汉高祖创业,光武中兴,谋除残暴,功昭四海,而坟陵崩颓,童儿牧竖践蹋其上,非大魏尊崇所承代之意也。其表高祖、光武陵四面百步,不得使民耕牧樵采。"②而到了唐朝,汉朝盛世和汉朝明君的形象,成为唐太宗仿效和榜样,他渴望通过自己和公卿的努力治国:"令数百年后读我国史,鸿勋茂业粲然可观,岂惟称隆周、盛汉及建武、永平故事而已哉!"③唐太宗甚至让其重臣虞世南专门撰著了《帝王论略》一书,重点讨论前朝帝王们的优劣,并认为汉高祖是"霸德之盛"之主,汉文帝是"几尽于王道"之主,汉武帝是"功有余而

---

① 《三国志》卷五四《鲁肃传》,第1268页。
② 《三国志》卷三《明帝纪》注引《魏书》,第112页。
③ [唐]吴兢撰,谢保成集校:《贞观政要集校》卷十《论慎终第四十》,中华书局,2009年,第533页。

德不足"之主,汉宣帝是"图霸之主",光武帝是"图王之君"①。而明朝建立后,朱元璋对汉朝历史极为重视,常常以汉朝为自己治理的参照。史称汉朝良吏生成的政策,"明太祖亦尝仿之"②。尤其是开国皇帝刘邦,受到明太祖高度关注,"朱元璋的许多举措,都是在汉高帝所制的模板下进行"③。可见,后代的明君在其思想和行为中,多会潜移默化地效仿汉朝明君的行为。一方面,以此表明他们也具有汉朝贤能皇帝的潜质;另一方面,也不得不借鉴汉朝明君的政治行为,以打造自己的形象。这是汉朝皇帝形象自我建设留给后世的宝贵财富。

---

① [唐]虞世南撰,陈虎译注:《帝王论略》,中华书局,2008年,第51、55、59、68、68页。
② [清]赵翼撰,王树民校证:《廿二史札记校证》卷三二"因部民乞留而留任且加擢者"条,中华书局,2001年,第761页。
③ 朱志先:《明人汉史学研究》,湖北人民出版社,2011年,第29页。

第七章 官民关系视野下中国古代的民意上传制度

——以汉朝为例的考察

"民意"一词,在先秦典籍中已经出现。如《管子》中记载说:"农夫寒耕暑耘,力归于上;女勤于缉绩徽织,功归于府者,非怨民心,伤民意。"①《庄子》中也记载说:"上法圆天以顺三光,下法方地以顺四时,中和民意以安四乡。"②《管子》中的"民意"和《庄子》中的"民意"之"民",指的都是社会中下层民众。可见,民意就是"公众意见"③。民意对应的英文是 public opinion。public opinion 与中国古代民意的内涵并无区别。有学者却认为:"广义的民意概念,应当是公意与众意的统一(现实中常表现为少数民意与多数民意的统一),是公开与潜在意志的统一,是正义与非正义的统一,同时也是历史传承与现实生成的统一。"④这种观点值得商榷。事实上,至少在中国古代儒家思想中,没有少数民意与多数民意的说法,即没有广义和狭义之分,也不存在正义民意与非正义民意的概念。正如当代学者刘建明先生所说:"民意是

---

① 黎翔凤撰,梁运华整理:《管子校注》,中华书局,2004年,第1227页。
② 郭庆藩撰,王孝鱼点校:《庄子集解》,中华书局,1985年,第1022页。
③ 李昌昊:《民意之概念检讨及其价值探寻》,《中共南京市委党校学报》2009年第1期。
④ 钱超:《论民意表达》,复旦大学博士学位论文,2008年,第24页。

人们对有关自身利益的社会问题所形成的一致意见。"[1]"民意没有错误和正确之分,更不存在少数民意和多数民意,它就是绝大多数民众提出的符合天道法理的正义要求。"[2]可见,民意具有绝对正义性。从民意主体可以判定,民意与非民意的区别在于:民意的主体为占人口绝对多数的民众,尤其是基层民众;非民意的主体人数不多。当然,民意之民,主要指社会中下层之民,即与国家官僚阶层相对存在的广大群体。在中国上古时期,民意已受到广泛的关注。三皇五帝时期盛行的禅让制度,已经体现出民意的重要意义。夏朝与商朝的建立,与民意的认同具有密切的关系。但是,这一时期,政府并没有建立起系统的民意上传制度。西周时期,统治阶层已相当重视民意的力量,认为民意即是天意的表现,即《尚书·泰誓》所谓:"天视自我民视,天听自我民听。"《尚书·酒诰》所谓:"人无于水监,当于民监。"西周这种天意源自民意观念的形成,当然是在分析夏商灭亡的原因之后得到的启示。这就从政治价值理论上论证了民意的天然合法性。可见西周的统治者已认识到,民意的凝聚,成为左右王朝的重要社会力量。因此,建立搜集民意、让民意能够顺利地传达到统治阶级耳中的制度,便成为国家最高统治者甚为重视的大事。当然,这种制度传承于历史,即如《诗经》所说:"先民有言,询于刍荛。"(《诗·大雅·民劳》)可见,西周建立的采诗制度,是政府搜集民意和上传民意的重要制度。采诗制度的形成,标志着中国古代民意上传制度的初步形成。利用法家思想建立起来的强秦很快灭亡之后,汉朝以及后代各朝,对秦亡的教训记忆深刻,都普遍吸收了西周的民意上传制度,以尊重民意,并显示自己的政府是爱护民众利益的政府,从而努力夯实其统治基础。因为"当发表意见的途径(人民舆论)通畅的时候,政府往往被认为是一个好政府;而当这些言语堵塞的时候,君主应就没有发现国情和舆论的真正通道,即言路堵塞,上情不能上达,政府就濒临覆灭的境地"[3]。

---

[1] 刘建明、纪忠慧、王莉丽:《舆论学概论》,中国传媒大学出版社,2013年,第107页。
[2] 刘建明:《民意有害论和民意恐惧症》,《新闻爱好者》2014年第4期。
[3] 林语堂著,王海、何洪亮译:《中国新闻舆论史》,中国人民大学出版社,2008年,第52页。

一、汉朝民意上传制度的建立与运行

西周初步建立起来的民意上传制度,在秦朝统一六国的进程中受到严重冲击。秦朝统一中国,实为中国古代政治制度一大变革时期。秦统一中国的战略,一言以蔽之:以法家的思想为国家的指导思想,从而取得了六国不可能取得的政治效果。秦朝实施法家思想,以富国强民、灭亡六国和统一天下为目的。而统一天下的目的,在于占有最多的土地、最多的人民。这不仅是秦始皇的政治理想,也是法家思想的旨意所在。

秦朝以法家思想为治国的指导思想,而法家思想完全建立在人性恶的基础之上。既然人性险恶,当然,国家一切政治手段,均是为君主服务而非为全民服务,因此不重视民意的作用。秦朝统一六国之后,沉迷于法家思想的成功而不知重视民意之重要,便在民怨沸腾声中迅速灭亡。汉朝建立之后,彻底反思秦朝灭亡的教训,重新拾起西周初步建立起来的民意信息搜集制度。汉武帝亲政之后,又以儒家思想为治国的指导思想,使民意上传制度走向成熟。

1. 汉朝民意上传制度的构成

西汉建立后,无论是君主还是官员,及至于未在政府中任职的士人,无不对秦朝速亡的原因进行深入的探讨。西汉政府上层在反思秦朝速亡的基础上,开始建立起顺应民意的平民政府。平民政府的一个重要特点,就是建立起一套上传民意的制度,并形成有效的机制。而西汉武帝"独尊儒术"以降,儒家思想成为治国的指导思想,因此政府更加重视民意的上传,皇帝时常下诏要求天下之人对政府提出批评性建议。如西汉大臣鲍宣曾上书批评时政称:"侍中驸马都尉董贤本无葭莩之亲,但以令色谀言自进,赏赐亡度,竭尽府藏,并合三第尚以为小,复坏暴室。贤父子坐使天子使者将作治第,行夜吏卒皆得赏赐。上冢有会,辄太官为供。海内贡献当养一君,今反尽之贤家,岂天意与民意邪。"[①]汉朝民意上传制度主要包括以下内容:

[①]《汉书》卷七二《鲍宣传》,第3092页。

其一,中央政府设立的相关机构,具有负责接待民众上书和上访的职责。如汉朝以公车署为专职机关。公车署隶属于卫尉,其长官为公车令。史载汉朝:"公车令一人,秩六百石,掌殿门。诸上书诣阙下者,皆集奏之。凡所征召,亦总领之。"①

其二,地方政府官员承担有调查民意,并向中央政府汇报民意的职责。地方官员每年上计时,都要向中央汇报民意。此外。西汉武帝设刺史监察地方郡县官员,以"六条问事"为其主要职责,"六条问事"的主要内容,反映的是民意问题。

其三,鼓励社会士人和基层平民积极上书,批评政府并提出建设国家的建议。西周时期的采诗官员,担负着搜集地方民意的重要职责。从目前存在的《诗经》的篇幅上来看,有相当一部分是批评政府的内容,这就说明,周朝王室负责搜集地方民情的官员,并不在意基层民众对诸侯国国王的批评,相反,他们相当重视基层民众对政府的批评意见。西汉建立之后,在批判秦朝制度的同时,继承了西周搜集民意制度的精髓。皇帝经常下发诏书,鼓励官员或平民诣阙上书。甚至如昏庸的东汉桓帝也曾经下诏"博求直言"②。百姓在政府的鼓励之下,也积极上书对政府进行批评,提出建设性的建议。汉初贾谊曾上书批评政府,受到文帝的厚待。汲黯曾直接批评汉武帝说:"陛下内多欲而外施仁义,奈何欲效唐、虞之治乎?"③如此一来,吏民上书制度就成为汉代政治制度的重要组成部分,成为"一种集收集信息、议政、选官、监察、司法于一体的多功能综合体制"④。西汉的君主还时常下发罪己诏,进行自我批评。这种勇于承认自己过失的做法,说明当时的政府对人民的利益已相当重视,对民意已相当关注。

其四,在用人上,汉朝政府大量吸收士人进入到政府之中,强化了用人的民意性。西汉政府从武帝开始,原来依靠的宗室、武人、商人的组合,发生

---

① 《后汉书》卷四《和帝纪》引《汉官仪》,第178页。
② 《后汉书》卷六七《刘儒传》,第2215页。
③ 《史记》卷一二〇《汲黯列传》,第3106页。
④ 袁礼华:《汉代吏民上书制度述论》,《求索》2006年第10期。

了巨变,这就是士人的大量进入。钱穆先生称赞说:"自此汉高祖以来一个代表一般平民社会的、朴素的农民政府,现在转变为一般平民社会的、有教育的、有知识的士人政府,不可谓非当时的又一进步。"①

其五,君主时常到全国重要地区巡行,广泛接触社会各界人士,以了解民意。天子巡行天下,其制由来已久。秦始皇统一六国之后,不断对东方六国进行巡游。秦始皇巡游六国,意在加强对东方六国的统治。据说,高渐离击杀秦始皇行动失败之后,秦始皇终身不再接近六国之人。可知秦始皇在关东巡游过程中,可能没有接触到六国下层的民众。但是汉朝建立之后,君主在巡行过程中时常搜集地方基层头面人物,并与之宴饮和欢乐。通过这种等式,君主一方面表现出爱护百姓的情感,另一方面,则又可以搜集到地方的民意,掌握到第一手的地方民情。

其六,中央政府时常派出使者巡行地方,以考察民意。君主巡游天下,需要具备如下条件:一是君主为成年之人,体格上有能力进行巡游;二是君主真正掌控了国家的大权,政治上有权力进行巡游;三是君主励精图治,有目的地进行巡游。但是,并非所有的君主都可以如此。幼龄君主、年迈君主身体不适于巡游之时,就需要采取其他方式获取民意了。故而皇帝派出使节巡游地方,便成为惯常的措施,并成为制度。使节当然可以有多个人选。多人巡游不同的州郡,以便通过"览观风俗,察吏治得失"②来考察民意。如此就可大大提高工作效率,在较短时间内获取全国所有地区的民意内容。巡行制度中,西汉武帝时期,建立了固定的刺史制度,以刺史来监察地方二千石。而对地方二千石的考核,也以"六条问事"为核心内容。而要真正落实"六条问事",就需要监察官员尤其是刺史要深入社会基层,从基层小民处得到他们对郡国长官的评价。

汉朝民意的上传,还与汉朝在全国建立的完整的邮驿系统密切关联。全国各个郡县发生的事件,但凡被认为属于重要事务,都要由邮驿系统迅速

---

①钱穆:《国史大纲》(修订本),商务印书馆,2006年,第149页。
②《汉书》卷八《宣帝纪》,第258页。

传送到中央政府,以保证中央政府能够以最快的速度了解和掌握地方民情。

2. 汉朝民意上传制度能够正常化运行的原因

汉朝民意上传制度长期均能够正常运行的基本原因有二:

其一,君主本人具有较高的治国素质是基础。君主专制是中国古代政治的重要特点。君主治国能力的高低是民意上传制度可否正常运行的最为重要的原因。因为全国的大权集于一身,故而君主素质的高低,实决定国家命运的好坏,也就决定了民意上传制度运行的好坏。大凡治国素质高之君主,都能充分认识到民意的重要性,故而,他们多能着手于民意上传制度的建设,通过想到配合的行政制度,来促使地方民意能够迅速地上传到他们的面前,从而完全掌控全国民情与社会舆论。反之,君主治国的素质过低,也就难从制度上掌握全国基层的民意表现。汉朝著名的明君高祖、文帝、景帝、宣帝、光武帝、明帝等,都相当重视民意上传的制度建设。在他们统治时期,民意上传制度得到了相对健康的贯彻,民众的利益受到了政府的高度重视,从而得到保障。

其二,国家建立了一整套有利于民意上传的制度。国家政治的正常与否,是民意上传制度正常与否的基本条件。民意上传制度是与国家政府官员的政治行为密切相关的制度,也是政府政治制度的有机组成部分。如上所述,民意上传制度在西周已建立起来。但是,西周的政治体制是分封制。周天子对诸侯国并未施行直接的管辖。故而,西周的民意上传制度,对于西周中央政府的决策,尽管具有参考意义,但是,在如何实现民意方面,却并未对诸侯国的政治行为进行直接的干预。事实上,周天子也无实力对各个诸侯国的政治行为进行干预。相反,汉朝建立了中央集权的政治体制,因此,中央对于全国的管控积极有力,所建立的民意上传制度,也远比西周更为完善。

3. 汉朝民意上传制度正常化的意义

汉朝的民意上传制度的正常化运行,具有重要的意义。主要表现有三:

其一,使中央政府能够迅速了解国情,制定正确的国策。民意上传制度的正常运行,使社会广大人民的真实意愿可以完整快速地传送到中央政府的决策者手中,尤其是君主和宰辅大臣的手中,可以使这些国策制定者们能够根据民意制定出正确的国策。而民意是国情的重要体现。通过民意的上传,中央政府可以得到真实的民意,从而依据民意提出相应的国策。如西汉初年根据民意,政府提出了休养生息的国策,从而满足了广大人民的利益诉求,得到了广大人民的支持。

其二,民意上传制度的正常运行,获取了民心,使政府在广大民众心中建立起强大的威信,大大增加了政府的合法性,夯实了帝国的稳固根基。

其三,民意上传制度的正常运行,还大大增强了社会的和谐性政治基础。民意上传制度的正常运行,使民意得到了部分实现或全部实现,消解或缓和了政府与人民、社会统治集团与广大被统治集团之间存在的矛盾,并增强了社会和谐的政治基础。

二、汉朝民意上传制度的主要特点

通过以上的分析,我们可以看出,汉朝民意上传制度具有以下显著特点:

1. 儒家思想是民意上传制度建立的基本指导思想

汉朝的民意上传制度建立在儒家思想的基石之上。西周建立起来的各项制度,在很大程度上体现了民意,即重视社会全体民众的共同利益,尤其是重视广大社会下层人民的利益。西周建立起来的民意上传制度,其基本的政治思想就是以民为本。在百家争鸣时期,最能体现民意者,非儒家莫属。儒家的创立者是孔子。孔子的思想并非完全凭空而生,而是在总结历史经验的基础上,尤其是在总结西周的制度经验上创造出来的。孟子继承和发展了孔子的思想,他曾说:"左右皆曰贤,未可也;诸大夫皆曰贤,未可也;国人皆曰贤,然后察之;见贤焉,然后用之。左右皆曰不可,勿听;诸大夫皆曰不可,勿听;国人皆曰不可,然后察之;见不可焉,然后去之。左右皆曰可杀,勿听;诸大夫皆曰可杀,勿听;国人皆曰可杀,然后察之;见可杀焉,然后杀之。故国人杀之也。如此,然后可以为民父母。"(《孟子·梁惠王下》)儒家思想之所以重视民意的力量,在于儒家认为君主所建立的国家,本来是代表广大民众利益的国家,而非代表君主个人利益的国家。故而,先秦就有"天下非一人之天下也,天下之天下也"①的观念。到汉朝建立后,"天下乃天下之天下,非一人之天下"②的观念得到了强化。既然天下是天下人的天下,皇帝当然要听从民意,而不能完全独断专行。汉朝皇帝顺应民意的重要体现是,不只欢迎平民上书言事,而且在行为上时常发布罪己诏,体现出自我批评的精神。

2. 皇朝前期民意上传制度运行正常,皇朝后期运行不正常

秦汉以来的各个皇朝,都表现出较为明显的前期政治清明与后期政治昏暗的时代特点。同样,民意上传制度也经历了同样的特点。在皇朝前期,民意上传制度因为有明君与贤臣的存在,使得政治清明,民意上传制度也因此得到顺利地运行。反之,则会受到严重的阻挠。这是由皇权政治的变化特点决定的。皇朝前期,政治上相对清明,故而民意上传也就相对顺畅。而皇朝后期,政治转为黑暗,民意上传制度劣变程度加重,运行机构受到破坏,民意上传相应会受到阻隔,君主和中央政府常常得不到全国的真实民意反映。

3. 小民可直接诣阙上书皇帝

小民直接上书皇帝是汉朝政治开明的一个重要表现。汉朝皇帝重视小民的上书。如西汉少女缇萦到长安直接上书汉文帝,要求"没入为官婢,赎父刑罪,使得自新"③。汉文帝看到上书后大为感动,直接废除了肉刑。小民诣阙上书皇帝,还有集体的行为。如著名的良吏第五伦因罪受罚,小民们感恩于第五伦,陪之到朝廷,汉明帝不得不出面处理,仅让第五伦免官回乡。东汉桓帝在位时出现过以太学生刘陶为首的数千人诣阙上书事件,要求朝廷赦免正直的冀州刺史朱穆。汉朝皇帝之所以能够接受小民的诣阙上书,

---

① 陈奇猷校释:《吕氏春秋新校释》,上海古籍出版社,2002年,第45页。
② 《汉书》卷八五《谷永传》,第3467页。
③ 《史记》卷十《孝文本纪》,第427页。

在于他们和臣民的关系比较密切,"还保持着一些原始共产主义的成分"①。

4. 士人是民意的主要代言人

士人阶层从春秋开始兴起,到战国开始壮大,并成为民意的主要代言人。士人之所以成为民意的主要代言人,在于士人多习儒家学说,多以儒家思想为其人生的指导思想。儒家的民本思想扎根于士人的心底,让士人们以天下为己任,是"道的承担者"②。普通民众一般都无上书朝廷的能力,故而士人便成了天然的民意代言人。士人传达民意的方式,以上书和谏诤为主。其中,士人谏诤"是臣子表达民意、为民请命的重要方式"③。士人之外的普通民众,虽然也可向朝廷表达他们的意愿,但毕竟缺少士人的知识素养。不过,一旦民意上传制度发生劣变或受到破坏,普通民众在缺乏基层的生存环境之时,就会以暴力的方式来表达他们的意愿。汉朝士人上书政府,多具有忧患意识,如西汉贾谊上书指出汉朝存在的严重危险:"汉之为汉几四十年矣,公私之积犹可哀痛。失时不雨,民且狼顾;岁恶不入,请卖爵、子。既闻耳矣,安有为天下陷危者若是而上不惊者!"④

三、汉朝民意上传制度的劣变

汉朝建立起来的民意上传制度,为汉朝的长治久安奠定了政治基础。但是,任何制度都是需要人去执行。而以君主为代表的统治集团,与社会广大民众的利益尽管存在一致性的地方,但是,同时也存在严重的对抗性矛盾。在这样的背景下,皇朝后期的民意上传系统便开始发生劣变。

1. 两汉后期民意上传制度劣变的表现

两汉后期民意上传制度异化的表现,主要体现在官僚成员素质的劣变、上传内容的劣变、民意通过极端方式表现出来三个方面:

---

① 方强:《中国上访制度史话:公元前11世纪—1949》,中国青年出版社,2013年,第55页。

② 余英时:《士与中国文化》,上海人民出版社,2008年,第89页。

③ 王高贺:《我国古代统治者对民意的运用及其启示》,《理论探索》2012年第1期。

④ 《汉书》卷二四《食货志上》,中华书局,2002年,第1128页。

其一,皇帝和官僚集团成员素质的严重劣变。皇帝和官僚集团成员的素质,包括治国能力和道德修养两个方面。皇帝和官僚集团成员素质的劣变,首先表现在国家最高领导人——君主素质的劣变上。开国君主所具有的对社会深刻的认知力和实践力,以及他们的政治道德力,远非其子孙所能达到。生于富贵、长于宫廷的生活难以培养开国式的精明强治的君主,而这样的君主继位之后,他们的治国政治力和治国道德力,都会陷入劣变的状态。劣变的君主,不可能对民意有着深刻的认知。他们对儒家民本思想的认知程度,可能甚为肤浅,甚至根本不知其重要意义。这样的君主在位,只会通过其没有丝毫限制的皇权胡作非为。

皇帝和官僚集团成员素质的劣变,其次表现在国家重要官员素质的劣变上。国家重要官员包括以丞相为首的宰辅成员。他们治国素质的劣变,只能导致政治的败坏。尽管政府机关中依然可以选出一部分贤明的大臣,但是官员的整体素质已开始腐化,而且,随着时代的发展,皇族的后代人数与开国功臣以及其他官员的后代人数越来越多,即社会食利人数越来越多。在社会财富没有形成几何式增长的情形下,社会食利人口却在呈现几何式增长的态势,加之这些人中,部分成员越来越腐化,越来越贪婪,从而大大侵占了本来属于社会下层广大民众的财富。如此一来,社会矛盾会越来越严重。统治阶层普遍不再重视民意的重要意义,也无法重视民意的重要意义。

其二,民意上传制度的严重劣变。正常的民意上传体系,应该是通过各种渠道,把民意的真实内容原原本本地快速地传递到中央政府中去。在正常状态下,民意上传程序,是自下而上和自上而下结合而形成的一个有机的系统。但是,在国家政治处于黑暗状态时,民意上传内容便开始发生劣变。一方面,自下而上的上传体系受到严重的阻挠。地方民众难以通过地方政府表达他们的意愿,而地方政府的官员也不再重视地方民意的搜集与上传,甚至会混淆黑白,将虚假的民意汇报给中央政府,即报喜不报忧。另一方面,中央政府中的君主也不再重视巡行地方,中央政府也很少派遣使节巡行地方,或者派出的使节也不再能真正担负起搜集民意的重任。

地方官员轻视民意,多是故意为之。故意为之的原因有二:一是官员本身政治人格低下,贪图财富,不顾人民死活。二是中央政府不喜欢地方官员报忧,只喜欢地方官员报喜。因此,地方官员为了迎合中央政府的好恶,报喜而不报忧。

其三,民意通过极端方式表现出来。民意上传的正常渠道一旦受阻,其表达方式便会发生变化甚至巨变。民意的巨变,常通过暴力的方式表现出来。这就是历史上所称的民变事件,或可称之为群体性事件。当民众的利益严重受损,基本的生存不可持续之时,这时的民众,或者以流亡的方式表达其对当地政府的反感,或者以武力抢劫的方式对抗政府,以图生存。当此之时,有野心者,常利用民意不可表达的形势,进行推翻政府的政治活动。诸如东汉末年"苍天已死,黄天当立,岁在甲子,天下大吉"①的政治谣言,就是借助了民意上传制度劣变时群情愤慨的政治背景,并掀起了反抗政府的浪潮,对国家政治产生了严重的影响。

2. 两汉后期民意上传制度劣变的原因

制度常因人为的原因而发生变化。两汉皇朝后期民意上传制度劣变的原因有三:

其一,统治集团腐化,使其不再顾忌民意对国家政权的重要支撑意义。伴随着统治集团食利人数增长,统治集团的腐朽化也在不断地加重。一般而言,在皇朝建立之初,统治集团的成员,多为社会新兴的有生力量,他们多为来自社会各个阶层的精英,因此,尚不具备迅速腐化的基因。但是,随着皇朝建立时间的持续,他们便不再具有原来奋发图强的政治环境,打了天下就理当坐享天下的社会心理与皇朝的优待国策,让他们中的一部分成员迅速地腐化下去。而他们的子孙后代,坐享其父祖的恩荫,享有种种特权,腐化得更为迅速,治国能力也迅速下降,民意也就不可能实现上传。因为,在中国古代,"民意得以表达与实现的基础是明君贤臣,一旦出现昏君权臣,民意既不能上达,更谈不上化为政令"②。迅速腐化的统治集团,其腐化的方

---

① 《后汉书》卷七一《皇甫嵩传》,第2299页。
② 王贞:《问政于民:中国古代民意表达机制建构》,《兰台世界》2012年第6期。

式,只能是从事满足口腹之欲、肉体性欲等动物性的活动。如此之类的活动,会严重损害基层广大民众的利益。民意对他们行为的愤慨性表达,则会受到不同程度的阻挠。

其二,统治集团食利人数的扩张,使其与广大民众利益存在严重的矛盾。这是客观原因。随着皇朝统治的待续,统治集团食利人数便逐渐增多。在食利阶层队伍不断扩大之时,社会财富的增长速度却赶不上食利阶层人数增长的速度。政府为了满足食利阶层的利益需求,只好加重赋税的征收,原来的轻徭薄赋政策,也开始发生劣变,摊派加重,成了政府敛财的唯一方法。人民利益的严重受损,恰为民意表达的最为重要的内容。

其三,统治集团治国能力的弱化,使其不知如何获取真实的民意,或根本不重视民意的力量。伴随着统治集团的腐化,统治集团的统治能力也开始弱化。统治集团治国能力的弱化,主要表现在中央政府君主与权臣统治能力的弱化两个方面。一方面,君主统治能力的弱化,表现为君主的年幼化、智力不足化和生活腐朽化。如果皇朝出现了小君主,在小君主的背后,多演化出外戚干政;而小君主长大之后,又容易演化出宦官干政。东汉后期的君主多为幼儿担任,而这些幼儿根本不知道如何从事国家政务。如果君主智力不足,在智力不足的君主背后,可能有贤明的辅政大臣的忠心辅助,皇朝政治尚可清明。但是一旦没有这样的大臣存在,皇朝的政治运行便会出现极大问题。此外,还可能存在皇后干政问题。如果君主生活腐朽,则其统治同样也容易腐朽下去。

3. 汉朝民意上传制度劣变的危害

汉朝后期民意上传制度的劣变,对政府和国家的危害性极为严重。这主要表现在以下两个方面:

其一,造成中央政府不能获得真正的民意信息,对社会民情认知不清,并严重影响中央政府国策制定的合理性。民意上传制度劣变的危害,首先表现为中央政府对社会认知的失误,不再明晰民意的真实内容,而只能得到虚假的民意,从而造成政府决策的失误,并影响到国策制定的合理性。中央政府的决策,本来应当依据民意。但是,在民意不能上达中央之时,中央政府的决策,就失去了民意的参照,这样也就缺少了针对性,造成决策与现实民意的相悖。

其二,造成国家政权合法性的危机。民意上传制度的劣变,直接导致民意不能得到满足,其直接的后果就是民众对政府产生失望情绪,从而引发国家政权合法性的危机,并导致政权的衰亡。

总之,汉朝民意上传制度,是汉朝政治机制的一个重要组成部分。通过民意上传制度的正常化运行,汉帝国的中央枢纽和决策机构,就获取了第一手的民情资料,为帝国的政策方略的制定提供了真实的参考,并可大大减少国家政策方略制定上的失误,同时,也为顺应民意提供了强有力的支撑。不过,随着国家政治的腐败,民意上传制度随之发生劣变,社会民意与统治集团意图从此也开始发生严重对抗,帝国的统治基础最终因不能顺应民意而崩塌。

第八章　官民关系视野下
中国古代平民权利与君主权力的消长

《辞海》解释说，权利是"自然人或法人依法行使的权能与享受的利益"①。而从事政治学研究的学者给出了这样的定义：权利在本质上是一种社会利益的分配关系，是权力的重要实现形式，是受限制的，和义务是一致的。②《汉语大辞典》解释说，权力是"职责范围内的领导和支配力量"③。而从事政治学研究的学者给出了这样的定义："权力是指社会生活中存在的一种制度化的支配性社会关系。"④据此，我们可以看到权利与权力是相互区别又相互联系的两个概念。限于篇幅和著述的主旨，本章对二者的区别与联系不作具体论述，仅仅对中国古代平民权利与君主权力之间的关系进行考察。通过考察中国古代国家政治的运行过程，我们发现，中国古代平民参与国家政治大事的决策权力呈现出不断弱化直至消亡的态势，而平民个人的其他权利却处于增长的态势，平民获取富贵的社会环境越来越公平。与此同时，君主的绝对权力也在不断地扩张，其作恶的程度越来越重。为什么会形成这种奇异的历史现象？本章希望通过对这一问题的探讨，加深对中国

---

①《辞海》，上海辞书出版社，1989年，第3276页。

②李良栋、侯少文、刘春主编：《新编政治学原理》，中央党校出版社，2001年，第148—149页。

③《汉语大辞典》(第四册)，汉语大辞典出版社，1992年，第1360页。

④孙关宏、胡雨春、任军锋主编：《政治学概论》，复旦大学出版社，2008年，第35页。

古代政治运行的认识,并期望方家指正。

一、中国古代平民发展权利的增长

考察中国古代历史可以看到,中国古代平民在国家产生初期,具有参与国家政治议事权力,这是原始社会民主制度使然。原始社会的民主制度,大约由民众大会制度、选贤举能制度、舆论监督制度、长老辅佐制度、习惯维持制度等组成。① 殷商时期,国家大事,需与众人商量,即"谋及庶人"(《尚书·洪范》)。西周时期,原始社会时期的民主政治尚有遗存,国家大事要由天子、贵族和国人共同决定,而不是只由天子和贵族商定决定。西周时期的国人,"对政治问题很有发言权,而且参与政治活动,过问国家大事"②。《周礼·大司徒》说:"若国有大故,则致万民于王门。"《周礼·小司徒》说:"凡国之大事,致民;大故,致余子。"《周礼·小司寇》说:"小司寇之职,掌外朝之政,以致万民而询焉。一曰询国危;二曰询国迁;三曰询立君。"《左传·僖公十五年》:"晋侯使郤乞告瑕吕饴甥。且召之,子金教之言曰:'朝国人而以君命赏。且告之曰,孤虽归,辱社稷矣。其卜贰圉也。'"此段文字讲的是,晋惠公与秦交战被俘,秦国放其回国,晋惠公派郤乞告诉晋大夫瑕吕饴甥,让其迎接。瑕吕饴甥就教郤乞说:"你要召集国人来集会,并用国君惠公的命令赏赐他们。同时用惠公的语气告诉他们:'我虽然回来了,但是已使国家受辱了。不如通过占卜,让储君太子圉即位吧。'"

可见,当时的国人,还有处理国家大事的表决权。不过,国人的数量尽管庞大,但是,从血缘上来说,却只是周人而未包括无以上权力的殷人(野人)等。这就说明,西周时期,国家权力的分配具有血缘性和阶层性,与春秋战国以降,社会平民均可享有一定的国家权利具有较大的不同。

但是,这种原始社会遗留下来的民主制度随着时代的发展,逐渐弱化,最后完全消失于历史长河之中。秦始皇统一天下,建立了君主专制的国家,标志着平民原来具有的参与国家政治大事的决策权力完全丧失。不过,此

---

① 文选德:《民主政治制度探源》,《船山学刊》1995年第1期。
② 何兹全:《中国古代社会》,河南人民出版社,1991年,第33页。

后,平民与君主之间的利益博弈并未终结。显然,尽管平民丧失了参与国家大事的决策权,但是,君主却需要平民的支持,方才能够巩固其专制的权力。因此,为了安抚平民,君主在剥夺平民参与国家大事的决策权力之后,还须给予平民个人一定的好处,即给予平民个人发展一定的权利,以获取平民对其统治的拥护。

以权力运作的内容划分,可把权利粗略分为政治、经济、文化、人身四个部分。政治权利主要表现在参与政治活动之上,经济权利主要表现在对物质资源和物质财富的占有权之上,文化权利主要表现在接受教育并因接受教育而获取社会地位的权利之上,人身权利主要表现在人的自我身份和对社会风俗行为规范的享有权之上。纵观中国历史,可以看出,中国古代平民拥有的个人发展的政治、经济、文化、人身四种权利,都呈现出不断增长的趋势。

中国古代平民政治权利的增长主要表现在他们进入政府机构、参与国家治理并享有一定的政治待遇方面。平民所拥有政治权利的多少高低,决定着他们在国家地位的高低。

春秋以降,国人与野人的区分逐渐模糊,及至战国,社会便形成了两大阶层:一是居于社会上层的权贵阶层,包括原有的一部分依然在位的旧贵族和新兴的新贵族;二是居于社会下层的平民阶层,[1]包括原来居于国中的国人,即周人和居于野的野人,即殷人等。此外,还有属于奴隶的贱民阶层,不过此阶层的人数有限。

平民的政治权利从春秋时期开始发生变化。这种变化主要源于西周世卿世禄制度的瓦解。西周封邦建国而形成的世卿世禄制度到了春秋战国时期,随着兼并战争的日益扩展,便为军功爵制度所取代,魏国率先推行"食有劳而禄有功"[2]的制度,并很快为其他国家所接受。原来世卿所享有的政治

---

[1]童书业认为,《左传》中的民有三种含义:一为人,二为包括士在内的"四民",三为被统治者。见童书业《春秋左传研究》"释民"条,中华书局,2002年,第120页。

[2][汉]刘向撰,向宗鲁校对:《说苑校证》卷七《正理》,中华书局,1987年,第165—166页。

地位,因为不具备争战的能力而逐渐为来自社会其他阶层的才智之士所取代。世卿制的瓦解,标志着社会等级不再固化,下层平民可以凭借自己的才能提高自己的政治地位,同时也就借其政治地位提升了他们的经济地位。

汉朝建立时,百官多为平民出身,形成"布衣将相之局"①。可见,乱世间平民中有才华者,可以通过机运转化为权贵。汉朝建立之后,通过察举征辟的途径,大量处于社会下层的人才被搜罗到政府中去,使得这一部分平民进入统治阶层,其政治身份得以改变。察举与征辟制度在魏晋南北朝时期虽然受到九品中正制度的冲击,却并未消亡,且在隋唐演化为具有较高公平性的科举制度。从此,科举制度就成为此后各朝用人最为重要的制度。皇朝通过科举,把天下多数的人才都搜罗到政府中去,这无疑强化了政府的统治能力。因此,唐太宗在看到新科进士鱼贯而出后高兴地说:"天下英雄,入我彀中矣。"②宋朝科举取人数量,远比唐朝为多。宋人汪洙所作的《神童诗》云:"天子重英豪,文章教尔曹。万般皆下品,唯有读书高。"③此诗道出了科举制度对人生的积极影响。尽管有人认为此诗的作者可能并不是汪洙,但也足以证明宋朝平民通过读书以求取功名已形成风气。而且"自五季以来,取士不问家世,婚姻不问阀阅"④已成惯例,"朝为田舍郎,暮登天子堂"也成了寻常之事。元朝统一中国后,尽管对汉人采取了民族压迫的政策,但是,为了有利于统治,元仁宗继位后恢复了宋朝的科举制度。明清同样实施了科举制度,吸纳了社会上大量的平民参与到政府的管理阶层中去。可见,平民通过接受教育并积极参加科举,成为平民权利急剧提升的重要途径。

不过,中国古代平民政治权利的增长,并没有伴随着历史的发展呈现出直线上升的走势。辽金统治时期的北方人民、元朝统治和清朝统治时期的汉族人民,其政治权利不仅没有增长,反而出现了大幅度的倒退。不过,尽

---

① [清]赵翼撰,王树民校证:《廿二史札记校证》卷二"汉初布衣将相之局"条,中华书局,2001年,第36页。
② [五代]王定保:《唐摭言》,上海古籍出版社,1978年,第3页。
③ 徐梓、王雪梅编:《蒙学歌诗》,山西教育出版社,1991年,第145页。
④ [南宋]郑樵撰,王树民点校:《通志二十略》,中华书局,1995年,第1页。

管少数民族入主中原之时,会采取极端的民族压迫政策,但是,为了能够有效统治汉族人民,也不得不向文化先进的汉族人民学习,并吸收汉族的士人进入他们的统治队伍之中。这就说明,汉族在遭受民族压迫政策之时,少数民族的统治者依然开放了汉人入仕之门,以便有效维护其在中原或全中国的统治。

平民政治权利的增长,也可从农民起义的口号中反映出来。中国古代的农民起义,多会打出鲜明的旗帜。如秦末陈胜、吴广起义,就直接提出了"王侯将相,宁有种乎"的口号。尽管有学者认为,这句话并不是口号,[①]但是,对其表达的主题思想却没有不同的看法,即对政治权利具有了鲜明的诉求。唐末黄巢起义提出了"均平"的口号,具有政治均平和经济均平双重诉求,可能"政治上的平等要求比经济上的平均要求更强烈"[②]。到了北宋,王小波、李顺领导农民起义时提出了"均平富"的口号,其表达的主题思想完全是对经济权利的诉求。从追求政治上的平等到追求经济上的平均,说明中国古代农民的权利诉求发生了巨大的变化。唐朝以前,农民起义以追求政治权利的平等为起义的直接目标,而从唐末开始,农民起义则以追求经济权利的平均为起义的直接目标。这说明从唐末开始,平民已具有了获取较为公平的政治权利的机会,而依然缺少获取较为公平的经济权利的机会。从追求政治权利到追求经济权利,也足以证明中国农民对权利的追求取得了长足的进步。平民经济权利的增长,主要表现在对物质财富的合法占有量的增长之上。中国古代以农业立国,土地是最为重要的财富。西周的土地属于国有,井田制度是国家分配财富的主要方式。但是自春秋以降,土地私有化成为社会发展的趋势。鲁国的初税亩是国家土地私有化的一个标志性事件。到了战国时期,各国都实行了改革,其中秦国的废井田、开阡陌最为著名。秦汉魏晋时期,尽管国家占有大量土地,但是土地私有化的趋势依然

---

① 孟明汉:《关于能否把"王侯将相宁有种乎"作为秦末农民起义口号的问题》,《河南师范大学学报》1991年第2期。

② 谢忠明、江涌:《浅议唐末农民起义中"均平"口号的思想来源》,《长沙水电学院学报》1989年第3期。

在发展。北魏与隋唐的均田制度,并没有完全抑制住土地私有化的浪潮。到了宋朝,对土地不抑兼并已成为国策,富民阶层已经形成,他们对国家的贡献也凸显出来。

平民文化权利的增长,主要表现在原来由贵族垄断的文化教育权,下移到社会普通民众之中,从而也让平民取得了接受文化教育的权利,并享受通过接受文化教育而获取的种种利益。春秋时期孔子为教育的下移做出了巨大的贡献。此后教育不断平民化,政府选用智能之士政策的实施,使得大批平民子弟能够通过教育而改变其平民的身份。如汉朝重用接受教育者的政策,遂使社会体会到学习儒家经典的好处;汉朝时有人已声称:"遗子黄金满籝,不如一经。"①这样的好处当然在汉朝以后依然为世人所晓,南齐有人也如此声称:"人生何事须聚蓄,一身之外,亦复何须?子孙若不才,我聚彼散。若能自立,则不如一经。"②科举制度的实施是教育下移产生的丰硕之果,同时也促进了教育的普及。科举制度让大批平民子弟通过接受教育而参与到国家管理队伍之中,从而改变了他们的社会地位。宋朝时读书风气更为浓厚,不少家庭都设法让子弟读书以求功名。平民子弟读书的公平性与参与科举考试的公平性,证明了平民接受教育权利的公平性。尽管贵族子弟具有相对优秀的教师和相对优越的读书条件,但是,学习的环境并不是学子们成长的决定因素,而自己的主观努力往往成为学子们成功考取功名的决定因素。这就说明平民子弟在唐宋以后的近千年间已获取了高标准的接受教育的权利。

平民社会权利的增长,一方面表现在平民身份的变化之上。以郭沫若为代表的史家认为,夏商周是中国的奴隶社会,春秋战国到清朝是中国的封建社会。这种观点尽管受到了质疑,但也说明中国古代不同时期社会分层的不同。汉朝至魏晋南北朝时期,社会中还是广泛存在着奴婢。而到了宋朝,奴婢的社会地位有了显著的提高,"天禧三年对雇主伤害良口奴婢的立法,是宋代地主阶级在新形势下首次做出的,这一立法正式将雇佣奴婢之法

---

① 《汉书》卷七三《韦贤传》,第3107页。
② 《南齐书》卷五三《良政·裴昭明传》,第919页。

纳入家族同居法范围。此后随着贱口奴婢的消失,宋雇佣奴婢的法律地位得到了提高"①,这标志着"平民社会"已经到来。不过在少数民族统治区域内,汉人的社会地位,常因少数民族政策的不同而不同。除了少数开明的统治者能够平等地对待汉人外,多数少数民族政权的非汉族官员,都不能平等对待汉人,多数汉人的地位甚为低下。如金朝统治中国北方时期,元朝统治中国时期,清朝统治中国前期,莫不如此。尤其是被俘到北方胡人政权下的汉人平民,生活极其悲惨。与此同时,有些少数民族政权还通过立法,降低汉民的身份,如元朝划分全国人为四等,蒙古人为第一等,南人则为第四等。这些现象表现出平民权利出现逆转,也可以说是历史的倒退。但从历史发展的长时段看,随着经济的发展,政府对人口的控制也逐渐减弱。如明朝"一条鞭法"、清朝"摊丁入亩",都弱化了对平民的人身控制。

平民社会权利的增长,另一方面则表现在原来君主和贵族凭借身份垄断的习俗,不断为平民突破,而取得了与贵族相似的习俗之权。如吃穿住行中的服装和车马,在西周时期具有严格的限制。但是春秋战国以降,平民因为富贵而取得了与原来贵族相同的权利,甚至超过了原来贵族的权利。原来只有贵族才可起坟的制度,到春秋时期已为平民所享用。史载孔子首先打破了平民墓而不坟的规定,给自己的父母起坟,以免遗忘葬处。这就说明在孔子时代,平民为父母起坟,已不受限。还如原来贵族方可使用的车马,后来就普及到平民之中了。原来只有贵族撰写家谱的现象,到了宋朝,就已经普及到普通人家了。甚至一些常用的名称,也从宫廷走向民间。如秦汉的郎官便出现了"社会化、边缘化与平民化"的历程。②

二、中国古代君主绝对权力的扩张

夏商与西周时期,中国古代君主权力具有相对性,如上所述,所有国家

---

①戴建国:《"主仆名分"与宋代奴婢的法律地位——唐宋变革时期阶级结构研究之一》,《历史研究》2004年第4期。

②史云贵:《外朝化、边缘化与平民化:帝制中国"近官"嬗变研究》,上海人民出版社,2009年,第88页。

大事需要交给具有政治参与权的"公民"集体决策。但是,到了春秋战国时期,随着战争的频繁,各国君主决策的权利逐渐扩大,而普通国民参与国家大事决策的权利逐渐弱化,并在秦始皇统一天下后,完全丧失干净。吕思勉说:"古代君权,盖甚微薄。然至后世则渐重。果以何因缘而至是乎?曰:其故有三:(一)君脱离亲族之关系而成为其君。(二)臣子权渐消。(三)君与教力渐疏,政务日亲。"[1]吕思勉所说君权的渐重,指的是三代的君权。

而君主权力的极度膨胀,以秦始皇统一中国为标志。秦统一中国前,天下的共主是周天子,各诸侯国君主的权力被限制在其国之内,秦统一六国后,秦始皇开始树立君主的绝对权威,建名皇帝,并形成制度体系以维护其专制权力。因此,君主绝对权力的增长始于秦朝,此后虽经历一定的挫折,但总体的趋势却是不断地扩张。因此我们说,在平民相对权利增长的同时,君主的绝对权力也在不断扩张。这种绝对权力的扩张,与平民权利的增长并不成正比。

君主政治权力的扩张,主要表现在君主逐步增长其专制的权力,从而把原来属于政府机构掌控的权力,如丞相的权力转移到自己手中,通过政治制度的变革,使其独裁的权力绝对化,无人可控。

秦始皇建立的君主专制制度,为汉朝所继承。西汉的"三公"与皇帝分权,这时皇帝的权力还受到丞相的钳制,皇帝权力的使用并不能随心所欲。秦始皇的权力,在当时显得极不正常。因此,汉朝建立之后,对秦始皇的专制进行了强烈的批判。汉朝百官的权力,分占了国家的多种权力。但是汉武帝继位后,不甘心权力为丞相分解其权,开设内朝官,从而使内朝官成为国家的中枢机关。内朝官中的大将军等人,把丞相的军政大军强夺过去。这是汉武帝增长其权力的一个有力措施。

君主政治权力的扩张过程,也是宰相权力萎缩的过程。从秦汉的"三公"到隋唐的三省,宰相的权力在君权扩张的过程中呈现出败退的趋势。君主权力的扩张从宋朝开始发生变异,到了明朝,则达到极盛。黄仁宇因此

---

[1] 吕思勉:《中国制度史》,上海三联书店,2009年,第256页。

说:"明朝官僚主义程度之坚强与缺乏弹性,举世无比。"①明太祖朱元璋废除宰相制度,表明汉朝以降以宰相制约君权的制度和思想已完全失败。明朝使传统的政治走进恶化的深渊。"恶化的主因,便是洪武废相",同时"不惜严刑酷罚来对待士大夫"②。"总之,从14世纪上半叶的明初开始至16世纪前后的明代中后期,由于中国君主制度的专制性越来越跌入失去制衡、笼盖几乎一切社会空间的恶性境地,而由此所必然导致的,当然只是政治体制和整个民族国家无可挽回的深重灾难。"③可见君主绝对权力的扩张,是以打击代表平民权益的宰相和士大夫为重要的手段。清朝建立后延续了明朝不设宰相的制度,君主专制制度比明朝更为严密。在宰相权力被严重压制之时,中国古代还出现过君权代言人——宦官专权的丑恶现象。宦官能够出现专权的本质原因在于君主专制对百官的猜忌和对百官权力的侵削。没有子女的宦官在君主看来,最为可靠,而拥有子女的朝官却不值得信任。宦官专权在历史上有三次极为突出,即东汉、唐朝和明朝。这三个时代都是国家大一统时期。但这三个朝代却都以宦官专权而闻名。

君主政治权力的扩张还表现在君主可以随意捏造罪名,对官员进行屠杀甚至大规模屠杀之上。君主在政治运行过程中,一旦感觉其权力受到了来自皇朝内部高级官员的威胁,在不能采取合法有效手段解决威胁之时,就会利用君权的优势,以谋反之类的重罪屠杀朝官。而这种屠杀朝官的行为,越是接近专制晚期,就越是惨烈。如明朝开国皇帝朱元璋通过"胡蓝之狱",以谋反的罪名,几乎将明初的功臣杀绝。又如清朝在建立后,担心汉人的反抗,通过文字狱,对汉人知识分子进行随意定罪诛杀。在政治高压之下,清代知识分子普遍失去了古代士人之精神风貌:"近代中国民族之种种劣根性、奴才性,皆由满清帝国之高压政治下形成,即宋明时代士大夫仅余之气

---

①黄仁宇:《中国大历史》,生活·读书·新知三联书店,2007年,第189页。
②钱穆:《国史大纲》(下册),商务印书馆,2009年,第665—666页。
③王毅:《中国皇权制度研究——以16世纪前后中国制度形态及法理为焦点》,北京大学出版社,2007年,第105页。

第八章 官民关系视野下中国古代平民权利与君主权力的消长

节,亦摧毁无余。"①

君主政治权力的扩张,也会带来其他权力的扩张。因为在所有权力中,政治权力占有决定性地位。但是,相对于政治权力的扩张,从秦始皇之后,君主经济权力、文化权力和社会权力的扩张力度,已经不太明显了,原因在于秦始皇统一中国之后,已经利用其政治权力,把其他权力扩张到极度了,后代的君主,要想超越秦始皇,已几无可能了。

君主经济权力的扩张,主要表现在对天下财富资源的支配程度上。如所周知,"溥天之下,莫非王土"的观念在西周已经形成,不过,当时并非天下所有的土地真为周天子直接占有,而是通过分封制度把天下的土地划拨给其血亲和为周朝建立立下汗马功劳的非血亲权贵。但是,王土中的所有产出,也只是象征性地通过上贡的方式,让周天子取得极少部分的方物。因为周天子所采用的政治统治方式是分封制度,对地方的管理当然也就没有实施中央集权的制度。当秦始皇统一六国之后,这种分封制度被彻底废除,天下的财富因为有了郡县制度,而可以迅速集中到中央政府。这就表明君主处理全国财富的权力也相应扩张了。天下财富为君主全权所有是中国古代君主专制的一个重要特征。王权主义学派的代表人物刘泽华先生认为,在王权统治的社会中,"总体而言,不是经济力量决定着权力的分配,而是权力分配决定着社会经济的分配,社会经济的主体是权力分配的产物"②。刘泽华在其后来主编的《中国政治思想通史》的"总序"中,又申述了这种观点:"君主对所有臣民和整个资源具有最高的掌控权,王权支配社会是无可否认的事实。"③这种判断发现了中国历史发展规律的关键。事实上,权力决定经济的本质就是君主权力扩张的体现。君主经济权力的扩张,表现在君主对国家资源和财富的掌控越来越强,社会资源和社会财富的分配完全依赖于君主的旨意。"皇帝私人拥有巨大的财政收入,就是皇权具有皇帝私有权力

---

① 贺昌群:《魏晋清谈思想初论》附录《汉唐精神》,商务印书馆,2011年,第165页。
② 刘泽华:《中国的王权主义》,上海人民出版社,2002年,第2页。
③ 刘泽华主编:《中国政治思想通史·总序》,中国人民大学出版社,2014年。

性质的象征。"①

君主文化权力的扩张主要表现为对国家教育的主宰和其家族接受优越教育的权力以及对文化的控制上。对文化的管制是君主权力的重要组成部分。夏商周时期,君主已经控制着文化的发展。春秋战国时期,随着教育的下移,周天子与各国君主控制文化的能力减弱。秦始皇统一六国之后,开始实施文化专制政策,竟然要"以吏为师"。汉朝以后,儒家思想成为国家的指导思想,君主对文化的管制逐渐严格。"西汉的石渠阁会议和东汉的白虎观会议,就是皇权控御文化的滥觞之举。"②同时,通过皇权,皇族子弟多获得了优厚的教育资源,以确保皇族子弟在文化上享有优势。君主对文化权的管控一直受到士人的抵制。士人手中掌握着"道"的权力,但是,通过言论罪,君主便可以随意屠杀士人。中国历史上控制言论臭名昭著的是明清两朝的文字狱,集中凸显了皇权对士人言论权的压制。

君主社会权力的扩张主要表现在吃穿住行等一系列的等级制度上。在社会权力扩张的过程中,君主身份与地位远远高于一般平民。秦始皇君临天下时,体现出君主专制权力急剧膨胀的特征。当然权力膨胀不只表现在政治和经济两个方面,同时还表现在社会的各个角落。专制政权让君主必然用一整套的制度规范来显现其权力的神圣性,因此,在吃穿住行方面,都要与平民进行严格的区别,显示出其奢华的地位和身份。秦朝是君主社会权力扩张的标志性时代,秦朝之后,君主的社会权力不再具有质的扩张。这是因为,秦朝制定的皇帝的制度,已经把君主的社会权力扩张到极限了,即使再扩张,也只有微量的变化而不可能出现质的变化。

三、平民权利增长与君主权力扩张的关系

从历史的发展可以看出,中国古代平民权利的增长,似乎与君主权力的扩张存在正比关系。但是,二者的增长是不平衡的。平民增长的权利是相对的权利,而君主增长的权力是绝对的权力。因此,平民权利的增长幅度远

---

① 卜宪群:《秦汉官僚制度》,社会科学文献出版社,2022年,第144页。
② 何晓明:《中国皇权史》,武汉大学出版社,2015年,第178页。

远无法与君主权力的增长幅度相抗衡。

其一,平民所取得的一部分权利是君主与平民博弈的结果。平民之所以能取得一部分权利,是平民与君主政治博弈的必然结果。一方面,在博弈过程中,君主接受了"天视自我民视,天听自我民听"(《尚书·泰誓》)、得民心者得天下的社会运行规律,不得不对平民进行让步,给予平民以种种待遇,以取得平民的支持,并为君主政权的合法性奠定基础。另一方面,君主也清楚,政权的稳定不可能完全依靠君主一人和其族人,还需要依靠社会众多的才智辅助和普通百姓的支持。因此,君主为了巩固其权力,不得不拿出许多政府的职位,让平民中的贤能者参与到政府管理之中,从而增强平民阶层对其政权的认可。

其二,平民取得的权利以君主扩张其权力为代价。在平民取得了一部分权利之时,君主并没有因为出让部分权力而造成自己掌控君权的损失。平民尽管获取了一定的社会权利,其社会地位似乎可以提高了,但是,在其社会地位提高的同时,却又承受了更为沉重的义务,同时受到了极为严重的人治的统治。君主在提高平民权利的同时,却在不断完善其专制制度,让社会广大民众受到的控制越来越严重。

其三,平民权利的增长具有相对性,而君主权力的扩张具有绝对性。尽管平民权利在增长,似乎与君主权力的扩张处于齐头并进的态势,但事实上,这只是表象。在表象的背后,是君主绝对权力的极度扩张,而平民权利的增长却处于有限的程度。平民享有的权利受到来自他人尤其是政府的控制。君主享有的绝对权力不受任何的限制,其权力运用范围和程度具有任意性。平民在享有一定权利的同时,还要承担相应的义务。君主在占有绝对权力之时,尽管也应当承担相应的保护子民利益的义务,但是,这种义务却没有法律的保障。从历史的长时段来看,中国古代平民的相对权利呈现出不断增长、君主的绝对权力则呈现出不断扩张的趋势。因此,平民所获取的一部分权利,与君主获取的权力不成正比。

其四,平民权利的增长不是螺旋性的向上增长,在历史的进程中,有可能出现暂时的下降。平民权利下降的原因有二:其一,是遭遇到暴君的统治。暴君为了满足自己的目的,可以忽视平民的任何权益。其二,是汉族遭受到其他民族的统治,使得汉族人民的基本利益受到严重的侵害。如元朝统治中国时期,把民众分为四等,北方汉人排在第三等,南方汉人排在第四等。在这样的时代,平民的权利谈不上增长,而是大大倒退了。费孝通曾说:"在专制政体下,人民只有义务而没有权利。"①此结论只适合一定的语境,不具有绝对性。

四、平民权利增长与君主权力扩张的原因

如上所论,平民权利的增长与君主权力的扩张,是中国古代历史发展的重要特点。那么,平民的权利为何会不断地增长,君主的权力为何又会不断地扩张?

平民权利的增长,首先是生产力发展的结果。一般认为,社会的发展,都在朝着进步的方向前进。无论是生产力还是生产关系,莫不如此。如马克思的社会发展五段理论,即科学共产主义理论,就认为人类社会必然要经过原始社会、奴隶社会、封建社会、资本主义社会和社会主义社会五个阶段。尽管中国历史的发展脉络似乎与马克思的五阶段理论有不相合处,但是,从夏商周到秦汉及至于唐宋明清的历史足以证明,中华民族的生产力在不断地进步,中华民族人与人之间的关系也在不断地进步。这种社会进步已成为人类历史发展的常识。

因此,考察中华民族历史上平民权利的增长,首先要求因于生产力的发展。生产力发展的直接后果是劳动成果的增加,生产力水平的提高足以让部分劳动者不直接从事体力劳动,而从事其他工作。中国古代士人的产生就是生产力进步结出的丰硕成果。与此同时,原来不重视家庭教育的平民阶层也开始重视教育,社会智力开始发生了大发展。社会智力的发展促使社会观念发生变化。这种变化直接打击了原来处于社会顶层的统治者。在

---

①费孝通:《论绅士》,载费孝通、吴晗等《皇权与绅权》(增订本),华东师范大学出版社,2015年,第3页。

第八章 官民关系视野下中国古代平民权利与君主权力的消长

具有丰富历史知识的孟子看来,当代的君主都可能为被五百年后出现的王者所取代。因此孟子宣称:"五百年必有王者兴。"(《孟子·公孙丑下》)而在不具有历史知识的下层平民陈胜看来,社会下层人同样可以变为上等人,原来的统治者是可以被取代的。因此,他在起义前宣传说:"王侯将相宁有种乎?"①

平民权利的增长,也是儒家思想影响国家政治的结果。中国古代社会各个阶层并未固化,君主虽然取得了独裁天下的权力,但是,君主要想真正统治天下,必须依靠一批官僚,因此,让一批官僚分享社会资源,方可取得他们对君主专制的支持。同时,为了让天下平民能够支持其统治,也必须给予天下平民以种种权利,尽管这些权利具有有限性。此外,从汉朝开始,儒家思想成为国家的指导思想,而儒家思想主张选贤举能。如此,除了君主不可以随便选举外,管理国家的其他官僚,从制度上来说,都要经过选举方可产生。这种选举制度,有助于让处于社会下层的平民,通过自身的努力进入到社会上层之列,从而获取远比平民更多的特权和利益,这是一条平民权利大幅增长的通途。君主通过相对公平的用人制度,从而分给所有平民以特有的权利,让天下平民感受到君主的恩惠随时都会降临其身。

当然,君主也明白,被统治者接受剥削的生理与心理都有一个限度,超过限度,就无法生存和忍受。被统治者如果没有正当的渠道求得生存,只能付诸造反一途。旧皇朝灭亡后,"新皇朝总必须把旧皇朝那些超过限度的剥削制度废除,使剥削量重新控制在农民可以生存、社会生产可以正常维持的范围之内。这就是所谓的'让步政策'"②。"让步政策"的理论显然是对阶级斗争理论的具体化解释。这种理论到底是否适合于解释中国古代农民与君主的矛盾,这里姑置不论,但我们要说的是,中国古代各皇朝的衰落或灭亡,往往与农民无以为生而引发暴动具有密切的关系。因此,君主吸取教训,通过提高平民的权利,使其支持自己的政权,就具有重要的现实意义。

---

① 《史记》卷四八《陈涉世家》,第1952页。
② 周良霄:《皇帝与皇权》(第三版),上海古籍出版社,2014年,第406页。

毕竟,平民在取得一定权利的同时,也就存在与权利相对应的为君主服务的义务——承担一定量的赋役等。这实质上是双方利益博弈的结果。不过,君主给予平民的这些权利,并未影响其权力的减小。相反,君主一方面给予平民以让步,另一方面却又设法扩大着自己的绝对权力。

为什么君主专制制度不会在平民权利增长之时后有所弱化,反而会强化呢？这与中国传统政治文化具有密切的关系。汉朝以后,受到各朝政府推崇的是儒家文化,但是,在政治领域中真正起到巨大作用的却是法家文化。法家文化随着历史的发展,在政治领域中茁壮成长,与此同时,儒家文化反而因为君主集权的需要而逐渐弱化。儒家思想尽管要求士人进取,但是,却重视心灵改造而不是制度建设,把人束缚在个人修养的基础之上,而忽视了对国家政府制度的改造。君主却以中央集权为借口,不断地强化其私人之权,对宰相之权不断地削割,从而不断弱化着中央政府各个部门主管官员的权力。宋明理学虽然大大发展了儒家思想,却依然只是在人的内心上下功夫,而没有在人心之外考察国家的政治体制问题。面对君主日益扩张的权力,儒家士人没有任何制度性的对策。因此,君权一步步地削弱相权,从汉朝的三公九卿,到隋唐的三省六部,表明宰相之权已被分割,及宋朝建立,设中书、枢密和三司,分割相权和军权,表明君主之权有了进一步扩张。宋朝灭亡之后,蒙古人建立的元朝,"权力来源是武力,统治者的权力是绝对的。明太祖驱逐蒙元,却在统治体制上继承了这专制集权的特色,文官系统只能为君主奴役,不能以其儒家意识形态,有效地制衡全无约束的君权"[1]。清朝建立后则又继承了明朝这一政治体制,同样不采用宰相制度。

与此同时,儒家思想对于君主专制,却不能形成绝对性的监察力和钳制力。这是因为,儒家思想的本质是以血亲为根基的思想,儒家所讲的仁爱思想,是基于血亲之爱;儒家的忠信等思想,也是由血亲之家而扩展的,通过内心的修炼而达到行为的自觉。因此,儒家思想不反对君主私有化的继承制

---

[1] 许倬云:《万古江河:中国历史文化的转折与开展》,上海文艺出版社,2009年,第215页。

度,反而支持君主专制制度。因此,"儒家的制度设计符合帝制的基本法则"①。儒家只是设想通过谏议等制度,对君主的胡作非为进行有限的干预。这就决定了儒家思想在君主专制权力扩张之时,根本没有有效的制约手段,而只能寄希望于君主通过内心的自觉成为明君。尽管孟子也主张对独夫民贼式的暴君采取"革命"的手段,但是,在一个王朝内部,无论自下而上的"革命",还是自上而下的"革命",都不可能保证君主代代都是明君,更何况"革命"的代价过于沉重,也不可能反复出现。

五、中国古代官民互爱体系难以进步的根因

衡量社会进步的一个重要标准,是民众民主意识的提高和政治民主制度的逐步建立和完善。政治之善程度越高,社会进步的程度也越高;反之,则越低。中国古代的君主专制程度,随着历史的发展而得到不断强化,君主掌控全国资源的权力越来越大,其作恶的残忍性也越来越重,对社会的危害程度也越来越深。这是中国历史发展的一个重要特征。为什么平民的权利在增长,君主的专制权力反而会上升?中国古代历史上有所谓的"唐宋变革论"。"唐宋变革论"认为,唐宋之际是从中古到近代的演变,其中一个变化就是平民社会地位的上升。但是,宋之后的中国近代化进程并没有延续下去,明清则成为中国古代君主专制发生巨变的顶峰时期。明清的历史证明了中国古代的政治正走向黑暗化。明朝开国皇帝朱元璋废除传承了两千年之久的宰相制度,表明君主已取得了执掌国家的绝对权力,从而大大削弱了平民通过入仕方式与君主分庭抗礼的可能。

在中国古代,决定每个人社会地位的关键因素在于其政治权力的大小,其政治权力越高,社会地位便越高。在中国古代,"权力实际上可以和一切有价值的东西挂起钩来。只要有了权,土地、财富、一切东西都可以源源而

---

① 张分田:《中国古代政治思想研究》,人民出版社,2013年,第379页。

来"①。因此,对社会发展起着决定性影响的是政治而非其他因素。君主专制权力不断被强化,使得社会的发展受到了严重的阻碍。

皇权专制的强化,使得中央集权得到加强,这在一定程度上有利于国家的统一。但是,专制制度给国家带来的好处,难以抵消专制君主因为不受任何法律约束而胡作非为带来的坏处。因此,中国古代政治的发展,实为不断地走向君主专制的罪恶深渊。君主的极端专制,成为社会动乱之总根源。

由此可见,中国古代社会政治的发展,尽管存在着进步性,但是,政治发展的进步性却十分有限。历史的发展总是呈现出复杂的形态:一方面,可以看到,平民的权利在不断增长;但是,另一方面,又可以看到,君主专制的权力,却在不断地扩张。平民权利的增长程度,远远赶不上君主专制权力的扩张程度。可见,中国古代政治的发展,其结果是专制制度越来越严,君主对社会资源的控制也越来越紧。尽管明末清初中国诞生了黄宗羲、王夫之、顾炎武等启蒙思想家,但是,他们的启蒙思想只能来源于孟子的儒家思想,而不可能来源于西方。他们启蒙的程度,也只是达到了民本的极限,不可能达到民主的程度。即如学者所说,黄宗羲的政治思想"达到了传统社会的极限状态"②。这与西方启蒙思想家们的思想不可同日而语。明末清初的中国启蒙思想家们看到了君主专制的本质,却没有开出民主化道路的药方。因此,他们在当时并没有启蒙多少士人,更不用说能够启蒙普通民众了。

从社会生产力发展对政治的作用来说,尽管生产力的发展有利于政治的进步,但是,生产力的发展并不一定会促进政治走向进步。在专制社会中,生产力的进步往往更有利于君主强化其专制的权力。从秦汉到明清的历史都证明了这样一个规律:随着生产力的发展,君主反而强化了他的专制权力,成为享受生产力发展的最大受惠者。这是因为,通过专制权力运作,君主可以利用技术的先进成果,来强化其统治手段和统治天下的能力。如

---

① 刘泽华、汪茂和、王仲兰:《专制权力与中国社会》,天津古籍出版社,2005年,第2页。

② 张师伟:《民本的极限——黄宗羲政治思想新论·绪论》,中国人民大学出版社,2004年,第17页。

第八章 官民关系视野下中国古代平民权利与君主权力的消长

中国古代交通运输的进步和发达,有力地促进了中央对地方的控制,不仅仅表现为促进了全国经济的交易和经济的发展。

因此,中国古代尽管存在官民互爱体系这一引以为豪的美好景象,但是,这样的美好景象却受制于君主专制政体的坚固,只能是君主专制政体之下调和官民关系的一味中药,只能暂时缓和官民矛盾,而不能永远根除官民矛盾。也就是说,官员互爱体系的建立,只能依靠专制制度下君主的自觉和良心发现,只能依靠部分官员的顽强自律。因此,官员互爱体系背后的根基,并不牢固。儒家仁爱思想在政治领域的实践,只能是有限性实践,即时间的有限性和空间的有限性。

近代以来,一批接受西方思想的社会有识之士,把西方思想与中国传统的政治思想相结合,领导了中国的近代化运动。当然这一时期,社会有识之士们也受到黄宗羲、王夫之、顾炎武等启蒙思想的影响。但是这一时期,人民的主体思想是西方的民主思想,而非中国本土的启蒙思想。晚清以来,中国知识分子阶层面对西方列强对中国的侵略,对中国历史的反思才进入到更深的层次。严复对君主和民众的认知超越了明末清初启蒙思想家的水平,他说:"秦以来之为君,正所谓大盗之窃国者耳。""斯民也,固斯天下之真主也。"[1]梁启超从政治体制上看到了专制政体的危害,他说:"专制政体者,实数千年来破家亡国之总根原也。"[2]康有为同样看到了专制政体的危害,他说:"君之专制其国,鱼肉其臣民,视若虫沙,恣其残暴。"[3]因此,只有到了辛亥革命,推翻了帝制,君主专制的体制才正式宣告进入历史,君主权力扩张的历史才宣告终结。此后,平民权利的增长,便有了与专制社会质的差别。在共和思想深入民心之后,平民权利的增长才具有了质的变化。如所周知,辛亥革命的指导思想,不是中国传统的儒家思想,而是西方的民主思想。现代意义上的民主思想,是完完全全的舶来品,而并未萌芽于中国本土。传统

---

[1] 李敖主编:《戴震集·雕菰集·严复集》,天津古籍出版社,2016年,第404页。
[2] 梁启超:《论专制政体有百害于君主而无一利》,载氏著《饮冰室合集·饮冰室文集之九》,中华书局,1989年,第90页。
[3] 康有为:《大同书》,上海古籍出版社,2014年,第35页。

的儒家思想尽管具有优秀的成分,但是,其思想的本质却在于建立一个具有民本思想的有限专制的社会,而法家专制思想成为专制君主的理论利器,儒法杂糅的治国指导思想无法让中国真正进入到民主社会。专制朝代的君主无论多么贤能、多么爱民,但是,君主依然是专制者和独裁者,君权的界线依然没有边际,平民所取得的权利随时有可能为君主的随意性决策或胡作非为而被剥夺。因此,认清中国古代平民权利不断增长的有限性、君主权力不断扩张的无限性演化特点,有助于深化对中国古代政治思想和政治文化本质特征的认识,并有助于辨别中国传统政治文化的优劣之处。

第九章 中国古代官民互爱体系构建的评价

一、官民互爱的典范意义

官民互爱的确立,是一对关系的两个方面。在这一对关系中,官员处于主导地位,只有官员爱民,方有人民爱官。因此,官员对民众行为的好坏,决定了人民能否热爱官员。有官员的爱,方有人民的爱。反之,有官员的贪污受贿,横征暴敛,就有人民对官员的仇恨。

官民互爱关系的形成,达到了国家治理人民的极高的程度。这是中国政治史上的精华,也是中国传统儒家政治文化的精华,表现出中国吏治善良的一面。

官民互爱是一种高度的政治和谐。因为官民互爱,使得地方上民与官之间少了矛盾,多了支持。中国古代官民互爱,并没有坚强的制度作为保障,尤其是在乱世之时,因此也就缺少了持久性。人民对循吏的热爱,从另一方面,也说明中国非循吏的数量太多。

先秦时期,爱民之官虽然存在,但是并未形成系列的典范。孔子树立的天子典范尧、舜、禹、商汤、周文系列,以及部分爱民之官,其事迹,多是儒家传述的故事,过于简略,仿效的可能性太小。而民间流传的爱民之官,有西门豹、孙叔敖等人,因此,先秦时代,官民互爱的已有典范生成,是汉代官民互爱的前导。

汉朝是中国以民为本的大统一朝代,是中国官民互爱的成熟期,也是官民互爱现象的第一个高潮期。在这一时期,中国官民关系得到了政府的高度重视,官民互爱的事迹因为史家的记载,而得到了广泛的传播。在汉代,

中国古代官民互爱体系研究

政府官员爱民的思想完全成熟,并出现了一系列爱民皇帝与爱民的官员。他们的事迹突出,感人肺腑,并为史书所载,成为后代循吏的典型和榜样。

后代的官员,多以汉代循吏为政论的依据。《晋书》卷九十《良吏传序》:

> 汉宣帝有言:"百姓所以安其田里而无叹息愁恨之心者,政平讼理也。与我共此者,其唯良二千石乎!"此则长吏之官实为抚导之本。是以东里相郑,西门宰邺,颍川黄霸,蜀郡文翁,或吏不敢欺,或人怀其惠,或教移齐、鲁,或政务宽和,斯并惇史播其徽音,良吏以为准的。①

《南史》卷二十《谢庄传》载其上宋孝武帝表,其中讲道:

> 又政平讼理,莫先亲人,亲人之要,实归守宰。故黄霸莅颍川累稔,杜畿居河东历载,或就加恩秩,或入崇晖宠。今莅人之职,宜遵六年之限,进得章明庸惰,退得人不勤劳。如此,则上靡弃能,下无浮谬,考绩之风载泰,薪槱之歌克昌。②

《北齐书》卷四五《樊逊传》载其与皇帝对话:

> 但令释之、定国迭作理官,龚遂、文翁继为郡守,科闲律令,一此宪章,欣闻汲黯之言,泣断昭平之罪。则天下自治,大道公行。③

《隋书》卷四三《循吏传序》:

> 古之善牧人者,养之以仁,使之以义,教之以礼,随其所便而处之,因其所欲而与之,从其所好而劝之。如父母之爱子,如兄之爱弟,闻其饥寒为之哀,见其劳苦为之悲,故人敬而悦之,爱而亲之。若子产之理郑国,子贱之居单父,贾琮之牧冀州,文翁之为蜀郡,皆可以恤其灾患,导以忠厚,因而利之,惠而不费。其晖映千祀,声芳不绝,夫何为哉?用此道也。④

《金史》卷一〇二《田琢传》载其上书:

---

① 《晋书》卷九十《良吏传序》,第 2327 页。
② 《南史》卷二十《谢庄传》,第 555 页。
③ 《北齐书》卷四五《樊逊传》,第 613 页。
④ 《隋书》卷七三《循吏传序》,第 1673 页。

218

> 古之良吏,必课农桑以足民,黄霸、虞诩是也。①

下不再举。不仅如此,汉代的循吏还受到地方人民的长久祭祀。

两汉的优秀皇帝,以汉高祖刘邦位居榜首。刘邦出身平民,在反秦起义中取得了天下,因此,汉朝政府也成为中国历史上第一个代表平民利益的政府。高祖之后,有文景之治,又有昭宣中兴,以及东汉的光武、明帝等,多能做到爱惜民力,珍重生命,同样成为后代的榜样。尤其是文、景二帝,最为后世之人所称道,在后世之人眼中,这二人是三代之后最可学习的榜样。因此,在后代帝王与官员的心中,这两位皇帝常常为后人所称道。《魏书》卷六六《李崇传》载其上书:

> 臣闻世室明堂,显于周夏;二黉两学,盛自虞殷。所以宗配上帝,以著莫大之严;宣布下土,以彰则天之轨。蓁黄发以询格言,育青襟而敷典式,用能享国久长,风徽万祀者也。故孔子称巍巍乎其有成功,郁郁乎其有文章,此其盛矣。爰暨亡秦,政失其道,坑儒灭学,以蔽黔首。国无黉序之风,野有非时之役,故九服分崩,祚终二世。炎汉勃兴,更修儒术;文景已降,礼乐复彰;化致升平,治几刑措。②

《旧唐书》卷九八《卢怀慎传》载其上书:

> 汉宣帝综核名实,兴理致化。黄霸,良二千石也,就增秩赐金,以雄其能,而不迁于颍川,前代之美政也。③

《旧唐书》卷一五上《宪宗本纪》载中书门下奏:

> 官省则事省,事省则人清;官烦则事烦,事烦则人浊……汉初置郡不过六十,文景酿化,百王莫先,则官少不必政紊,郡多不必事理。④

魏晋南北朝时期是中国历史上的一个乱世。虽然在这个乱世,儒家思想受到了来自玄学与佛学的冲击,但是,汉代官民互爱的余韵依然存在。这

---

① 《金史》卷一〇二《田琢传》,第2250页。
② 《魏书》六六《李崇传》,第1470—1471页。
③ 《旧唐书》卷九八《卢怀慎传》,第3065页。
④ 《旧唐书》卷一四《宪宗本纪》,第435页。

说明儒家思想依然为社会正直者所重,而爱民之官,也多会以汉代的良吏为榜样,来践行他们的爱民思想。

唐朝是中国继汉之后的第二个强大的统一封建制国家。与汉代一样,唐朝也出现了爱民的皇帝与爱民之官,并构建了中国历史上第二个盛世时代的官员榜样系统。

唐朝是在隋朝灭亡的废墟上建立起来的皇朝。唐高祖李渊与唐太宗李世民都清楚地看到了人民力量的强大,因此,对人民的统治,借鉴了隋朝的教训,实行了一系列的惠民政策,唐朝也就出现了中国历史上最为人所称道的太宗皇帝,从而成为后世帝王的又一最高榜样。而济济人才队伍之中,爱民者应时而生,重民者比比皆是,从而把汉代官民互爱的传统又一次发扬光大,也造就了中国历史上的开元盛世。

因此,唐代的明君贤臣,重视民生,爱民者事迹赫赫,成为继汉代之后的又一大为官榜样系统。试举数例如下。

《宋史》卷四四二《尹源传》载其文论:

> 唐太宗起艰难有天下,其用臣也,听其言而尽其才,故君臣相亲而至治安。以及后世,视太宗由兹而兴,虽其圣不及,而任臣纳谏之心一也。君有太宗之心,臣非太宗之臣,上听其下,或不能辨其奸,下惑其上,无所不至,所以败也。何哉? 夫君一而臣众,大圣之君不相继而出,大奸之臣则世有之。大圣在上,则奸无所容,其臣莫不贤;苟君之才不能胜臣之奸,则虽有贤者不能进矣。如是,然未至于失道,犹失道也。明皇非不欲天下如贞观之治,而驭臣之才不能胜林甫之奸。[1]

不过,唐代的明君贤臣,其形象为汉代明君贤臣的影响所笼罩,虽然也有突出事迹,但是非汉代更为世人所重。

五代十国时期,是唐朝藩镇割据的产物,在此期间,固然存在少许爱民之官,但总体上已缺乏官民互爱的社会背景。两宋是有限的统一,其时与之对峙的政权先后有辽、西夏、金等国,不能统一中国,就意味着各个政权必须

---

[1]《宋史》卷四四二《文苑·尹源传》,第13083页。

养活大量军队,以备战争,在这种背景之下,官民互爱也就缺乏汉唐时期的典范价值。元朝尽管统一了中国,但政治恶化,其官民互爱也远非汉唐可比。及明朝复统一中国,又是汉人作为皇帝,其官民互爱才具有了汉唐可比的时代价值。清朝固然是满族人做皇帝的政权,但是,汉化程度远比蒙元为高,故有清一代出现了大量良吏,这些良吏以多通过科举而进入政界,完全接受了儒家的仁政思想,并成为新兴的典范,可与汉唐爱民良吏相媲美。

由中国古代的官民互爱情形来看,我们可以得出两点结论:第一,国家的强大,与出现过爱民亲民的君主和一批爱民亲民的官员密切相关。在这些官员的治理下,人民得到了广泛的休养生息,国家方可富强起来,并因此而使其政权得到了人民的广泛认同,巩固了统一的国家基础。第二,人民是国家的根本。中国古代帝国的衰落,根本原因在于广大人民的生存受到了害民之官的严重威胁,利益受到了害民之官的严重危害。广大人民因为统治阶级的盘剥和压迫而失去了生存的基本条件,导致人心思乱、人心思变,最终,在国家政治出现一系列问题时,人民群起而反,对国家的认同没有了,政府再也不能恢复到从前的社会稳定。因此,官民的互爱,其实最根本的问题在于,政府必须搞好吏治,保护好广大民众的利益,让众多的小民有能力生活下去。

二、官员爱民的核心价值准则

官员爱民的核心价值准则是重义轻利。利,本意指物质利益。义,原字为宜。宜之造字,其上为房屋形,其下为且,且,即俎,指祭祀所用牺牲之物。宜指在房室中进行祭祀后,所用牺牲,由主祭者进行分配,以充食用。而分配之公平,便称为宜。故宜有对物质财富的公平分配之义。[①] 所谓重义,其本质就是对财富的公平分配。故对于官员来说,义与利的区别本质是以民为中心——为人民谋福利,还是以己为中心——为自己谋福利。显然,中国古代爱民之官的爱民行为是以义为先,以利为后,重义轻利。

[①] "宜"同时也具有杀戮之义,甲骨文中"宜羊""宜牢"等,均为杀戮义。大义灭亲的"义",也是杀戮义。参见庞朴:《中国文化十二讲》,中华书局,2009年,第106—115页。

中国古代循吏过于清贫,而多数人又得不到政府的重奖,反而有失社会公正。这也是中国循吏过少之因。我们今天要求官员要成为循吏,并不是要求他做到清贫,而只是做到清廉。中国古代官员的清廉行为自发性较强,多是通过自我觉悟而做到自律,这就要求他们有较高的道德修养,也就是儒家所提倡的仁。但是,人受外界的影响毕竟很大,因此,没有制度的保障,这种爱民行为,只能是个体的行为。

中国古代的监察制度并不完善,处于乱世之时的监察几形同虚设。那么,为什么有的官员还是能够做到清廉呢?这是一个十分值得思考的问题。一些官员在乱世中还能做到清正廉洁,根本的原因,可能还是由他们的人生观决定的。而官员的人生观,或者说官员的价值观,是他们行为的指导思想。中国古代官员爱民,是以民为子,爱民如子。因此,这种爱是无私之爱,是儒家仁爱思想在政治实践中的升华。他们接受了儒家的思想,从而在道德上可以达到自律。他们对精神价值的追求远远高于对物质财富的追求。这正是他们为人民所热爱的根源。

从中国古代官员爱民的行为表现可以看出,各朝政府虽然从法律上进行过比较严格的行政立法,来规范当时社会官员的各种行为,并对非法的行为进行过严厉的惩治,但是,却并不能铲除吏治的腐败。因此,良吏们的表现,还多是以个人的行为来进行的。也就是说,这一时期,良吏的个人修养,即做到自律与爱民,多出于高尚的个人修养。

儒家思想成为中国封建社会的统治思想,是从西汉武帝在位时开始的。当然,西汉皇帝并非专一于儒家的思想,而是杂以王霸之道。问题的关键就在于此。

儒家思想其根基在于"人性善"的理论,其长处是通过官民的互爱而达到社会的和谐。但是,却在制度上缺少控制人作"恶"的有力方式。汉代以降的皇朝,是"家天下"的皇朝。因此,任何思想,都要以为皇朝服务为中心,儒家思想中的官民互爱,总会被一些皇帝和官僚阶层所破坏。"家天下"的特点,也就决定了儒家思想不可能完全达到长时段的官民互爱的治理境界的。

在中国古代,官员代表的是君主,官员的好坏,直接影响到君主的政权是否稳定。因此,君主对受到人民热爱的官员,要进行表彰。官员行为的好坏,也就表现出政府形象的好坏。官员是否受到人民的热爱,并不是官员自己说了算,而是要由人民说了算。

中国古代有治世,也有乱世。生活在治世的官员,其行为会受到国家监察机构的严格监控。反之,生活在乱世的官员,其行为则未必会受到国家监察机构的严格管控。此时,对政治行为的自我管控,便显得非常重要了。毕竟在乱世,官场贪污的种子,迎来了温湿的土壤;人性丑恶的干柴,遇到了熊熊的火焰。这一时期,官场的丑恶,史不绝书。但是,在这个人性丑恶行径极度发达的时代,却仍然诞生了一些正直之官——良吏,守卫着人性的一片片净土,成为乱世黑暗中的熠熠星宿,给广大社会普通民众以生存的希望和感动的偶像。在乱世之中,这些人即便不贪污,只要以权进行合法的谋私,也会过上相当富庶的生活。但是,他们却不去谋私,而宁愿守卫着清贫,守卫着正直,守卫着为官的基本准则,并因此受到了人民的感恩与爱戴。这也成为中国古代官员价值的最高体现,成为中国古代政治文化的精华。

三、政府对民众评价官员的重视

民爱官的群体性表达,是温和的表达方式,而民恨官的群体性表达方式,有直接上告的方式,甚至有武力反抗的形式。

对于人民的情感,中央政府(即君主)多会听从民意而予以处理。在君主看来,人民对一个官员的热爱或仇视,本身就是鉴别官员成绩的最佳方式。因此,中央政府对地方人民的意愿,会加以考虑。

在中国古代,官员爱民行为的发现,一方面是由国家主管机构进行考课而发现,这是一种制度性的鉴别官员品德的常规措施;另一方面,则是由人民自下而上反映到中央,即由基层的群体民众向上汇报,从而让君主获得官员的爱民信息。当然,地方人民对爱民之官的歌颂,其形式也是多种多样。直接向中央机关提出他们的心愿,是让上级部门了解爱民之官行政最为直接的方法,而立碑或歌咏的方式,其实是在民众基层传播官员爱民懿行的方法。这种方法,也可间接地传播到中央机关和君主的耳中。

当然,其他官员的上书,也是中央政府即君主了解官员爱民的重要方式。如南朝宋时,刘道产死后,荆州刺史衡阳王义季,就直接上书宋文帝,赞扬刘道产的事迹。史载：

  荆州刺史衡阳王义季启太祖曰："故辅国将军刘道产，患背痈，疾遂不救。道产自镇汉南，境接凶寇，政绩既著，威怀兼举。年时犹可，方宣其用，奄至殒没，伤怨特深。伏惟圣怀，愍惜兼至。"①

这数种传播官员爱民的方法，一般而言，都会得到上级部门的承认，并会因此得到奖励。

但重视民意也容易造成官员在一系列问题上的弄虚作假。汉代因为重孝廉，就导致了假孝与伪孝的出现。②

四、"自律"标准过高，不可能约束多数官员

从上述官民互爱的历史可知，官爱民要求官员必须具备崇高的道德修养，从另一方面说，就是克制金钱与美色或者官品的欲望。这对一个人的要求是极高的。其实，司马迁眼中的"循吏"，与后代循吏的概念，是有所不同的。司马迁眼中的循吏，是与酷吏相对而言的，"是指文、景时代黄老无为式的人物"③，是"奉职循理"④，也就是遵守职业准则，尽职习责，重在守法，以德服人。因此，在司马迁眼中，循吏不是汉代的产物，而在汉代以前就存在了。司马迁以孙叔敖、子产、公仪休、石奢、李离入《循吏列传》，说明循吏并非汉代的产物。

而班固《汉书》所撰循吏已与儒家思想密切结合。"大学之道，在明明德，在亲民，在止于至善。"（《大学》）儒家思想的修养是一座没有止境的高远山峰。因此，要求所有的官员达到这座高峰，无疑十分困难。多数的君主，因为权力不受限制，当然做不到；而一般的官员，虽然权力受到了一定的限

---

①《宋书》卷六五《刘道产传》，第1719页。
②《后汉书》卷六六《陈蕃传》："民有赵宣葬亲而不闭埏隧，因居其中，行服二十余年，乡邑称孝，州郡数礼请之。郡内以荐蕃，蕃与相见，问及妻子，而宣五子皆服中所生。蕃大怒曰：'圣人制礼，贤者俯就，不肖企及。且祭不欲数，以其易黩故也。况乃寝宿冢藏，而孕育其中，诳时惑众，诬污鬼神乎！'遂致其罪。"
③余英时：《士与中国文化》，上海人民出版社，2008年，第137页。
④《史记》卷一一九《循吏列传》，第3099页。

制,但是监督权力的部门总是常有漏洞,故而,个人的欲望总会爆发出来,也不易做到。

因此,官员要爱民并得到民爱,要求个人具备崇高的道德修养;依靠"自律"来提高修养,不可能对多数官员产生效果。从《汉书》开始,一般正史多立《循吏传》或《良吏传》,但所记载的爱民之官,比例不高[①]。因此,中国古代史书所载的良吏数量,在史书所列官员总量中,不可能占有较高的比例。在众多官员中,达到官民互爱境界者属于凤毛麟角,故而受到社会的重视。

君主爱民、节制欲望,是政府出现循吏——民爱之官的前提之一。君主的榜样力量,总是最能让百官效仿的。但是,在专制时期,多数君主本身即是最大的害民之官和社会和谐的破坏者,因此,官员们的种种害民行为,也就不可能完全受到代表君主旨意的中央政府的严厉监察和处理。

从汉到唐,正史所载的爱民之官与民爱之官的数量屈指可数,而害民之官的数量则不可胜数。由此可以说明,专制制度下,不可能在所有时期、所有地区达到吏治清明。"睿哲之后,必致清明之臣;昏乱之朝,多有贪残之吏。"[②]故而,人们爱戴爱民之官,源于爱民的官员太少。

依靠官员个人修养以实现爱民官员的频降人世,这种思维已经被证明局限性极大。儒家讲究修养上的自律,显然,儒家把教育当作治理社会的良药,认为人通过自我的修炼,就可能做到爱人。

显然,生活环境的作用对于官员从政爱民与否的影响也极为重要,但是制度才是最佳的爱民的手段。达到儒家思想需要高度的思想自律,而没有从制度上思考问题。因此,虽然汉代以后,儒家思想成为官方的统治思想,但是知与行并不可能完全统一。这就造成一批饱读《诗》《书》的人,虽然成为政府的官员,却不能践行儒家的思想,只能是口是心非,表里不一。

五、官员爱民,并未成为擢升其职位的一贯性标准

官员代表了政府的形象。官员爱民,是君主爱民的间接表现。

[①] 未入此传者,其实还有很多的良吏。有些人物在历史活动中地位重要,史家为其单独立传,如萧何、诸葛亮之类的爱民之官,而不列入良吏传中。

[②]《北史》卷八六《循吏传序》,第2867页。

汉朝政府最为重视民意。因此，官员的爱民与民爱之官，多会得到中央政府的高度重视。这是因为，刘邦建立的汉朝政府，最初代表的就是普通民众的利益。汉代循吏受到了社会上下的歌颂。这说明当时上自皇帝、下到普通的百姓，都存在着社会的正义之气。

在汉代，实现官民互爱是官员升迁的一个重要条件，但是，这与汉代皇帝爱民政策的实施密切相关。官民互爱主要依靠的是官员个人的道德修养，皇帝在选用官员时，对官员的品德并未有严格的量化规定。汉代的主要选官制度是察举与征辟。察举的核心，是以德为标准，而德的核心，在当时，就是儒家所提倡的孝道。但是，孝只能成为良好官德的标准之一，而不可能成为良好官德的全部条件。一个人的爱在家庭中，可能是对自己的父母表现出高度的孝，对自己的兄弟表现出高度的悌，但是，他的孝可能只是出于私情，他的爱并不一定会延及到他所管辖区的人民。

到了魏晋南北朝，官民互爱在政府中的影响，再没有汉代那种受到举国上下舆论重视的情景了。因为这一时期的汉人政府，不再是代表平民利益的政府，而是代表社会上层，尤其是士族阶层的政府。因此，对于士族来说，政府中的高官职位，不是由政绩决定，而是由出身决定。因此，一个人政绩的好坏，并不能决定他个人前途的通达与否，而出身的贵贱，却在很大程度上决定了他前程的顺利与否。西晋左思《咏史》(其二)诗所言：

郁郁涧底松，离离山上苗。
以彼径寸茎，荫此百尺条！
世胄蹑高位，英俊沉下僚。
地势使之然，由来非一朝。
金张藉旧业，七叶珥汉貂。
冯公岂不伟，白首不见招。①

正是当时士族政治的体现。

而对于胡人政权来说，官民互爱在中央的反应，因政权和时代的不同而不同，远比魏晋南朝复杂。在五胡十六国时期，只有前燕、前秦、后秦等寥寥

---

① 逯钦立：《先秦汉魏晋南北朝诗·晋诗》卷七《左思》，中华书局，1983年，第733页。

数国,有过重视吏治的历史,而多数的国家,如刘渊所建的汉、石勒所建的赵、赫连勃勃所建的大夏等,部族政权的性质过于浓厚,对汉人以及其他民族的仇视,让这些国家的统治者,乐于压榨他族人民,至于官民互爱,只能属于奢求。因此,这些国家对官员的擢升,难有爱民之标准。也就是因此,人民对这些国家的认同度,是十分微弱的。这样的部族国家,只能代表其部族的利益,而不能代表全统治区域人民的共同利益。

专政政体与部族政权,总体上都只能代表部分人的利益。因此,在这一政治条件下,爱官之官并不可能比害民之官有更好的政治前途。出身的高贵与否,永远是为官的第一要素。

六、中国古代官民关系转化的萌芽与曙光

中国古代官民互爱体系,完全建立在拟血亲的伦理根基之上。这种理论是儒家的创造,持续两千年而不改。

魏晋时期,出现过鲍敬言"无君论"的振聩之言。鲍敬言指出,儒家所谓"天生民而树之君"之说属于欺人之谈:"有司设则百姓困,奉上厚则下民贫"[1];"宿卫有徒食之众,百姓养游手之人"[2];"无道之君,无世不有,肆其虐乱,天下无邦。忠良见害于内,黎民暴骨于外"[3]。因此,"古者无君,胜于今世"[4]。

"中国的政治思想,除法家以外,都可以说是民本主义,即认定民是政治的主体。但中国几千年以来的实际政治,都是专制政治,政治权力的根源,

---

[1] [东晋]葛洪撰,杨明照校笺:《抱朴子外篇校笺》卷四八《诘鲍》,中华书局,1991年,第539页。

[2] [东晋]葛洪撰,杨明照校笺:《抱朴子外篇校笺》卷四八《诘鲍》,中华书局,1991年,第540页。

[3] [东晋]葛洪撰,杨明照校笺:《抱朴子外篇校笺》卷四八《诘鲍》,中华书局,1991年,第547页。

[4] [东晋]葛洪撰,杨明照校笺:《抱朴子外篇校笺》卷四八《诘鲍》,中华书局,1991年,第493页。

系来自君而非来自人民,于是,事实上,君主才是真正的政治主体。"①因此,尽管中国古代各朝政府重视基层人民,而其本质,不是以民主为政治的主体,而是以民本为政治主体——支撑君主行使权力的基石。能够清醒地认识到这一问题实质的思想家,到了明末清初,方才出现。

明末清初,中国思想界发生了一个巨大变动,这就是出现了一批对专制君主思想进行批判的启蒙思想家,他们对传统的官民关系进行了反思。以黄宗羲、王夫之、顾炎武为代表。

黄宗羲分析了中国传统的君民关系。他说:

> 盖天下之治乱,不在一姓之兴亡,而在万民之忧乐。是故桀、纣之亡,乃所以为治也;秦政、蒙古之兴,乃所以为乱也;晋、宋、齐、梁之兴亡,无与于治乱者也。②

可见黄宗羲已把百姓的利益放在首位。作为协助君主管理万民的臣子,黄宗羲认为君臣之间,具有共同的利益。他说:

> 夫治天下犹曳大木然,前者唱邪,后者唱许。君与臣,共曳木之人也;若手不执绋,足不履地,曳木者唯娱笑于曳木者之前,从曳木者以为良,而曳木之职荒矣。③

把君主与臣子的关系比拟成共同抬运木头之人,也就决定了二者之间关系的平等性和目标的同一性。如果两者不能同时用力,朝着同一个目标前进,则根本无法把木头运送到该到达的地方。所谓木头,可视为国家,所谓抬木,可视为治理国家。而运送木头的主体,是君臣,他们的身份虽然不同,但是,所做的事相同,所用的力相同,所用力的方向相同。黄宗羲进一步指出"臣之于君,犹子之于父"④的关系并不成立:

> 或曰:臣不与子并称乎?曰:非也。父子一气,子分父之身而

---

① 徐复观:《学术与政治之间》,九州出版社,2014年,第88页。
② [明]黄宗羲撰,段志强译注:《明夷待访录》,中华书局,2011年,第16—17页。
③ [明]黄宗羲撰,段志强译注:《明夷待访录》,中华书局,2011年,第17页。
④ [清]陈立撰,吴则虞点校:《白虎通疏证》卷十《丧服》,中华书局,1994年,第504页。

为身。故孝子虽异身,而能日近其气,久之无不通矣;不孝之子,分身而后,日远日疏,久之而气不相似矣。君臣之名,从天下而有之者也。吾无天下之责,则吾在君为路人。出而仕于君也,不以天下为事,则君之仆妾也;以天下为事,则君之师友也。夫然,谓之臣,其名累变。夫父子固不可变者也。①

王夫之对传统的君民关系同样抱有严厉的批判态度。他指出,君主为了自家的利益,"忌天下之贤,而驱之不肖,于是而毒流天下,则身戮国亡,不能一朝居矣。逆广之杀高颎、贺若弼也,畏其贤也;薛道衡、王胄、祖君彦一词章吟咏之长耳,且或死或废,而无以自容,非以天子而求胜于一夫也,谓贤者之可轧己以夺己,而不肖者人望所不归,无如己何也。故虞世基、宇文述、裴矩、高德儒之猥贱,则委之腹心而不疑;乃至王世充之凶顽,亦任之以土地甲兵之重;无他,以其耽淫嗜利为物之所甚贱,而无与戴之者也。唐高祖以才望见忌,几于见杀,乃纵酒纳贿,托于污行,则重任之使守太原,以为崛起之资"②。"自隋文以来,欲销天下之才智,毁天下之廉隅,利百姓之怨大臣以偷固其位者,非一朝一夕之故矣。"③

王夫之揭露了人君任用不肖者的丑恶现象。他说:"为人君者,唯恐人之修洁自好,竭才以用,择其不肖而后任之,则生民之荼毒,尚忍言乎?故天下之恶,莫有甚于恶天下之贤而喜其不肖者也。天子以之不保天下,士庶人以之不保其身,斩宗灭祀、鬼祸不解者,皆此念为之也,可不畏哉!"④

顾炎武同样对传统的君民关系进行了批判。他提出了著名的"亡国"与"亡天下"的理论。顾炎武认为"亡国"与"亡天下"有着本质的区别。他说:"有亡国有亡天下。亡国与亡天下奚辨?曰:'易姓改号,谓之亡国。仁义充

---

① [明]黄宗羲撰,段志强译注:《明夷待访录》,中华书局,2011年,第19页。
② [清]王夫之:《读通鉴论》卷一九《隋炀帝》,中华书局,2008年,第562—563页。
③ [清]王夫之:《读通鉴论》卷一九《隋炀帝》,中华书局,2008年,第563页。
④ [清]王夫之:《读通鉴论》卷一九《隋炀帝》,中华书局,2008年,第563页。

塞,而至于率兽食人,人将相食,谓之亡天下。'"①顾炎武的"亡天下",源于清军入关大肆屠杀汉人、强迫汉人当奴隶的暴行。因此,顾炎武提出了"天下兴亡,匹夫有责"的口号。这并不是说,顾炎武在强调忠君,而是因为满人大肆屠杀汉人,是"亡天下"。他认为天下兴亡、匹夫有责的根本原因,在于亡天下是全民应当关心的事情。亡天下,就是天下之人存在一个共同的敌人,必须团结起来,对付这个共同的敌人,只有如此,方可拯救整个天下之民。因此,汉族人与满族人之间具有不可调和的矛盾,只有天下汉人都行动起来,方可拯救天下汉人。显然,顾炎武的"亡国"与"亡天下"的理论,具有浓厚的拥汉排满情结。但是,他的亡国论表明,他对于亡国的君主,并无任何的同情。这与孟子把暴君当成独夫的态度完全相同。由此可见,顾炎武在君民关系上,反对盲目的忠诚。

清朝末期,中国人开始学习西学,孙中山先生领导辛亥革命,推翻了清朝,建立了中华民国,结束了中国帝制。这是中国历史的一大进步。孙中山在论述官民关系时,提出了著名的公仆说。公仆说的根据,就是"以民为主""主权在民""以官为仆""天下为公"②。孙中山的公仆说,摧毁了中国传统儒家官民关系理论基础,成为近代中国现代化、建立新型官民关系的理论基石和界碑。

---

① [清]顾炎武撰,黄汝成集释,栾保群、吕宗力校点:《日知录集释》卷一三"正始"条,上海古籍出版社,2013年,第756页。

② 李本义:《论孙中山的公仆思想》,《湖北大学学报》1999年第5期。

结　　语

从政治经济学角度而言,官员关系的本质,是利益分配的问题。良吏爱民行为的背后,是保护小民的利益;恶吏害民行为的背后,是侵害小民的利益。在一定的历史时期,生产力的水平是相对稳定的,这就决定了社会物质财富产出数量具有相对有限性和相对恒定性,同时也就决定了可以分配的社会财富总量的相对有限性和相对恒定性。因此,如何分配社会财富,就成为政府的重要职责。承担分配社会财富的国家管理者——官员便由此拥有了利用手中掌握的权力,抢占和多占社会财富的机会。因此,所谓的官爱民,其本质就是不会利用手中掌握的国家公权,与民争利,而是去保证小民能够在社会财富分配中,取得最大的比例。反之,贪官恶吏则会利用手中之权,害民掠民,损害基层小民的利益。

儒家爱民的观念,源于儒家的仁爱思想。儒家的仁爱思想,源于儒家的血缘关系与拟血缘关系理论。因此,儒家主张社会各个阶层都具有爱和被爱的权利和义务。爱民之官的广泛存在,是促进中国古代官民关系达到和谐境界的主导力量;中性之官的大量存在,是导致中国古代官民关系达到一般境界的主要因素;而害民之官的存在,是导致中国古代官民关系达到混乱境界的主要元凶。

中国古代良吏为官一任,留芳一方,受到人民的热爱,是其价值的最高体现,也是中国古代官员的最高理想。而今天,这种官民互爱关系,在建设和谐社会的过程中,具有重要的借鉴意义。

政府表彰爱民之官与惩治害民之官,虽然在中国古代各个时期都有不少个案,可资借鉴,但是,必须从制度入手,方可搞清历史表象背后较为深刻的内容。制度永远是历史表象背后最为深刻的问题。一个国家制度的好坏,决定着一个国家的未来走向。中国古代的专制皇朝总逃不脱"其兴也勃焉,其亡也忽焉"的宿命,关键的问题还在于专制体制存在天然的缺陷。因此,官民的互爱,不能单纯依靠官员个人修养的提高,或者官员本身的自律,而要依靠制度的更变。儒家仁政学说的根基在于人性之善,而人性之善可以从理论上证明世人通过自我修炼,达到行为上的利他。这种理论显然与制度建设不在一条跑道之上。

官民的互爱是中国历史上官员行政的最高境界。汉朝是中国官民互爱的第一个高峰期,其标志是政府中既有君主的爱民,又有一批官员的爱民,并得到人民的爱戴。魏晋南北朝是官民互爱政治现象的残存期,与儒家学说受到冲击一样,官民互爱现象也受到了严重的冲击,但并未灭绝。而随着强盛唐朝的到来,官民互爱的良性政治现象终于又重绽花蕾,再放异彩。唐代以后,官员互爱现象依然绵延不断,给基层社会带来些许的美好。

历史是"祖宗精神所在"[①]。人类的历史与现实不可分割。传统总是与现实和未来相连。当前,中华民族正在建设和谐社会,而构建和谐的官民关系,无疑是促进社会和谐的重要内容之一。当代中国也面临着现代化——政治上的民主化,经济上、文化上的全球化,民族上的全面复兴等重要的问题。当此之时,探讨官民互爱的问题,就更有其现实的意义。

根据中国古代官民互爱、官员害民、人民仇官,以及大量"中性官吏"的历史事实,笔者认为,在今天中国要建立起高度和谐的社会,至少要从以下四个方面解决官民关系的问题:

第一,法制化是打击官员害民祸国的重要利器。人民仇官,在于部分官员存在害民祸国的问题。如果对这些官员打击不力,官员爱民之行为虽然可得到基层人民的拥护,但其爱民的效果会被害民之官造成的危害消耗殆

[①] 司马云杰:《盛衰论:关于中国历史哲学及盛衰之理的研究》,陕西人民出版社,2003年,第645页。

尽。现代社会的最大特征之一是以法治国,而以法治国的关键在于以法治官。因此,吏治的最后一道防线,是管官的制度必须完善。中国古代君主不可能要求每个官员受到人民的热爱。同理,今天每个官员也不可能做到完全自律。人民痛恨个别官员,正说明人们渴望身边有值得热爱的官员出现。

第二,历史上的官员爱民,其前提是儒家思想修养达到知行合一的程度,即经济上能够做到清廉。从社会发展的现实来看,儒家"仁"的极致境界,不是人人容易达到的。因此,在中国历史的长河中,良吏屈指可数,而"中性官吏"则是车载斗量。"中性官吏"实为国家政治运行的主力。我们今天要建立新时代的官民互爱体系,当以官员"不害民祸国"为基线,这也是对官德的最低要求。要建立官民互爱关系的第一步,是建立起完备的"中性官吏"生成体系,即官员队伍绝对数量者,不会沦为害民祸国之官。因此,要建立现代中国的官民互爱体系,其前提是建立起"中性官吏"的生成体系。

第三,我们要重视官员的思想教育,但是,绝对不能把官民互爱完全建立在希望官员个人提高修养之上。中国古代害民祸国的官员队伍中,饱读儒家经典者多有其人,但他们言行不一,知行异途,说明儒家思想教育具有巨大的局限性。自律的形式,不能解决好社会上的吏治腐败问题,也就不能建立起全面的官民互爱体系来。

第四,政治上的全面民主是社会发展的趋势。显然,民主制度的完全建立,是构建和谐社会最为重要的保证。中国古代的官民互爱体系,不能左右整个官场,因为这个体系的正常化运行,需要一个爱民的君主出现,即君主必须是清正廉洁的君主,同时也需要官员自身从心灵深处接受儒家思想或道家思想。因此,官民互爱体系,极容易受到外来强大的"恶势力"的影响,中国古代官民互爱体系也就不可能在时间上持续发展,在空间上全面普及。其根本的原因,还是在于专制制度的问题。

今天我国要建立和谐社会,从经济上讲,是财富分配必须达到相对的公平合理;从政治上讲,是民主制度必须建立起来;从政治文化心理上讲,是广大基层人民对政府即各级官员必须高度认同。因此,民主制度的建立,是官民互爱体系可得到全地域覆盖、全过程持续的重要条件。中国现代官民互爱体系的建立,虽然可以继承中国古代的官民互爱的思想,但是,当赋予新的理念。对于官员而言,做到清廉与关心民生,只是一个基本的标准;真正的爱民之官,要真正来自民选。只是如此,才可保证这些官员会听从民意,以民意行为为最高准则。而只有如此,我们才可以说,中国现代官民互爱体系才算真正建立起来。

参考文献

一、基本古籍

《十三经注疏》,中华书局点校本。
《二十五史》,中华书局点校本。
《资治通鉴》,中华书局点校本。
周秉钧:《尚书易解》,岳麓书社,1984年。
黎翔凤撰,梁运华整理:《管子校注》,中华书局,2004年。
陈涛译注:《晏子春秋》,中华书局,2007年。
[清]王先谦撰,沈啸寰、王星贤点校:《荀子集解》,中华书局,1988年。
梁启雄:《荀子简释》,中华书局,2010年。
[清]郭庆藩撰,王孝鱼点校:《庄子集释》,中华书局,1985年。
许维遹撰,梁运华整理:《吕氏春秋集释》,中华书局,2016年。
陈奇猷校释:《吕氏春秋新校释》,上海古籍出版社,2002年。
[清]王先慎撰,钟哲点校:《韩非子集解》,中华书局,2011年。
徐元诰撰,王树民、沈长云点校:《国语集解》,中华书局,2002年。
黄怀信:《逸周书校补注译》,三秦出版社,2006年。
缪文远:《战国策新校注》,巴蜀书社,1987年。
[汉]刘向撰,向宗鲁校对:《说苑校证》,中华书局,1987年。
[汉]扬雄撰,韩敬译注:《法言》,中华书局,2012年。
[东汉]王符撰,[清]汪继培笺,彭铎校正:《潜夫论笺校正》,中华书局,2011年。
[汉]陆贾撰,王利器注:《新语校注》,中华书局,2008年。

[汉]董仲舒:《春秋繁露》,中华书局,1975年。

[东汉]许慎:《说文解字》,中华书局,1992年。

[清]陈立撰,吴则虞点校:《白虎通疏证》,中华书局,1994年。

[东晋]袁宏撰,张烈点校:《后汉纪》,中华书局,2017年。

[东晋]常璩:《华阳国志》,齐鲁书社,2010年。

逯钦立:《先秦汉魏晋南北朝诗》,中华书局,1983年。

[东晋]干宝撰,汪绍楹校注:《搜神记》,中华书局,1979年。

[南朝宋]刘义庆撰,沈海波译注:《世说新语》,中华书局,2016年。

[东晋]葛洪撰,杨明照校笺:《抱朴子外篇校笺》,中华书局,1991年。

[南朝宋]刘勰撰,王志彬译注:《文心雕龙》,中华书局,2012年。

[唐]虞世南撰,陈虎译注:《帝王论略》,中华书局,2008年。

[唐]长孙无忌等撰,刘俊文点校:《唐律疏议》,中华书局,1983年。

[唐]吴兢撰,谢保成集校:《贞观政要集校》,中华书局,2009年。

[五代]王定保:《唐摭言》,上海古籍出版社,1978年。

[唐]刘知几撰,姚松、朱恒夫译注:《史通》,贵州人民出版社,1997年。

[唐]徐坚:《初学记》,中华书局,2004年。

[宋]李昉:《太平御览》,河北教育出版社,1996年。

[南宋]陈亮撰,邓广铭点校:《陈亮集》,中华书局,1987年。

[南宋]郑樵撰,王树民点校:《通志二十略》,中华书局,1995年。

[清]范能濬编集,薛正兴校点:《范仲淹全集》,凤凰出版社,2004年。

[宋]欧阳修:《欧阳修集》,中国书店,1986年。

[宋]包拯撰,杨国宜校注:《包拯集校注》,黄山书社,1999年。

[宋]张载撰,章锡琛点校:《张载集》,中华书局,1978年。

[宋]李纲:《梁溪先生文集》,载《无锡文库》第四辑,凤凰出版社,2011年。

[南宋]朱熹:《四书章句集注》,中华书局,2012年。

[宋]李觏:《李觏集》,中华书局,2011年。

[明]刘基撰,吕立汉、杨俊才、吴君兰注译:《郁离子》,中州古籍出版社,2018年。

怀效锋点校:《大明律》,法律出版社,1999年。

［明］陈子龙辑：《明经世文编》（第六册），中华书局，1962年。

［明］叶子奇：《草木子》，中华书局，1997年。

［清］袁枚撰，孙红颖解译：《随园诗话全鉴》，中国纺织出版社，2016年。

［明］黄宗羲撰，段志强译注：《明夷待访录》，中华书局，2011年。

［清］顾炎武撰，黄汝成集释、栾保群、吕宗力校点：《日知录集释》，上海古籍出版社，2013年。

［清］王夫之：《读通鉴论》，中华书局，2008年。

［清］王夫之：《读通鉴论》，中华书局，1975年。

［清］唐甄撰，吴泽民编校：《潜书（附诗文录）》（增订版），中华书局，1963年。

［清］赵翼撰，王树民校证：《廿二史札记校证》，中华书局，2001年。

李敖主编：《戴震集·雕菰集·严复集》，天津古籍出版社，2016年。

二、今人著作

卜宪群：《秦汉官僚制度》，社会科学文献出版社，2022年。

方强：《中国上访制度史话：公元前11世纪—1949》，中国青年出版社，2013年。

费孝通、吴晗等：《皇权与绅权》（增订本），华东师范大学出版社，2015年。

冯友兰：《中国哲学简史》，北京大学出版社，1985年。

付开镜：《中国古代恩仇观研究》，人民出版社，2018年。

傅乐成：《中国通史》（上册），贵州教育出版社，2010年。

葛荃主编：《中国政治思想通史》（明清卷），中国人民大学出版社，2014年。

顾德融、朱顺龙：《春秋史》，上海人民出版社，2019年。

韩玉林主编：《中国法制通史》第六卷《元》，法律出版社，1999年。

贺昌群：《魏晋清谈思想初论》附录《汉唐精神》，商务印书馆，2011年。

何兹全：《中国古代社会》，河南人民出版社，1991年。

何晓明：《中国皇权史》，武汉大学出版社，2015年。

胡适：《中国哲学史大纲》，团结出版社，2006年。

黄仁宇：《中国大历史》，生活·读书·新知三联书店，2007年。

姜义华：《民族主义复兴的核心价值》，上海人民出版社，2012年。

金春峰:《汉代思想史》,中国社会科学出版社,1987年。

金耀基:《中国民本思想史》,法律出版社,2008年。

康有为:《大同书》,上海古籍出版社,2014年。

匡亚明:《孔子评传》,南京大学出版社,1995年。

梁启超:《中国历史研究法》,江苏文艺出版社,2008年。

梁启超:《饮冰室合集》,中华书局,1989年。

雷戈:《秦汉之际的政治思想与皇权主义》,上海古籍出版社,2006年。

雷戈:《秦汉之际的政治思想与皇权主义》,上海古籍出版社,2011年。

雷海宗:《雷海宗史论集》,天津人民出版社,2016年。

李洪峰主编:《中国廉政史鉴》,文化艺术出版社,2012年。

李洪波译注:《循吏——彪炳史册的地方官》,党建读物出版社,2016年。

李天莉:《古代民本伦理思想研究》,中国社会科学出版社,2016年。

李良栋、侯少文、刘春主编:《新编政治学原理》,中央党校出版社,2001年。

李幼蒸:《〈论语〉解释学与新仁学》,中国人民大学出版社,2018年。

李振宏:《历史与思想》,中华书局,2006年。

林语堂著,王海、何洪亮译:《中国新闻舆论史》,中国人民大学出版社,2008年。

刘泽华:《中国的王权主义》,上海人民出版社,2002年。

刘泽华主编:《中国政治思想通史(综论卷)》,中国人民大学出版社,2014年。

刘泽华主编:《中国政治思想史(先秦卷)》,中国人民大学出版社,2014年。

刘泽华、汪茂和、王仲兰:《专制权力与中国社会》,天津古籍出版社,2005年。

刘志琴:《张居正评传》,南京大学出版社,2006年。

刘刚、李冬君:《中国圣人文化论纲》,山西教育出版社,2014年。

刘家和:《史学、经学与思想——在世界史背景下对于中国古代历史文化的思索》,北京师范大学出版社,2013年。

刘建明、纪忠慧、王莉丽:《舆论学概论》,中国传媒大学出版社,2013年。

吕思勉:《秦汉史》,商务印书馆,2014年。

吕思勉:《中国制度史》,上海三联书店,2009年。

卢向国:《温情政治的乌托邦——中国古代民本思想的机理研究》,天津人民出版社,2008年。

庞朴:《中国文化十二讲》,中华书局,2009年。

钱穆:《中国历史精神》,九州出版社,2012年。

钱穆:《国史新论》(新校本),九州出版社,2012年。

钱穆:《国史新论》,生活·读书·新知三联书店,2001年。

钱穆:《国史大纲》(上册),商务印书馆,1994年。

钱穆:《国史大纲》(修订本),商务印书馆,2006年。

钱穆:《国史大纲》(下册),商务印书馆,2009年。

邱涛:《中国反贪制度史》,山西人民出版社,2019年。

萨孟武:《中国社会政治史(先秦秦汉卷)》,生活·读书·新知三联书店,2018年。

萨孟武:《中国社会政治史(三国两晋南北朝卷)》,生活·读书·新知三联书店,2018年。

萨孟武:《中国社会政治史(隋唐五代卷)》,生活·读书·新知三联书店,2018年。

萨孟武:《中国社会政治史(宋元明卷)》,生活·读书·新知三联书店,2018年。

司马云杰:《盛衰论:关于中国历史哲学及盛衰之理的研究》,陕西人民出版社,2003年。

史云贵:《外朝化、边缘化与平民化:帝制中国"近官"嬗变研究》,上海人民出版社,2009年。

孙关宏、胡雨春、任军锋主编:《政治学概论》,复旦大学出版社,2008年。

孙晓春主编:《中国政治思想史(宋元卷)》,中国人民大学出版社,2014年。

田余庆:《东晋门阀政治》,北京大学出版社,1989年。

童书业:《春秋左传研究》,中华书局,2002年。

王昌宜:《清代循吏研究:以〈清史稿·循吏传〉为中心》,北京师范大学出版社,2017年。

王保国:《两周民本思想研究》,学苑出版社,2004年。

王春瑜主编:《简明中国反贪史》,四川人民出版社,2002年。

王春瑜主编:《中国反贪史》,人民出版社,2021年。

王东洋:《魏晋南北朝考课制度研究》,社会科学文献出版社,2009年。

王清云:《汉唐文官法律责任制度》,中国人民大学出版社,1989年。

王亚南:《中国官僚政治研究》,中国社会科学出版社,2012年。

王毅:《中国皇权制度研究——以16世纪前后中国制度形态及法理为焦点》,北京大学出版社,2007年。

夏利亚:《睡虎地秦简文字集释》,上海交通大学出版社,2019年。

辛德勇:《建元与改元:西汉新莽年号研究》,中华书局,2013年。

徐复观:《中国人性论史(先秦篇)》,上海三联书店,2001年。

徐复观:《儒家思想与现代社会》,九州出版社,2016年。

徐复观:《学术与政治之间》,九州出版社,2014年。

徐梓、王雪梅编:《蒙学歌诗》,山西教育出版社,1991年。

许倬云:《万古江河:中国历史文化的转折与开展》,上海文艺出版社,2009年。

杨同柱主编:《清廉·贪腐全解码:中国古代清官贪官故事镜鉴》,清华大学出版社,2018年。

杨敏之主编:《中国历代反贪全书》,湖南大学出版社,1996年。

杨树藩:《中国文官制度史》,黎明文化事业公司,1982年。

杨廷祥:《中国古代官德研究》,上海古籍出版社,2004年。

袁贵仁主编:《对人的哲学理解》,东方出版中心,2008年。

叶孝信、郭建主编:《中国法律史研究》,学林出版社,2003年。

余英时:《士与中国文化》,上海人民出版社,2004年。

余英时:《士与中国文化》,上海人民出版社,2008年。

张分田:《中国古代政治思想研究》,人民出版社,2013年。

张宏杰:《中国历史上的腐败与反腐败》,人民出版社,2016年。

张晋藩、郭成伟主编:《中国法制通史》第五卷《宋》,法律出版社,1999年。

张晋藩、怀效锋主编:《中国法制通史》第七卷《明》,法律出版社,1999 年。
张晋藩主编:《中国法制通史》第八卷《清》,法律出版社,1999 年。
张晋藩:《中国古代法律制度》,中国广播电视出版社,1992 年。
张晋藩主编:《中国官制通史》,中国人民大学出版社,1992 年。
张立文:《和合学》,中国人民大学出版社,2006 年。
张师伟:《民本的极限:黄宗羲政治思想新论》:中国人民大学出版社,2004 年。
周良霄:《皇帝与皇权》,上海古籍出版社,1999 年。
周良霄:《皇帝与皇权》,上海古籍出版社,2014 年。
周良霄:《元史》,上海人民出版社,2019 年。
朱志先:《明人汉史学研究》,湖北人民出版社,2011 年。

三、外国学者著作

〔德〕马克斯·韦伯:《新教伦理与资本主义精神》,广西师范大学出版社,2007 年。
〔法〕孟德斯鸠:《论法的精神》(上卷),商务印书馆,2016 年。
〔日〕谷川道雄:《中国中世纪世界与共同体》,马彪译,中华书局,2008 年。

四、辞书

《辞海》,上海辞书出版社,1989 年。
《汉语大辞典》(第四册),汉语大辞典出版社,1992 年。
[清]段玉裁:《说文解字注》,上海古籍出版社,1988 年。

五、学术论文

白雪松、李秋生:《略论北宋前期循吏的积极作用及其原由》,《石家庄铁道大学学报》2010 年第 3 期。
卜宪群:《中国古代"治理"探义》,《政治学研究》2018 年第 3 期。
陈金花:《论循吏在汉、隋两代的变化及其原因》,《惠州学院学报》2006 年第 5 期。

陈庆安:《中国古代犯罪特征研究》,《安阳师范学院学报》2003年第6期。

成国雄:《论西汉昭宣时代为何多循吏》,《传承》2008年第4期。

池桢:《孔孟荀的君主论:在圣与王之间的两难抉择》,《史学月刊》2006年第4期。

戴建国:《"主仆名分"与宋代奴婢的法律地位——唐宋变革时期阶级结构研究之一》,《历史研究》2004年第4期。

邓兴东:《清官与贪官的十大区别》,《领导科学》2004年第4期。

董平均:《两汉时期的"赇赂"犯罪与防范措施》,《学术论坛》2004年第5期。

冯天瑜:《百代皆行汉政法》,《华中师范大学学报》2022年第2期。

付开镜:《汉代官员的互爱》,《传承》2008年第4期。

付开镜:《论孔孟政治思想的全体国民性》,《理论月刊》2011年第8期。

付开镜:《中国古代官民互爱体系》,《山西师大学报》2012年第4期。

付开镜:《政治视阈下孟子性善论与革命论的结合》,《广西社会科学》2017年第4期。

高晓军:《〈史记·循吏列传〉循吏形象考论——兼论司马迁的"礼治"倾向》,《渭南师范学院学报》2019年第4期。

高建文:《魏晋南北朝正史〈循吏传〉入传标准分析》,《潍坊学院学报》2017年第5期。

葛剑雄:《重读〈明史·海瑞传〉》,《读书》1993年第12期。

韩美群:《儒家"仁者爱人"思想的人本基础及其现代意蕴》,《江西社会科学》2011年第10期。

韩星:《儒家核心价值体系——"仁"的构建》,《哲学研究》2016年第10期。

黄俊杰:《先秦儒家身体观中的两个功能性概念》,《文史哲》2009年第4期。

黄启昌:《论中国古代的职务经济犯罪及历代对其危害的认识》,《求索》2001年第2期。

胡新:《中国古代犯罪原因论》,《中南政法学院学报》1994年第2期。

胡启中:《中国古代金融犯罪考》,《西南民族学院学报》1999年第9期。

侯国云:《论我国古代防贿赂犯罪的对策》,《云南法学》1995年第1期。

姬明华:《孔子的政治理想与现实选择》,《汕头大学学报》2019年第9期。

姜晓敏:《略论西汉控制犯罪的理论对策》,《中国政法大学学报》2003年第8期。

隽鸿飞:《历史意识的生成论阐释》,《哲学研究》2009年第10期。

李本义:《论孙中山的公仆思想》,《湖北大学学报》1999年第5期。

李大明:《〈史记·循吏列传〉与历代正史〈循(良)吏传〉的设置》,《中华文化论坛》2013年第8期。

李航:《明代循吏的仕履及历史贡献——以〈明史·循吏传〉正传循吏为中心》,《皖西学院学报》2022年第1期。

李建:《"殷鉴"思想论略——以〈尚书·周书〉为中心的考察》,《史学史研究》2009年第2期。

李昌昊:《民意之概念检讨及其价值探寻》,《中共南京市委党校学报》2009年第1期。

梁栋:《关于"历史意识"内在本质的重新思考》,《文化学刊》2019年第10期。

梁凤荣:《论中国古代防治官吏赃罪的对策》,《郑州大学学报》1999年第9期。

刘敏:《论汉代循吏群体产生的原因和影响》,《湘湖论坛》2014年第2期。

刘建明:《民意有害论和民意恐惧症》,《新闻爱好者》2014年第4期。

刘术永:《论中国古代贪贿犯罪的原因、对策及启示》,《华北水利水电学院学报》2005年第5期。

刘伟航、任大川:《北魏反贪惩贪述评》,《四川师范学院学报》1997年第1期。

逯万军:《试论秦汉三国反贪倡廉之举措》,《廊坊师范学院学报》2001

年第6期。

罗元信:《也谈"剥皮实草"的真实性》,《历史研究》2001年第4期。

吕家慧:《中晚唐循吏观念的复兴与书写》,《北京大学学报》2018年第5期。

孟明汉:《关于能否把"王侯将相宁有种乎"作为秦末农民起义口号的问题》,《河南师范大学学报》1991年第2期。

牛子晗:《正史〈循吏传〉传名变化及循、良、能义释》,《史学理论与史学史学刊》,2022年第2期。

庞朴:《"中庸"议评》,《中国社会科学》1980年创刊号。

彭新武:《论循吏与时代精神》,《政治学研究》2015年第5期。

乔凤岐:《隋文帝时期的官民互爱述论》,《许昌学院学报》2012年第6期。

任崇岳:《中国古代统治者遏制腐败的七项措施》,《郑州大学学报》2000年第3期。

宿志丕:《唐代官吏考课制度》,《首都师范大学学报》1994年第1期。

王岸茂:《古代的清官循吏与当前的廉政建设》,《河北大学学报》1993年第1期。

王海明:《爱有差等:儒家伟大的发现》,《武陵学刊》2016年第3期。

王书才、杨雯雯:《百年来中国文学史教材刘邦污名化轨迹概述论》,《宁夏大学学报》2018年第2期。

王高贺:《我国古代统治者对民意的运用及其启示》,《理论探索》2012年第1期。

王楷:《仁者自爱:儒家传统的道德生命观及其哲学基础》,《孔子研究》2012年第5期。

王世华:《朱元璋惩贪"剥皮实草"置疑》,《历史研究》1997年第2期。

王贞:《问政于民:中国古代民意表达机制建构》,《兰台世界》2012年第6期。

王曾瑜:《"清官"考辨》,《河北学刊》2008年第2期。

王志玲:《论中国古代循吏的行政特点》,《中州学刊》2011年第4期。

王艳勤:《原"仁"》,《孔子研究》2007 年第 2 期。

文选德:《民主政治制度探源》,《船山学刊》1995 年第 1 期。

魏胜强:《古代清官的法律人格及其现代转化》,《江苏警官学院学报》2006 年第 2 期。

温克勤:《先秦儒家合理人生观述评》,《齐鲁学刊》1994 年第 1 期。

武树臣:《寻找最初的仁:对先秦"仁"观念形成过程的文化考察》,《中外法学》2014 年第 1 期。

谢红星:《在不平等中追求正义——儒家"礼治"的另一种解读》,《华中科技大学学报》2011 第 3 期。

谢忠明、江涌:《浅议唐末农民起义中"均平"口号的思想来源》,《长沙水电学院学报》1989 年第 3 期。

徐乐帅:《中古清官体系考述》,《历史教学》2007 年第 9 期。

徐兆仁:《历史意识的内涵、价值与形成途径》,《中国人民大学学报》2010 年第 1 期。

燕永成:《〈宋史·循吏传〉研究》,《西北师大学报》2010 年第 4 期。

杨明贵:《论中国古代循吏文化的思想内核》,《安康学院学报》2020 年第 6 期。

杨建祥:《评循吏的亦"官"亦"师"》,《广西社会科学》2007 年第 7 期。

杨静婉:《汉代循吏的治民原则、措施及其实施效果》,《湘潭大学社会科学学报》1995 年第 4 期。

叶小琴:《中国古代受贿犯罪的立法历史考察》,《江苏警官学院学报》2004 年第 2 期。

于振波:《汉代官吏的考课时间与方式》,《北京大学学报》1994 年第 5 期。

袁礼华:《汉代吏民上书制度述论》,《求索》2006 年第 10 期。

张吉寅:《唐宋"循吏"的历史书写与身份变迁》,《沈阳大学学报》2015 年第 3 期。

张申:《再论韩非的伦理思想不是非道德主义》,《中国哲学史研究》1989 年第 2 期。

六、学位论文

成磊:《魏晋南北朝的良吏群体与吏治》,天津师范大学硕士学位论文,2019年。

陈玲玲:《汉代罪己诏研究》,福建师范大学硕士学位论文,2015年。

郝黎:《唐代官吏惩治研究》,厦门大学博士学位论文,2004年。

姜晓敏:《略论西汉对犯罪的预防和惩治》,中国政法大学博士学位论文,2001年。

解天斐:《论唐代考课制度》,山东大学硕士学位论文,2009年。

李伟:《论中国古代反贪惩贿法律制度》,对外经贸大学硕士学位论文,2003年。

刘洋:《秦汉豪强地主犯罪研究》,首都师范大学硕士学位论文,2005年。

吕庙军:《中国政治文化符号:周公研究》,南开大学博士学位论文,2010年。

潘婷:《北宋循吏研究》,苏州大学硕士学位论文,2020年。

钱超:《论民意表达》,复旦大学博士学位论文,2008年。

邵治国:《唐朝赦宥制度研究》,北京师范大学博士学位论文,2004年。

孙康:《汉代人的周秦印象研究》,西北师范大学硕士学位论文,2020年。

王灿:《〈尚书〉历史思想研究》,山东大学博士学位论文,2011年。

王大良:《北魏官吏收入与监察机制》,首都师范大学博士学位论文,2000年。

魏志静:《北魏刑事法律初探》,中国政法大学硕士学位论文,2004年。

谢晨:《二十四史〈佞幸传〉〈奸臣传〉的编撰研究》,福建师范大学硕士学位论文,2013年。

杨学海:《论"爱有差等"与"爱无差等"——儒家"仁爱"与墨家"兼爱"思想比较研究》,河南科技大学硕士学位论文,2014年。

后　　记

对本书主题的思考,始于2008年。

2007年之前,我没有高校任教的经历,也没有做学问的环境。2007年7月博士毕业后,我入职广西师范学院,开始了教学与科研并行的工作。要进行科研,就要学着申报项目。这是学校的要求,也是评职称的一个要件。报项目是我此前根本不知道的事情,于是只能学着做。2008年,我申报了一个名为《汉唐官民互爱研究》的厅级课题,项目档次很低,也就很容易地通过了。但我还是比较认真地撰写了6万余字的研究报告,并且在结题之前发表了两篇与课题相关的论文。本书便是在此课题基础上撰写而成的。

我个人读书兴趣历来广泛,对中国历史、中国传统文化,对文学、新闻传播学等,都抱有浓厚的兴趣。因此,该课题通过验收后,我并未趁热打铁,把心思放在此课题上,迅速拓展下去。由于长期没有一个固定的研究目标,当然只能率性而行,时而读读中国古代的正史与杂传,时而读读中国传统的五经与子书;时而又读点中外文学名著,时而再读点新闻传播等著作。信马由缰,东一榔头,西一棒子。读书如此,写作当然也是如此。所撰写的论文,也涉及多个学科,包括中国古代史、中国传统政治文化、新闻传播学、文学评论、教育学等。在广西师范学院工作期间,甚至还发表了几篇小说和散文。我非常欣赏清人姚文田的一副对联:世间数百年旧家无非积德,天下第一件好事还是读书。人生有涯而知无涯,但我依然渴望用有限的生命,通过阅读,与前贤对话,并渴望由此享受只有自己才能深深体味出来的读书之乐和思维之乐。

这当然会影响我研究问题的深度,也影响了对本书的思考时长和写作进度。但我乐此不疲。2015年9月,我为照顾年老父母,调入许昌学院魏晋文化研究所，主要从事研究工作，相对于在广西师范学院而言，上课少了三分之二以上，自己可支配的时间随之大增。此后，可自由读书的时间也就相应增加了不少。随着读书的渐多，我本人对中国古代官民关系的思考，也就有了多侧面的认识。围绕中国古代的官民关系，包括官民互爱关系的哲学基础问题等，都有了新思考。我尝试着撰写并发表了数篇相关方面的论文。这些论文经过剪裁，便成了本书的有机组成部分。

由于写作时间跨度较长，本书的叙事方式，会有所差异。而且所提出的观点和各章节论述的逻辑，也未必周全。尽管我做了种种努力，但是限于学力和才力，书中内容不遂我心处依然存在。期望本书出版后，能得到读者的批评与指教。

北京市考古研究院研究员董坤玉博士对本书目录的修改提出了良好的建议。三秦出版社的郭珍珍编辑为此书的出版付出了辛勤的工作，在此并表谢忱。

在断续思考本书主题结构的2016年隆冬时节，老母与世长辞；到了2021年的深秋，老父又驾鹤西归。把老父送到家乡山上安葬的那天下午，我从坟地返回家中，回到为老父才买一年有余、用以安居晚年的房屋中，再也看不到其身影时，那句"父母在，人生尚有来处；父母去，人生只剩归途"的格言，顷刻间便如洪涛涌进我的心田。我是一个坚定的无神论者，虽然也明白，生生死死，本为人间常事，但我还是伤感了大半年的时间，才恢复到正常的状态。父母在世之时，我每出版一部专著，尽管学术水平有限，但总会在回老家时带上一本，向父母展示一下，希望借此给他们增加一点晚年的慰藉。此书完稿时，我便想到了《诗·小雅·蓼莪》中的歌词：

"蓼蓼者莪，匪莪伊蒿，哀哀父母，生我劬劳。"

"父兮生我，母兮鞠我。拊我畜我，长我育我，顾我复我，出入腹我。欲报之德，昊天罔极！"

仅以此书，献给我梦中可见的父母。

付开镜

2023年9月20日